法律人ChatGPT应用指南

陈　焕　叶俊希　李伯阳
唐简捷　林广军——著

法律出版社 LAW PRESS · CHINA
北京

图书在版编目(CIP)数据

法律人 ChatGPT 应用指南 / 陈焕等著. -- 北京 : 法律出版社, 2024(2024.8 重印)
ISBN 978-7-5197-8027-2

Ⅰ. ①法… Ⅱ. ①陈… Ⅲ. ①人工智能-应用-法律-研究 Ⅳ. ①D9-39

中国国家版本馆 CIP 数据核字(2023)第 115622 号

法律人 ChatGPT 应用指南
FALÜREN ChatGPT YINGYONG ZHINAN

陈 焕 等 著

策划出品 戴 奎
责任编辑 董 昱
装帧设计 汪奇峰

出版发行 法律出版社
编辑统筹 法规出版分社
责任校对 张红蕊
责任印制 耿润瑜
经　　销 新华书店

开本 710 毫米×1000 毫米 1/16
印张 20.75 **字数** 278 千
版本 2024 年 2 月第 1 版
印次 2024 年 8 月第 3 次印刷
印刷 北京中科印刷有限公司

地址:北京市丰台区莲花池西里 7 号(100073)
网址:www.lawpress.com.cn
投稿邮箱:info@lawpress.com.cn
举报盗版邮箱:jbwq@lawpress.com.cn

销售电话:010-83938349
客服电话:010-83938350
咨询电话:010-63939796

书号:ISBN 978-7-5197-8027-2
定价:78.00 元
凡购买本社图书,如有印装错误,我社负责退换。电话:010-83938349

序言

PREFACE

一、AI:到底是风口还是泡沫

ChatGPT 的横空出世,一夜之间引爆了全社会热议 AI。人们仿佛看到了人工智能的强大,以及其对社会产生变革性的影响。比尔·盖茨在接受德国《商报》采访时表示:“ChatGPT 技术的出现,不亚于互联网和个人电脑(PC)的诞生。”

在腾讯 2023 年股东大会上,马化腾回应有关 ChatGPT 和 AI 相关提问时也表示:“我们最开始以为(人工智能)是互联网十年不遇的机会,但是越想越觉得,这是几百年不遇的、类似发明电的工业革命一样的机遇。”

与此同时,相信很多法律人早前也看到过这样的新闻——“GPT－4 在 Bar 考试(即美国的律师考试)里击败了 90% 的人类”“高盛:生成式 AI 或导致全球 3 亿个工作岗位被取代,律师和行政人员将是最有可能被裁员的岗位”。

难道我们真的会被 AI 取代吗? 为什么一众重量级大佬都一致看好 AI 的未来? AI 的出现对社会和法律行业有何影响?

远的且不说,作者所在的团队服务的一位 90 后客户,从互联网大厂辞职创业,专门为企业定制人工智能应用,致力于为企业降本增效。其曾帮助一家化妆品电商企业定制 AI 客服应用,借助 AI 神器,1 个人工客服就能轻松胜任过往20个客服的人力工作,自此每年可节省约200万元的客服成本。

而放眼法律界,AI也在深刻地改变着这个传统行业。ChatGPT的母公司OpenAI已专门针对律师事务所打造出一款名为HarveyAI的模型,并且已获得由Sequoia红杉资本领投的2100万美元A轮融资。2023年年初,HarveyAI先后与安理国际律师事务所(Allen & Overy)、普华永道(PwC)等行业龙头建立全球合作伙伴关系,为其旗下律师及法律专业人员提供包括合同分析、数据处理在内的多项服务。红杉资本在其官方网站表示,有1.5万家律师事务所“正在排队使用”HarveyAI这一产品。

所以,不管你承不承认、相不相信AI就是未来,但事实结果就是:未来已来。

二、法律人为什么要学 AI

有一位法律界的老前辈被ChatGPT震撼到了,因为他刚花了两个星期完成了一篇论文,他让助理尝试将论文大纲“丢”给ChatGPT,没想到ChatGPT用了一分钟不到的时间,就生成了相较他论文成果80%完成度的内容。这给老前辈带来巨大的触动,平时连互联网都极少玩的他,即刻决心学习ChatGPT。

学会使用AI对法律人的好处不言而喻,每个法律人学习AI的原因不尽相同。但35岁以下的年轻法律人,尤其应当思考如何利用黄金时期,尽早掌握使用ChatGPT等AI工具的能力,以完成事业上的“弯道超车”。因为人在35岁以后通常开始面对家庭育儿、照顾父母、就业收入等种种中年压力,再无精力折腾学习新事物。以执业律师为例,35岁即为重要分水岭,如未能与时俱进形成能让自己立足的差异化优势,难免会产生强烈的危机感:往前看,都是牢牢占据了传统业务优势的老前辈;往后看,全是精通AI技术赋能法律专业的年轻律师。要知道,人类与AI从来不是竞争关系,而是人机合作关系,竞争只会存在人与人之间,会使用AI的人与不会使用AI的人一定会迅速拉大差距,届时淘汰我们的不是AI

而是擅用 AI 的人。

三、法律人能不能学好 AI

ChatGPT 这类 AI 工具难不难学?

面对 ChatGPT 这一新事物,法律人中往往有过于忧虑或不屑一顾的情绪,究其原因:一是尚未使用过 ChatGPT 的人,难免在“门外”焦虑,误以为 AI 就像哈利·波特的魔法棒一样无所不能;二是已经使用过的人,多半只是“一只脚踩在门槛上”,因缺乏使用技巧,导致体验感极差,遂得出“AI 不过如此”的结论。事实上,ChatGPT 能很好地辅助我们完成日常生活和工作中的诸多事务,关键看我们是否掌握使用方法。ChatGPT 遇强愈强,使用者懂多少,它就懂多少。它就像一个超级聪明的助理,你教它什么,它就会什么,甚至比你更会。如果你是一个小学生,你只能让 ChatGPT 输出小学知识;如果你是一个法学博士,那你有可能调动 ChatGPT 作出法学博士研究水平的回答。这其中的区别,在于会不会提问。

很可惜很多法律人,有提问能力但缺乏提问技巧,企图一劳永逸地把全部材料丢给 ChatGPT,然后提出一个空洞的要求:“请为我写一份完美的辩护词。”所以即便有了 ChatGPT 如此强大的一根魔法棒,假如你不会咒语(提问),那也很难得到你想要的结果。换言之,只要你具备法律人的基本素养,再适当学习一些 ChatGPT 的使用知识,也就不难在各种生活和工作场景中,轻松使用 ChatGPT 以提质增效。

四、为什么要写这本书

ChatGPT 虽然只是市场上诸多人工智能应用工具的其中之一,但其有着广泛的用户基础和充分的代表性。2023 年 4 月 18 日,笔者团队面向国内法律人,做了一场“法律人的 ChatGPT 应用”相关的讲座,得到了很多法律同行的关注和指点。当时笔者发现,市面上关于使用 ChatGPT 的书籍有之,但缺少一本专门针对法律人的应用手册,这促使我们开始了本书的编写。编写过程中,我们遵循法律工作的特点和需求,将技术工具原理、具体应用场景和进阶使用方法进行系统梳理和梯度介绍。

体例上，本书共分三篇，并模拟“手把手教你做任务”的学习主线，带领读者从入门篇、进阶篇到高阶篇，每读完一篇均能掌握一项或多项实用技能，有很强的获得感。具体而言，第一章到第五章为“入门篇：AI 能为法律人的生活和工作做点什么”，从对 ChatGPT 工作原理、使用技巧、生活及工作场景应用做了介绍，旨在让读者快速入门并掌握技巧。第六章到第七章为“进阶篇：手把手教你打造 AI 法律助理”，即在第七章介绍如何搭建 LangChain 库，旨在让读者学会如何将 ChatGPT 变成个人专属数据库。第八章为“高阶篇：手把手教你接入国产大模型”，介绍如何打造安全又好用的法律垂类模型，旨在指引读者在用好大模型的同时兼顾数据安全。

五、本书将如何帮法律人用好 AI

本书致力于为法律人（如律师、法务、司法机关工作人员、法学老师及法学生等）培养运用 AI 技术提升法律专业能力的方法论与审美观，主要有如下优势或亮点：

第一，本书非常适合“小白”入门，并模拟“手把手教你做任务”的学习主线，带领读者从入门到掌握再到进阶，每读完一章，都能掌握一项或多项实用技能。具体而言，本书采取通俗易懂的语言、深入浅出的解析、日常实践的范例，既适合 0 基础读者了解 ChatGPT 并掌握入门技巧，也适合有一定基础的读者，使之通过本书提供的进阶范例，搭建既数据合规、又满足个性化需求的私人 AI 法律工具。

第二，本书既讲方法论也讲审美观，有很强的时效性。首先普及 ChatGPT 原理和技巧，然后硬核示范法律人运用 ChatGPT 的具体生活和工作场景，进而详细指导打造更适合中国法律人的 GPT，更有倾囊相授提升办案效率的方法论，最后因地制宜推出既实用又符合数据安全的离线版 GPT 攻略。可以说，本书既授人以鱼，通过多个真实操作案例，如高效阅卷、撰写文书、一秒生成数百份起诉状等，甚至赠送现成的代码福利，以令读者一看就懂、拿来就用。与此同时，本书也授人以渔，通过讲解 ChatGPT 以及类似生成式大语言人工智能工具的工作原理、应用思路及逻辑延伸，让读者真正掌握“法律 + AI”的审美观。

总而言之，本书具有极高的实用价值，同时在“人工智能 + 法律应用”领域具有一定的里程碑式的意义，它不仅适用于初学者，也可作为专家参考，在人工智能和法律行业日益发展的今天具有重要意义。但即便如此，由于编写能力及知识的局限，本书仍难免存在错漏，敬请在阅读后指出、斧正。

作者也愿意做各位法律人、AI 生态工作者的同行者，同时必须指出，本书在编写过程中得到了王思雅、李琪瑶律师、李霏律师等许多优秀专家、同仁的帮助，在此表示衷心感谢。

最后，祝愿读者朋友们在法律之路上有 AI 赋能，在 AI 创新之路上有法律护航！

叶俊希　陈　焕

2023 年 11 月 1 日

于隆安湾区人工智能法律研究中心

目录

CONTENTS

第一章　认识 ChatGPT

——新时代的人工智能

第一节　人工智能的起承转合

人工智能（Artificial Intelligence，简称 AI）的起源可以追溯到 20 世纪 50 年代初。当时，研究人员开始探索如何使机器模拟人类智能，以实现机器的自主学习和推理能力。一般认为，人工智能诞生的标志性事件是“达特茅斯会议”（Dartmouth Conference）。

一、达特茅斯会议——起

人工智能领域的萌芽，可追溯至 1956 年夏季在新罕布什尔州汉诺威的达特茅斯学院举行的达特茅斯会议，这场会议被称为“人工智能诞生的会议”，亦被认为是人工智能领域的里程碑事件，标志着该领域的正式起步。

达特茅斯会议的主要目标是探讨如何利用计算机模拟人类智能。会议邀请了包括艾伦·图灵、约翰·麦卡锡、马文·明斯基和诺伯特·维纳在内的一些顶尖科学家、数学家和工程师。他们希望通过共同研究和合作，解决人工智能领域的核心问题。

在达特茅斯会议上，与会者讨论了一系列与人工智能相关的主题，包括逻辑推理、问题解决、自然语言处理等。他们将人工智能定义为“使机器行为看起来像是拥有智能的人”，并试图通过开发能够模拟人类思维和智能的程序来实现这一目标。

然而，达特茅斯会议并没有达到最初的预期，即在几个月内解决人工智能的核心问题。人工智能的研究充满了挑战和复杂性，需要更长时间的努力和技术进步。尽管如此，达特茅斯会议被认为是人工智能领域的重要里程碑，为该领域的发展奠定了基础，并为后来的研究和探索提供了重要的思想和指导。在会议后不久，人工智能领域迅速崛起，并吸引了更多的研究者和资金投入。会议的参与者之一约翰·麦卡锡提出了“人工智能”这一术语，成为该领域的核心概念之一。会议还标志着人工智能的独立研究领域的形成，之后的几十年里，人工智能技术取得了重大突破和进展。

二、符号主义与专家系统——承

如果说达特茅斯会议是人工智能的萌芽契机，那么符号主义则是 AI 研究方法论的重要分支。早期的 AI 研究集中在符号主义，其试图用逻辑和符号表示来模拟人类思维，即表示知识和推理过程。符号主义是人工智能早期主流方法之一。

符号主义的核心思想是将人类的智能行为看作对符号和符号之间关系的操作和推理。符号主义认为，通过使用逻辑规则和符号处理技术，可以模拟人类的思维和智能过程。这种方法强调将问题分解为一系列离散的符号表示和操作，以实现推理和问题解决。

专家系统是符号主义的一个重要应用领域。专家系统是一种基于知识库和推理机制的计算机程序，旨在模拟人类专家在特定领域中的知识和决策能力。它利用符号表示知识，通过逻辑推理和规则匹配等技术，解决特定领域的问题。

专家系统多见于医疗、生物或法律等专业性较强的领域。比较值得一提的是，日本于 1983 年至 1992 年研发的一项“法律专家系统”。虽然其研发最终未达到预想的目标，但其是人工智能技术在法律领域的重要探索之一。

专家系统依赖于专家和人工,使其局限性越来越大。毕竟“人力终有穷”,专家系统对知识的处理和推理能力有限,难以处理不确定性和模糊性。此外,专家系统通常只适用于特定领域,难以泛化到其他领域。

尽管如此,符号主义和专家系统仍然对人工智能的发展起到了重要的推动作用,为人工智能的知识表示、推理和问题解决提供了有益的思想和方法。虽然现代人工智能技术趋向于结合符号主义和连接主义等多种方法,但符号主义仍然在某些领域和任务中具有一定的应用价值。

三、“深蓝”与统计主义——转

与各种专家系统遇到的瓶颈不同,基于统计主义的人工智能研发路线在 20 世纪 90 年代获得成功和发展,其中具有代表性的就是“深蓝”(Deep Blue),可以说是人工智能研发领域的重大突破。

深蓝是 IBM 研发的一款针对国际象棋对战的计算系统。深蓝的开发始于 1985 年,经过多次的改进和升级,最终在 1997 年与卡斯帕罗夫进行了一场具有历史意义的六局对决。在比赛中,深蓝使用了深度搜索算法和专业的棋局评估函数,通过评估可能的棋局和走法,预测最佳的下棋策略。在与卡斯帕罗夫的精彩对决中,深蓝最终以 3.5∶2.5 的总比分战胜了世界冠军,成为首个在国际象棋比赛中击败人类世界冠军的计算机程序。

深蓝的研发思路的核心是统计主义。它主要依赖于统计建模和搜索算法来实现强大的国际象棋能力。统计主义方法是基于统计学理论,通过对数据的统计分析和建模来推断数据背后的概率规律。它关注数据的分布、相关性和随机性,并利用这些统计特征来推断未观测数据的特征或进行决策。

深蓝的核心算法是基于极小化搜索的博弈树搜索算法,通过“暴力穷举”所有可能的下棋步骤来预测对手的走法,然后再基于统计模型,计算每步走法的最优解。

此外,深蓝在对局中还使用了一些连接主义的思想,通过学习和优化权重来改善评估函数和搜索策略。它使用了大量的历史数据和对局经验进行训练,并利用统计方法来调整评估函数的参数,使其更加准确和适应不同的棋局。

四、AlphaGo 与深度学习——合

人工智能技术研发曾在相当长一段时间内陷入停滞,被戏称“深蓝之后,再无 AI”。但谁都想不到,2016 年的一场围棋比赛,让世人惊讶地发现,人工智能在深度学习方面实现了质的飞跃。AlphaGo 是由 DeepMind(谷歌旗下的人工智能实验室)开发的围棋计算机程序,它在围棋领域取得了令人瞩目的成就。AlphaGo 的研发始于 2014 年,经过优化迭代,它于 2016 年与韩国围棋冠军李世石进行了一系列对局。在这场比赛中,AlphaGo 以 4∶1 的比分战胜了李世石,引起了全球范围内的广泛关注。它采用了深度学习和强化学习的技术,通过自我对弈和大量的训练数据来提升自身的棋局理解和决策能力。AlphaGo 的核心算法是基于深度卷积神经网络和蒙特卡罗树搜索的结合。

AlphaGo 的胜利不仅是对围棋世界的巨大突破,也展示了人工智能在复杂战略博弈中的潜力和能力。AlphaGo 的成功在人工智能领域引发了巨大的影响。它点燃“深蓝”之后沉寂了数十年的人工智能技术。深度学习、强化学习和自适应搜索等领域的快速发展,激发了人们对智能系统和人机协作的探索。AlphaGo 的算法和思想被应用于其他领域,如医疗诊断、交通规划和金融预测等,进一步推动了人工智能技术的进步和应用。

五、ChatGPT 与多层神经网络——终局?

没有人知道,AI 发展的尽头在哪里,但 ChatGPT 的横空出世,确实让人类开始思考,AI 未来会取代人类吗?类似 ChatGPT 等基于多层神经网络大模型,是否就是人工智能进化的终极形态?

ChatGPT 是一个由 OpenAI 基于 GPT 模型开发的聊天机器人应用。它使用了多层神经网络来实现自然语言处理和生成回复的功能。多层神

经网络是一种由多个神经网络层级组成的模型。在 ChatGPT 中，多层神经网络被用于处理输入文本、理解上下文并生成合适的回复。

通过训练大量的对话数据，ChatGPT 的多层神经网络可以学习到人类对话的模式和规律，并能够生成自然、流畅的回复。它可以应用于各种聊天场景，提供实时的人机交互体验，例如客户服务、虚拟助手和社交娱乐等领域。

GPT 模型高效地融合了统计主义和连接主义，另外又通过样本的方式囊括了几乎所有的知识，似乎它是过去半个多世纪里人工智能技术和思想的集大成者。然而在欣欣向荣的背后，人工智能技术的发展也隐隐地触及到了又一个瓶颈。我们不知道这次的由 ChatGPT 带来的技术爆炸是不是人工智能的终极解答，但是它一定是一个重要的里程碑，并且它能为我们带来更便利的工作与生活也是可以预见的。

第二节　ChatGPT 的诞生背景

一、ChatGPT 和 GPT

你知道吗？严格来说，ChatGPT 和 GPT 并非同一概念。

ChatGPT 是一个由 OpenAI 开发的基于 Transformer 架构的语言模型，专门用于生成自然对话。它是 GPT（Generative Pre－trained Transformer）模型的一个特定变体，旨在通过对话生成连贯的响应。

GPT 是一种基于 Transformer 架构的语言模型，也由 OpenAI 开发。它是一种预训练模型，旨在理解和生成自然语言文本。可以说，ChatGPT 是基于 GPT 模型运行的。ChatGPT 诞生的技术背景就是可以追溯到前几代的 GPT 模型，其中比较有代表性的是 GPT－2 和 GPT－3，目前其最新版本为 GPT－4，GPT－5 也常有“正在研发”或者“商标申请”等消息在坊间流传。

所以，虽然在习惯上我们经常将 GPT 模型和 ChatGPT 混为一谈，但是在严格意义上,它们是两个不同事物。(本书后续章节中,不会对 GPT 和 ChatGPT 作严格区分。)

二、诞生的技术背景

2017 年谷歌提出成熟的 Transformer 架构,OpenAI 在 2018 年就开始发布生成式预训练语言模型 GPT,每一代 GPT 模型的参数量都爆炸式增长,遵循“越大越好”的原则。

第一版本的 GPT 模型 GPT－1 在 2018 年发布,使用了大量的互联网文本数据进行训练。GPT－1 在多个自然语言处理任务上取得了良好的性能,显示出模型预训练的潜力。

GPT－2 于 2019 年发布,是 GPT 系列模型中的重要里程碑。GPT－2 相对于 GPT－1 来说更强大,具有 15 亿的参数量和更多的预训练数据。它在多个语言任务中取得了令人印象深刻的结果,包括文本生成、翻译、阅读理解等。GPT－2 引起了广泛的关注,并引发了有关 AI 文本生成的伦理和安全性讨论。

GPT－3 是 GPT 系列中参数更大、能力更强的版本,于 2020 年发布。它的参数量高达 1750 亿,使其成为当时最大的语言模型之一。GPT－3 在广泛的自然语言处理任务上表现出色,具备更强大的语言理解和生成能力。它可以生成类似于人类写作风格的文章、回答问题、执行翻译等复杂任务。

GPT－3.5 是 GPT 系列的又一次强大的版本更新,于 2022 年 3 月发布。它的亮点在于对人类指令的良好理解,使人们可以使用日常说话或文字的习惯去指令模型完成各种任务,甚至是调整模型的参数权重。在这种思路下,ChatGPT 在 GPT－3.5 的基础上被研发出来,它可以理解并分析更为复杂的语言、情感和语法结构。

三、诞生的企业背景

谁能想到,研发出 GPT 的 OpenAI 公司是一家非营利性人工智能研究公司?前文频繁提到的打造了 GPT 系列模型的 OpenAI 公司,是一个人工智能研究实验室,其使命是推动人工智能的发展,确保人工智能对人类的利益有益。它由伊隆·马斯克(Elon Musk)、萨姆·阿尔特曼(Sam Altman)等人于 2015 年共同创立。

OpenAI 从成立之初就致力于推动人工智能的前沿研究。他们开展了大量的研究项目,探索了深度学习、强化学习、自然语言处理等领域的创新。OpenAI 强调开放合作,积极与其他研究机构分享成果和知识。

2015 年,他们的深度强化学习算法在"雅达利"的游戏上获得了超人类水平的表现。2016 年,OpenAI 的研究人员还开发了一种生成对抗网络(GAN),用于生成逼真的图像和音频。2022 年发布的以 GPT－3.5 和 GPT－4 为基座的系统模型,成为迄今为止应用效果最好的模型之一。

OpenAI 一直关注人工智能的社会影响和伦理问题。他们努力推动负责任 AI 的发展,包括制定道德原则、限制模型访问和使用、提供模型的透明度和可解释性,以及积极寻求用户和公众的反馈意见,其最终愿景是用人工智能服务人类,并且确保人工智能是有益于人类的。

第三节 ChatGPT 的技术原理

如前文所述,ChatGPT 技术上是基于 GPT 系列模型所开发的,针对对话场景优化的应用。那么要说清楚技术原理就必须先说清楚 GPT 是什么。因此,以一种法律人相对熟悉的方式——名词解释开始介绍,是一个比较合适的选择。

一、GPT 相关的名词解释

模型:在人工智能领域,模型可以被认为是一种对数据的概括或总结,它通过学习数据中的模式、规律、分布和关联性,能够对新的、未见过的数据进行预测或生成。而模型具体的形式取决于所采用的架构和算法。

架构和算法:严格意义上,模型架构和模型算法是两个概念,但是因为它们的紧密关系和相互依赖导致它们经常被混同使用。

模型架构:指的是模型的整体结构和组织方式。它包括层次结构、节点(神经元)之间的连接方式、参数的分布和数量等。它定义了模型中信息的流动和处理方式。架构决定了模型的可容纳信息的能力以及信息处理的方式,GPT 强大的上下文理解能力,正是来源于 Transformer 架构。

模型算法:指的是解决具体问题或执行特定任务的计算过程或步骤。算法描述了如何使用数据和模型来训练、优化或执行推断。它包括损失函数的选择、参数的更新策略、优化算法的选择等。算法决定了模型的学习过程、优化目标以及训练和推断的具体实现。

架构和算法在模型中是相辅相成的,简单来说,架构是算法执行的基础,算法则决定模型解决特定问题的最终效果,所以架构的设计的一个重要考虑因素就是算法的特定和要求。

参数与节点:在更加微观的层面,我们会发现参数和节点的结合共同构成了模型架构。同时,参数的变动、调整或偏置则作用于算法,使算法得以更好地运行。

参数是模型中的可调整变量或权重,用于存储和表示模型的知识和信息。参数在模型中用于控制模型的行为,决定了模型的预测能力和性能。在神经网络中,参数通常指神经元之间的连接权重和偏置项。参数量是衡量大模型能力的指标之一,一般认为模型的参数量越大性能越优。但是随着类似于 GPT 的超大规模的模型的出现,参数量对模型性能影响也受到了挑战。随着模型参数量的增加,模型性能的提示幅度会逐渐变小。

节点是神经网络中的计算单元或处理单元,也称为神经元(Neurons)或单元(Units)。每个节点接收输入信号,并根据一定的计算规则对输入进行处理,并生成输出信号。节点可以将输入进行线性组合、应用激活函数、执行其他操作等。

在神经网络中,每个节点都对应着一组参数。节点的输入信号通过与参数进行加权和求和的方式进行计算,然后通过激活函数等进行处理,最终生成节点的输出。这些参数的值是在模型训练过程中通过优化算法进行调整和更新的。

二、ChatGPT 可能是个“人”

上文“技术性”地解释了涉及 ChatGPT 技术原理里的相关概念，这些也是人工智能领域的核心概念，对人工智能的解释和阐述都是离不开这些概念的。但是这些概念还是需要用更加有趣，且易于有法律背景的读者理解的方式来解释。不过在此之前，我们可以问问擅长文案润色和“察言观色”的 ChatGPT 对此会怎么回答。

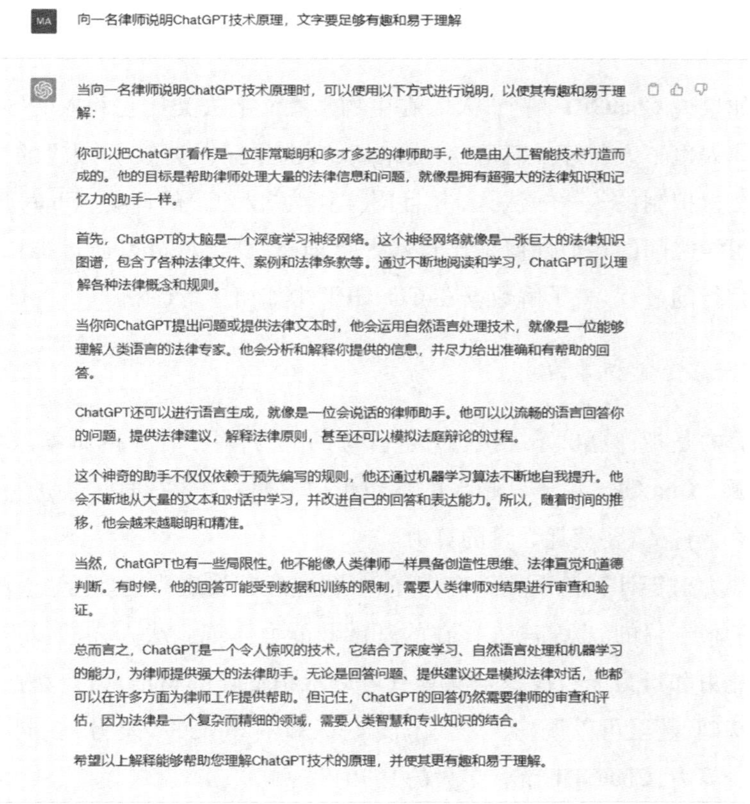

MA　向一名律师说明ChatGPT技术原理，文字要足够有趣和易于理解

当向一名律师说明ChatGPT技术原理时，可以使用以下方式进行说明，以使其有趣和易于理解：

你可以把ChatGPT看作是一位非常聪明和多才多艺的律师助手，他是由人工智能技术打造而成的。他的目标是帮助律师处理大量的法律信息和问题，就像是拥有超强大的法律知识和记忆力的助手一样。

首先，ChatGPT的大脑是一个深度学习神经网络。这个神经网络就像是一张巨大的法律知识图谱，包含了各种法律文件、案例和法律条款等。通过不断地阅读和学习，ChatGPT可以理解各种法律概念和规则。

当你向ChatGPT提出问题或提供法律文本时，他会运用自然语言处理技术，就像是一位能够理解人类语言的法律专家。他会分析和解释你提供的信息，并尽力给出准确和有帮助的回答。

ChatGPT还可以进行语言生成，就像是一位会说话的律师助手。他可以以流畅的语言回答你的问题，提供法律建议，解释法律原则，甚至还可以模拟法庭辩论的过程。

这个神奇的助手不仅仅依赖于预先编写的规则，他还通过机器学习算法不断地自我提升。他会不断地从大量的文本和对话中学习，并改进自己的回答和表达能力。所以，随着时间的推移，他会越来越聪明和精准。

当然，ChatGPT也有一些局限性。他不能像人类律师一样具备创造性思维、法律直觉和道德判断。有时候，他的回答可能受到数据和训练的限制，需要人类律师对结果进行审查和验证。

总而言之，ChatGPT是一个令人惊叹的技术，它结合了深度学习、自然语言处理和机器学习的能力，为律师提供强大的法律助手。无论是回答问题、提供建议还是模拟法律对话，他都可以在许多方面为律师工作提供帮助。但记住，ChatGPT的回答仍然需要律师的审查和评估，因为法律是一个复杂而精细的领域，需要人类智慧和专业知识的结合。

希望以上解释能够帮助您理解ChatGPT技术的原理，并使其更有趣和易于理解。

图 1-1　ChatGPT 对其自身技术原理的说明①

---

① 需要说明的是，为了真实还原 ChatGPT 的答案，我们尽可能不处理其中的语法、错别字等文字瑕疵。下同。

ChatGPT 将自己类比成了一名“律师助手”,同时它在解释技术原理的时候,提到了它的“大脑”是深度学习神经网络。“第一个真正实用的人工智能”搜索引擎 WolframAlpha 发明人斯蒂芬·沃尔弗拉姆在其书中也说道:ChatGPT 的底层人工神经网络结构说到底是对理想化大脑的建模。人工神经网络的提出正是参考了人脑神经元的结构,因此,在更加宏观的层面,ChatGPT 的技术实现思路是通过模拟人脑的结构和人脑中的传递实现与人相同的能力。

三、ChatGPT 是拟制的“人”

如果说 ChatGPT 是个“人”,在生物学意义上去类比它和人的区别对于法律人也不太友好。但是,在法律领域,也是存在类似于“人”的事物,就是法律拟制的人——法人,并且同样作为“人工”的产物,ChatGPT 和法人组织之间的相似性似乎比自然人更加高。所以,可以通过类比公司经营运行的过程,来了解数据在 ChatGPT 中如何运行(流转)。

(一)资金和算力

算力是指计算机系统执行计算任务的能力,对于计算机而言,其是一种资源。ChatGPT 由于其超大的参数量,导致它在运行时需要进行巨量的计算,势必需要消耗大量的算力。

算力对于计算机系统而言,类似于企业经营发展中的资金。“钱”是法人的根本目的,也是法人存在的基础和能力体现。法人在法律上具有权利能力和行为能力根源是其具有可以承担责任的财产,财产是法人的能力基础,甚至可以说,有多少财产,法人就有多大的“能力”。同样地,有多少算力,ChatGPT 就有多大的“能力”。

(二)治理结构和模型架构

治理结构对法人组织的影响主要是在经营效率、决策质量的提升方面。同时,治理结构对公司的长期稳定和可持续发展有着决定作用。

模型架构则决定了 ChatGPT 能力的上限。ChatGPT 优秀的上下文对话能力,正是基于 Transformer 架构的多头自注意力机制。也是在对齐人类上下文理解能力的基础上,ChatGPT 才实现了较好的人类反馈强化学习(RLHF)的效果。

值得一提的是,Transformer 架构在最初提出时并没有重点考虑效率的问题,但随着工程师们对它不断地改进,它的运算效率和资源消耗也在不断改进。就如同治理结构也会随着法人组织的发展和规模的扩大而调整。

(三)员工和节点、参数

在构成结构上,节点组成了模型架构,是模型架构的最小单元。与此相似的是,法人组织是由员工组成的。多个节点会构成模型架构的"层",同层的节点具有关联性,通常具有相同的功能和参数。层的主要作用是处理输入数据和生成输出结果,ChatGPT 采用的是一个具有多层结构的神经网络。这与法人组织中由员工组成的部门相似。

不仅是在构成结构上相似,员工和节点作为组织(架构)中的局部,对整体所发挥的作用也有共同之处。员工与员工之间的协作直接影响了工作的效率和质量。与之对应地,节点之间的流转数据中的权重和偏置决定了模型的性能。这些权重和偏置就是参数,连接节点之间的是参数。合适的参数选择,决定了模型在面对不同任务时的泛化适应能力和准确度。

总的来说,ChatGPT 基于 GPT 模型对输入数据进行处理,并生成输出结果。而模型对数据处理的本质依然是基于统计学原理,对文字、音频、图片、视频等内容中的特征进行概率或频次的计算。这些特征在模型中通过参数和节点进行表示,并被统一为"向量"以用于计算。虽然将模型和法人进行类比以解释模型的原理确实存在部分不恰当的地方,但是法人组织可能是在类似于 GPT 模型构造的"结构体"中最为法律人所熟悉的了。

四、ChatGPT 的"案例分析方法"

前面通过类比"拟制法人"这一概念简单地介绍了 ChatGPT 的宏观结果、数据流转过程。但是,这些还不能算 ChatGPT 的核心,其真正核心的是算法原理。算法的本质是一条条抽象后的数学公式,或者说是函数。为了尽量避免对数学原理的讨论,我们用一个虚构的故事来说明算法的本质,方便读者进行理解。

在一个没有制定任何成文法典的国家里,有一个新手法官叫 G 法官。G 法官非常严格地将既往判例作为法律渊源和裁判依据,秉持着绝对"同案同判"的信念——这里请注意与遵循先例的英美法系进行区别。

某天,G 法官的上司 H 法官,将一批关于盗窃罪的刑事判决交给 G 法官,要求 G 法官对这批判决进行案例分析,以从中找出对盗窃罪确定刑期的方法。G 法官首先想到的是统计这批判决中刑期的平均值,统计平均值的公式为:所有判决刑期之和/判决数量。但是,G 法官很快发现了这批判决中存在部分无罪判决,这会导致平均刑期被拉低。无罪判决不涉及刑期,加入统计使得分母,也就是判决数量变大,得出的结果不太合理。于是 G 法官又调整了计算公式:

平均值=所有判决刑期之和/(判决总数-无罪判决数量)

G 法官很快得到了盗窃罪的刑期的平均值,并向 H 法官报告:所有的盗窃罪都应该判处平均值的刑期。

H 法官收到该报告后,在检查所有判决时发现,由于各案件刑期的数值分布较为分散。将先例判决刑期的数值与平均值进行对比后,发现有超过百分之七十的刑期数值与平均值差异巨大。所以,仅用 G 法官的方法得出的平均值,无法解释这些现象,也不可能按照这样的方式对后续案件进行判决。

H 法官把 G 法官骂了一顿,让他回去重新进行分析。G 法官在认真阅读了判决中的说理部分后,发现多数判决说理部分都会提到盗窃金额,于是他统计了一下判决中的盗窃金额和刑期，发现盗窃金额越高，刑期越高。而由于盗窃金额的数值不必然等于刑期的数值，因此，刑期与盗窃金额之间必然存在一个影响数值的系数 a。所以只要设计一个公式，测算出刑期与盗窃金额之间的系数 a 的值，在后续的案件中就可以根据该公式输入盗窃金额，得出应该判决的刑期。因此，G 法官根据该结论，设计了一个线性方程：

$$刑期 = a \times 盗窃金额$$

但是，G 法官发现，线性方程中的 a 的数值并不固定，代入全部的判决的数据后发现计算结果是彼此冲突的。于是 G 法官询问了他的数学家朋友 M 博士。M 博士在所有判决中对刑期和盗窃金额在 XY 坐标轴中绘制了散点图，观察了两者的关系，判断说：刑期和盗窃金额是正相关关系，不是一条笔直的线，还存在其他的因素影响刑期的确定。

此时，G 法官终于回忆起了 H 法官曾经的教导：盗窃罪的量刑应该综合考虑盗窃金额、盗窃次数、盗窃手段、盗窃对象等因素。于是 G 法官在 M 博士的协助下，对盗窃金额、盗窃次数、盗窃手段、盗窃对象和刑期进行了建模，再次调整了数学公式，以达到将金额、次数、手段、对象输入公式，就可以计算出刑期的效果。然而，在经过大量的计算之后，G 法官和 M 博士发现，数学公式预测的刑期依然与判决中的刑期有较大的出入，误差大于百分之二十。

G 法官和 M 博士穷尽了所有的努力，直到最后也没有得出一个合理的数学公式，可以用于预测刑期。

这个故事到这里暂时结束了，再往下就不可避免地会涉及复杂的数学和统计学原理，因为如果纯粹依赖于数学和统计学解决确定刑期这个问题的话，简单的线性回归是不足够的。这个故事存在的前提是对先例的绝对依赖；而更加贴切现实的情况是，我们在进行案例分析时，已经通过法律规定预设了会对刑期有影响的因素，并且认可法官的自由裁量权，即使是同案，刑期也是运行在一定区间内浮动。所以现实中不会发生故事中的沉溺于统计的 G 法官。

无论是法律人所接受的教育,还是法律和判例所确立的原则,都是由人制定的,所以统计的结果是否具有合理性,是存在争议的。这个故事是对 GPT 的统计学原理和算法原理所虚构的故事。

在这个故事里,G 法官和 M 博士最终没有得出结果,原因之一是还有很多未知因素影响着刑期的确定。法学对这个问题的解法是"自由心证",而 GPT 的解决方法则更加"粗鲁",认为"万物皆可计算"。

对于文字内容,GPT 不再对金额、次数、手段、对象这种内容进行定性的分类。它将每个词都认为是影响结果的因素之一,目的是预测下一个词是什么。就好像在盗窃罪中"预测"刑期一样。那么在"既往判决"没有错误的情况下,加入更多的"影响因素",预测的刑期就会越准。也正是基于这一原理,在与 ChatGPT 对话时,提示词的表达越清楚明确,ChatGPT 的回答效果就越好。包括在提示词中设定角色及场景、明确目的、分解任务等众多的提示词技巧都是基于这一原理。

在算法部分,GPT 则使用了更为复杂的统计学算法,主要是基于概率论和贝叶斯理论。限于篇幅和本书的目的,我们对数学原理不作赘述,值得强调的是,无论是线性回归还是贝叶斯理论,都是为了通过统计发现与计算因素和结果之间的关系。而对于这些看似复杂纷乱的问题,法国著名数学家皮埃尔 - 西蒙 · 拉普拉斯侯爵这样说:生活中大多数问题,都将只是概率问题。

第四节　ChatGPT 的不足之处

ChatGPT 作为一个语言模型具有一些显著的优点,这一点也在巨量用户的使用和评价中得到了印证。但是如同其他技术一样,随着使用的深入,它的不足之处也逐渐凸显。

一、做不对的数学题

尽管 GPT 模型在处理自然语言任务方面表现出色，但它并不是一个完美的模型。它可能会产生不准确、模棱两可或误导性的回答。这是因为模型的预测是基于统计模式匹配和训练数据的分布，而不是基于真正的理解和推理。

ChatGPT 一个典型的弱点领域是数学计算，哪怕是四则运算，当数字较大时，其计算结果也可能出现错误。

图 1-2 ChatGPT 进行四位数的乘法计算

但正确答案应当是：9314084。

这是 ChatGPT 模型原理固有的缺陷之一。ChatGPT 根据上下文内容生成出现概率最大的文字。在数学计算的场景中，ChatGPT 本质是在计算"1+1"最大概率等于几。这个"最大概率"的分母，是总样本数量，当总样本数量足够大且足够正确时，可以得出"1+1 无限接近等于 2"；但是在训练数据的样本里，总有一些是 1+1=3 的。但是这个结果，在人类来看是不正确的，因为对于人来说 1+1=2 的概率是 100%。但如果这些错误的样本在总样本数量中占比太大，大到足以影响"最大概率"，那么 ChatGPT 生成的答案就很容易犯错。

而这点不足其实也体现在其他需要进行严谨推理或常识推理的领域中，例如法律场景中的"乱编判例"或"杜撰法条"等。

二、记不住的提示

虽然 ChatGPT 的一个独特优点在于其上下文理解上，可以记住之前输入的内容,其似乎初步具备了“记忆”,但这种并非长期记忆。Transformer 架构在注意力机制方面的优秀表现赋予了 ChatGPT 优秀的上下文理解能力,也附带了限制,使模型会遗忘远距离的文本依赖关系,因为其认为距离更近的文本内容相关性和影响更大。这就导致,在几轮对话之后,ChatGPT 将不记得最初的提示内容,或者是在下一次对话时,它并不会记得昨天的提示,甚至“记忆”可能是半天或者更短。

伴随而来的,就是其在处理复杂问题或需要更多额外信息的情况下,因为“记忆不足”经常导致信息缺失,从而效果不佳。这也限制了部分使用场景下 GPT 的回答的效果。例如,当需要阅读、总结、分析某份冗长裁判文书时,往往会限于提示词的长度极限,导致无法得出令人满意的充分全面的总结。

三、说不清的答案

我们对 ChatGPT 原理的介绍仅仅是浅显且已知的一部分,ChatGPT 的技术原理其实是存在一部分“黑盒”,即使是它的研发者们也解释不清 ChatGPT 的某一部分能力和“神奇”效果。

GPT 模型是一种黑盒模型,它的决策过程和内部机制相对不透明。这意味着我们很难理解模型为什么做出特定的预测或回答。缺乏可解释性使我们无法深入分析和验证模型的决策。对于部分领域来说,这点似乎无关紧要,但是在法律领域这是难以接受的,法律需要的不仅仅是答案,更重要的是说理论证的过程。

说理论证和法律解释的过程的缺失或偏离,导致 ChatGPT 的回答往往是没法直接使用的,而需要人工进行结果监督。即使在回答结果是准确的情况下,严谨的法律人依然会自行验证检查一遍。

除此之外,ChatGPT 还存在偏见歧视、数据安全、知识产权等方面的问题,此处暂不赘述。虽然 ChatGPT 有诸多不足,但这些不足是对比人类而言的,ChatGPT 依然是目前泛化能力和效果最好的生成式大模型之一,尤其是 GPT4.0 还在持续迭代,上述部分缺陷或不足,极有可能被修复。

第五节　GPT 对法律人的影响

一、这次的人工智能可以成功吗

这个问题在部分领域无疑是肯定的。就像每次的人工智能浪潮一样,无论符号主义、统计主义还是机器学习,它们在应用层面都有自己的一席之地。虽然每次人工智能浪潮都会把法律拿出来讨论一次,可在法律领域至今也没有大规模应用或者任何改变行业的应用。在法律领域,此次人工智能所交出的答卷——生成式语言大模型似乎前所未有地贴近着法律,仿佛它的成功呼之欲出。

(一)遵循先例和数据样本

正如第三节中虚构故事所体现的,GPT 的算法在思想上与英美法遵循先例的原则有着相似之处。两者主要的区别在于,对未知的部分,GPT 依赖于统计学计算,而英美法依赖于法官的自由心证。对此,根据毕达哥拉斯认为的"万物皆数"思想,可以做一个大胆的想象,只要有足够的算力,法官的"心"也是可以计算的。并且 GPT 证明了,它在文案、情感识别和察言观色方面有着可能高于部分人类的"情商",换句话说,它可能很善于计算人心。

而从 GPT 的训练方式来看,也符合英美法的原则。在依据方面,英美法和生成式大模型训练方法都依赖于大量的数据或者判例。英美法需要依赖历史案例和判决来为当前案件做决策,而生成式大模型训练方法需要大量的文本、图像等数据来训练模型。

在学习能力方面,英美法和生成式大模型训练方法都具有学习和适应能力。判例法通过解析历史案例和判决,从中学习并适应不同情境下的裁判原则;而生成式大模型训练方法通过大规模数据的训练,使模型能够理解并适应多种自然语言或视觉任务。模型训练时对数据的标注包括正确数据、错误数据和模糊数据,以此来不断纠正模型错误,实现模型和人类思想的对齐。英美法在实际运行过程中,对先例有遵循、推翻和避开三种处理方式,并且以此形成新的判例会以先例的方式影响整体的裁判规则,这种对先例的处理与生成式大模型的标注极其类似。英美法遵循先例在某个维度上是在对裁判规则进行建模。

在泛化能力方面,英美法和生成式大模型训练方法都具有一定的泛化能力。英美法中的裁判原则可以被应用于不同的类似情况,并为不同案件提供指导,可能是从未见过的案件。生成式大模型训练方法的模型可以生成与训练数据相似但未曾见过的内容。

(二)语言游戏

中国社科院赵汀阳曾在其评价 GPT 的文中提道:GPT 是维特根斯坦型的经验主义者。维特根斯坦是奥地利的哲学家,其主要研究领域是逻辑学、语言哲学等,他最重要的著作是《逻辑哲学论》和《哲学研究》。维特根斯坦认为:语言的边界就是世界的边界。并且他基于此提出了"语言游戏"理论。维特根斯坦本人并未从概念的角度对"语言游戏"进行文字描述上的定义,他只是列举了大量的例子,并以此说明语言之间有一种总体上和细节上相似性。我们姑且可以这么理解,语言和游戏一样也是受规则支配的活动,而这种相似性就是规则的体现。

这种"语言游戏"理论与 GPT 的工作原理有相似之处。它通过学习语言的规则和模式来生成文本。就像维特根斯坦所说的语言游戏一样,GPT 也是受规则支配的活动。在 GPT 的背后,有复杂的数学公式和统计原理,这些帮助模型理解语言的结构和规则。然而,与维特根斯坦所认识到的一样,这些规则的本质可能并不总是被完全理解或解释清楚。

尽管我们难以解释语言规则的本质,但我们仍然实实在在地使用着语言。类似地,虽然我们可能无法完全理解 GPT 内部的复杂运作机制,但我们可以看到它在实际应用中的成果和效果。

德国法学家阿列克西在其《法律论证理论》一书中总结道:语言游戏

包括道德论辩和法律论辩。语言只有通过行为和其他条件才能被把握，以及“语言受规则支配”等观点对阿列克西的关于法律论证的研究有所助益。法律是一种使用语言规则的系统，通过法律文本来规范人类行为和社会秩序。律师、法官和法律学者等专业人士使用语言规则来解释法律条文、判决案例和法律原则。在这个过程中，类似于维特根斯坦所描述的语言游戏，法律体系也是受一系列规则支配的活动。除此之外，在更加深层次的维度，维特根斯坦的理论和著名分析实证主义法学家哈特的法哲学思想不谋而合。

然而，正如 GPT 模型中的规则难以完全解释一样，法律中的规则也可能存在一些歧义和解释上的困难。很多法律案例和争议可能涉及语言理解和解释的问题。在这方面，GPT 可能有助于法律领域，它可以处理大量的法律文本和案例，并提供类似于法律专业人士的意见和建议。

GPT 和一部分的法学理论都受到了维特根斯坦哲学理论的影响或具有共通之处。杨振宁说过：物理的尽头是哲学。人工智能和法学的尽头又何尝不是呢。如果 GPT 实现了维特根斯坦的语言游戏，那么它实现与维特根斯坦理论共通的法学理论也是我们可以大胆想象的。

二、大模型会替代法律人吗

这个问题的答案目前是明确的：大模型短期内不会替代法律人。大模型不会替代的是法律人这个群体，但是，对单一个体来说，这个问题是值得每个人思考的。

（一）大模型可能不想替代法律人

法律工作的价值在说理和论证。无论是面对律师、法官、检察官还是面对当事人，没有严谨的推理过程进行说理论证，也不过是徒劳无功的口舌。无论是合同还是诉状、裁判文书、法律意见，没有完整的说理，也不过是没有意义的白纸。大模型基于数学统计的原理使它必然无法完成有效的说理和论证。

当有人要咨询律师某个事件时，例如一项租赁合同纠纷，多数律师的习惯是先就租赁交易的细节进行提问，但是，大模型目前是很难准确提问的。在了解清楚租赁交易风险之后，律师会有针对性地说明租赁合同纠纷的原因及处置。

但是存在一个前提是，这名律师足够优秀及专业，而不是单纯使用话术对客户进行推销，毕竟在推销话术方面，法律人大概率无法胜过大模型。我们不妨就“出租人不退押金”这一常见问题向大模型提问，然后自省一下在这个问题的回答上，我们自己是否可以做到比它更好，然后再思索一下作为个体的我们是否会被替代吧。

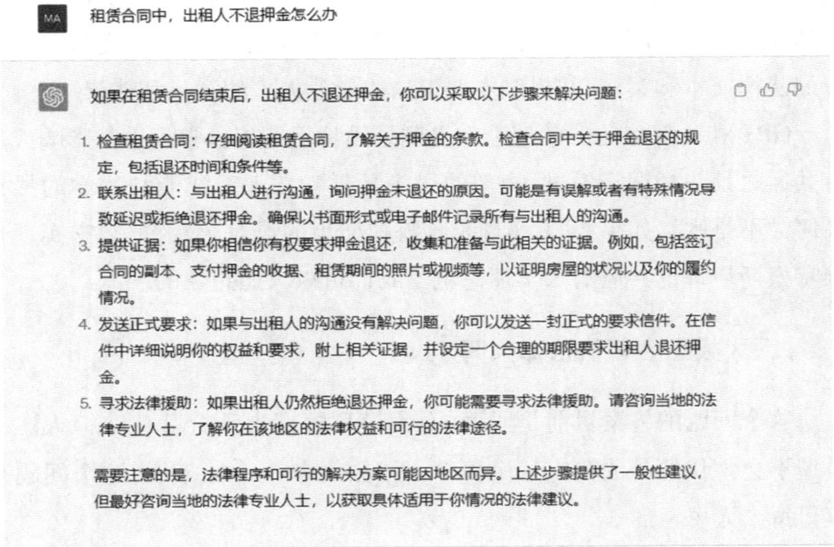
MA 租赁合同中，出租人不退押金怎么办

如果在租赁合同结束后，出租人不退还押金，你可以采取以下步骤来解决问题：

1. 检查租赁合同：仔细阅读租赁合同，了解关于押金的条款。检查合同中关于押金退还的规定，包括退还时间和条件等。
2. 联系出租人：与出租人进行沟通，询问押金未退还的原因。可能是有误解或者有特殊情况导致延迟或拒绝退还押金。确保以书面形式或电子邮件记录所有与出租人的沟通。
3. 提供证据：如果你相信你有权要求押金退还，收集和准备与此相关的证据。例如，包括签订合同的副本、支付押金的收据、租赁期间的照片或视频等，以证明房屋的状况以及你的履约情况。
4. 发送正式要求：如果与出租人的沟通没有解决问题，你可以发送一封正式的要求信件。在信件中详细说明你的权益和要求，附上相关证据，并设定一个合理的期限要求出租人退还押金。
5. 寻求法律援助：如果出租人仍然拒绝退还押金，你可能需要寻求法律援助。请咨询当地的法律专业人士，了解你在该地区的法律权益和可行的法律途径。

需要注意的是，法律程序和可行的解决方案可能因地区而异。上述步骤提供了一般性建议，但最好咨询当地的法律专业人士，以获取具体适用于你情况的法律建议。

图 1-3　ChatGPT 回答租赁押金法律问题

(二)替代法律人可能不会先是大模型

自 2022 年 11 月以来，大模型的急剧发展，在数量上的增长已经无须再提，几乎每天都有新的大模型发布或升级。质量上，各开源模型的质量也紧逼 OpenAI，并且还有 Claude、Bard 等闭源模型在激烈竞争。

OpenAI 所面临的这种情况,法律人在更早的时候就开始经历。对法律人来说也是如此,护城河早就越来越浅了,业务“蓝海”被激烈的竞争卷成“红海”的速度越来越快,周期越来越短。从劳动合规,到 IPO 业务,再到数据合规……其根本原因是人们可以通过搜索引擎快速获得某一领域的知识,知识层面的信息差在互联网信息时代被快速抹平。现在生成式大模型会更加快速地抹平知识上的信息差,甚至可以做这样一个大胆的设想:一个足够优秀但是未经法律专业训练的人,在大模型的辅助下可以处理相对简易的案件。这种事情在 AI 出现以前就已经出现了,只是 AI 降低了对前述假设中“优秀”这个条件的程度和门槛。在 AI 时代,一个“相对优秀”的人,就可以实现。而作为以此谋生的法律人,无论是法官、律师还是其他法律共同体中的成员,都应该思考这个问题,没有法条知识的信息差,我们的价值在哪儿。

三、大模型的新发展及对法律界的影响

自 ChatGPT 发布以来,生成式大模型的发展以超出所有人想象的速度在“狂飙”,除了不断有新的通用大模型发布外,在未来最有可能为法律人及法律行业带来变化的有两方面的技术路线:

(一)大模型的新发展

1. 自主代理 AI:让 AI 指导 AI 进行法律分析。

自主代理 AI 以 Auto - GPT 和 AgentGPT 为代表的方向,通过一个“自主代理”控制或指令 AI 大模型进行复杂任务的完成。它们可以根据用户定义的大目标,指令 GPT 进行任务目标分解、排序任务、执行任务、评估验证结果。并且,在验证结果时可以做出符合预期或需要完善的判断,如果判断为需要完善,它们会返回重新进行任务目标分解,直到用户定义的目标圆满完成。

这种自主代理还可集成多个不同的模型,用于交叉验证任务结果,或根据大模型能力,指令大模型完成复杂任务中其更擅长的部分。例如,

A 模型更擅长语义理解，B 模型的推理结果更准确，则可以在某个法律实证研究中，由 A 模型检索类案，而 B 模型进行实证分析得出结果。

自主代理 AI 所解决的问题，与单一大模型在法律场景应用的不足之处高度相似，法律问题大多是多步骤的复杂问题。多数案件的处理过程是从事实认定到法律适用，如果可以训练出遵循前述案件处理步骤的自主代理 AI，相信大模型在法律场景应用的效果可以有明显提升。

2. 垂直领域大模型：让 AI 更懂法律。

法律领域一直是人工智能技术高度关注的领域，每次人工智能上的技术突破，几乎都第一时间在法律领域进行应用或实验，法律的复杂性和社会性也是检验评估人工智能能力的标准之一。本次由 ChatGPT 引发的人工智能浪潮中，法律领域依然备受关注。从 ChatGPT 发布后的 8 个月内，各高校研究机构和法律科技公司相继发布"法律大模型"，其中比较有代表性的几个，由研究团队发布的如 ChatLAW、LawGPT_zh（獬豸）、LaWGPT 等，由法律科技企业发布的如 iLaw 的"达芬奇"等。

一方面，前述法律大模型尚未大规模应用，未经市场检测，可能存在准确率不高，使用效果不好等情况。并且生成式模型固有的可解释性弱的缺陷也未见有所突破。另一方面，法律大模型在专业问题上确实呈现出来比通用大模型更加好的效果及更加优秀的用户体验。同时，伴随着法律垂直领域热度的不断上升，各研究团队和法律科技公司投入的资源越来越多，存在的问题也有望被解决。

（二）对法律界的影响：新的工具、新的挑战

大模型的产生和发展之迅猛，对法律界的影响已经深入到了法律行业服务、法律新问题探讨和法学理论研究等多方面。

阿里巴巴集团前 CEO 张勇在"2023 阿里云峰会"上讲道：所有产品都值得用大模型重新升级。法律界这次似乎无法在人工智能的浪潮中例外了，无论是垂直领域大模型的发布，还是部分个人对 GPT 等大模型的使用，都意味着传统的法律服务模式可能面临转型和重塑的挑战。大模

型和自然语言处理技术的应用，让法律行业看到了更高效、更智能化的可能性。

1. 新的工具。

不如先大胆一点想象，大模型会怎样对法律行业进行"重新升级"。

(1)在专业工作上，大模型将提升法律工作的效率。

大模型和自然语言处理技术可以帮助律师和法律从业人员更快速、准确地获取和理解法律信息。例如，通过使用大模型，律师可以在海量的法律文本中快速搜索到相关法律条文和判例，提高案件查找和分析的效率。智能化的法律服务也有助于普惠法律，让更多人受益于法律知识和服务。

生成式语言大模型最直接的能力就是生成文字。法律专业工作的主要成果也是文字，例如合同、诉状、证据清单、裁判文书等。对于前述法律文书，都可以使用适当的提示词让大模型生成比较有针对性的文书内容，然后在此基础上修改，从而节省时间和劳动力，提高效率。关于文书生成的方法，在本书后面的章节会重点介绍。

(2)在复杂疑难案件的处理上，大模型可以为法律人提供思路和灵感。

生成式语言大模型具有的高效文本处理能力可以为法律人提供高效的法律研究和文书分析。在法条检索、类案检索上，大模型相比于传统检索方式，在语义级别上的关联性更强，因而在检索结果上会有更好的用户使用体验。而在文书分析上，大模型所具有的"涌现"能力可以为法律人在诉讼策略制定、争议焦点发现、案件事实认定等方面提供更全面的思路和更新的灵感。

(3)在其他日常法律工作上，大模型可以让专业表达变得更"接地气"。

生成式语言大模型在法律咨询、文案写作等方面有明显优势。以法律咨询为例，语言大模型巨量的参数所"蕴含"的语言特征让大模型生成的回答更加贴近客户的直观期待和理解，有效避免法律人回答时惯用法言法语导致客户听得云里雾里的情况。但是,语言大模型生成的答案往往缺乏专业性,且可操作性不强,更多只能作为咨询回答的参考。

所以,大模型更多的是扮演一个辅助的角色为法律人带来工作研究效率和质量上的提升,像一个不太聪明又有点用的助理,不过随着大模型技术的迅速发展和法律垂直领域大模型的关注度提升,"助理"会变得越来越聪明。我们也在本书的后续章节中,对在现有条件下"如何让法律垂直领域的助理变得更加聪明"的话题,进行了探讨。

2. 新的挑战。

另外,人工智能技术的快速发展带来了许多新的法律和伦理问题。例如,隐私保护、数据安全、算法公正等问题。不仅仅在法律行业,在全社会范围内,它们已经引起了广泛的关注和讨论,而这也必将成为法律人发挥作用的舞台。

新技术的产生和发展,使传统的法学理论在新的时代面临新的挑战。随着人工智能和大数据的应用,法律问题也变得更加复杂和多样化。因此,法学理论需要与时俱进,适应新的发展。法学理论的重新思考并不是简单地将人工智能技术引入法学领域,而是要从更深层次上审视法律的价值和意义,重新审视法律的本质和引入新的方法论,毕竟生成式语言大模型所遵循的哲学原理与法哲学思想部分是共通的。

生成式大模型的成功,让人们重新审视思维的本质,也让人们重新思考自己的价值。大模型所带来的变化还在飞速发酵,目前还很难预测会是一个什么样的结局,但是一部分法律人的工作方式、工作习惯已经在悄悄改变,在适应这个大模型逐渐普及的社会。

既然变化是必然的,那么法律人无妨从这本书开始,了解人工智能在法律场景下的各种能力,借助工具的力量,一起拥抱这个充满变数却又异彩纷呈的未来吧!

第二章　使用 ChatGPT 前的准备

第一节　认识 ChatGPT 的操作界面

注册完 ChatGPT 之后，我们就可以正式与 ChatGPT 展开对话了。在开始前，我们可以先了解一下 ChatGPT 的基本界面和功能。

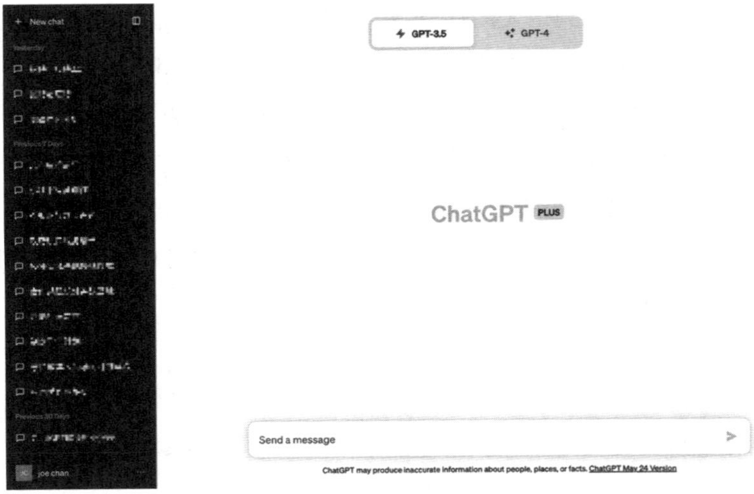

图 2－1　ChatGPT 的基本界面和功能

你可以选择自行阅读 ChatGPT 的官方文档，也可以通过笔者在本节的介绍，了解我们在使用过程中遇到的问题，以便你更快地了解这一新事物。

一、GPT－3.5和GPT－4

在第一章，我们已经了解了ChatGPT的前世今生。目前，OpenAI在ChatGPT的官网（chat.openai.com），为用户提供了免费版的GPT－3.5。只要你完成了注册流程，就可以免费获得GPT－3.5的使用权。

但由于训练模型和训练数据的提升，一般认为，GPT－4在许多方面的表现都明显优于GPT－3.5（对此，在本书创作的过程中，笔者亦能反复体验到这一结论）。

但GPT－3.5并非毫无优势：GPT－3.5不仅免费，更无使用次数的限制；而GPT－4不仅需要每月20美元的ChatGPT Plus订阅费，而且有3小时不超过50次的对话限制（不同的账户，次数限制可能不同）。有意思的是，经笔者观察，如果你已经订阅了ChatGPT Plus，那么你的GPT－3.5的生成的速度会得到很大的提升，经过测试比较，仅就内容生成速度而言：订阅后的GPT－3.5＞GPT－4＞未订阅的GPT－3.5。

但如果你想使用GPT－4处理更复杂的问题、生成更自然流畅的文本、减少生成内容时的“幻觉”（本章第五节将解释何为“幻觉”）、使用插件商店……那么笔者建议你最好开通ChatGPT Plus的订阅。目前，即便你通过OpenAI的注册，也无法直接订阅GPT－4，但你可以通过苹果账号购买礼品卡的方式，订阅ChatGPT Plus。

二、“＋New Chat”与对话的留存

点击页面的左上角的“＋New Chat”，你就可以开始一个新的对话框。在开始对话前，你必须选择使用GPT－3.5或者GPT－4模型来开始后面的对话。一般情况下，选择了GPT－3.5后，后续所有的对话和任务，将完全通过GPT－3.5来完成；而如果我们选择了GPT－4，那么在前述“3小时50次对话”结束后，你可以选择等待3小时届满后（从你发出的第一个对话时起算），继续使用GPT－4来完成对话；若“迫不及待”想继续对话，你也可以在“3小时50次对话”结束时，选择通过GPT－3.5

来完成后面的对话——但需注意的是,此时如选择“切换”为 GPT -3.5 进行对话,即便再过了 3 个小时以后,你通常无法再将该对话“切换”回 GPT -4.0。

目前,无论你通过 GPT -3.5 还是 GPT -4 进行对话,所有的对话内容,都会保存在“ +New Chat”下方的对话窗口列表中。你可以随时回看当时的对话,如果你需要在本已结束的对话中继续就某一问题和 Chat GPT 讨论,你可以直接进行对话即可。通常情况下,只要不超过 ChatGPT 的记忆力的 token 限制(下文很快将解释什么是“token 限制”),ChatGPT 都可以续上之前的对话。

如果需要清除已经发生的对话,你有两种方式清除对话:方法一,单项删除。点击你需要删除的对话窗口,会浮现一个垃圾桶的图标,点击即可删除该项对话。方法二,全部删除。点击左下方的“…”,在弹出的对话框里选择“Clear conversation”,即可删除全部历史对话。

三、token 限制

GPT 模型在处理文本时,对输入和输出的文本进行分割和编码时存在一定的最大“标记”(token)限制。这个限制是由模型的架构和计算资源所决定的。

举一个不太恰当的例子:你和任何人之间的对话,都不可能是没有时限的。当你匆匆下班时,你会拎着包一边走一边和同事聊天,但走出电梯口的一瞬间,你们说了声“再见”,这个话题可能就完全结束了。过了一阵子,你们再次聊起同一个话题,也可能因为时间太久、记忆力等原因,丢失了很多聊天的细节。

在 GPT 模型中,我们对话的文本会被拆分为一系列的“标记”,这些“标记”有时候不一定以每一个字(或者单词)作为单位。比如:

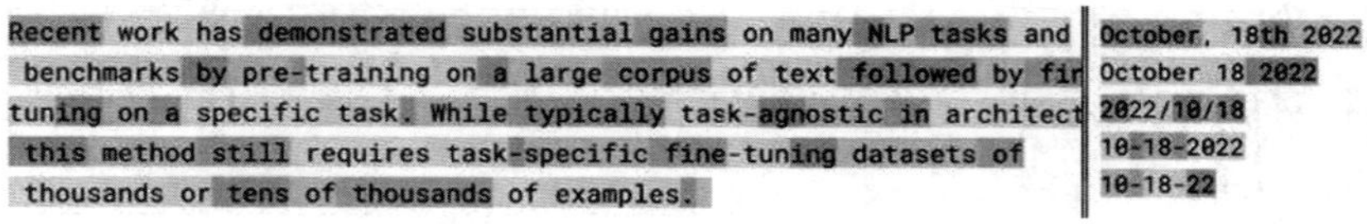

图 2-2 文本被拆分为 token 示意

图片来源:https://learn.microsoft.com。

由图 2-2 可以看出,图片中如第一行中的"work"与它前面的前一个空格组成了一个 token;而其中的"NLP"作为一个固定搭配的单词,却被拆分为两个 tokenGPT 模型拆分单词,制作"标记"(token)时,往往是反直觉的。

在早期的 GPT-3 中,最大的 token 被限制为:输入上限为 2048 个标记,而最大的输出标记限制为 4096 个标记。当你需要输入的内容超过限制时,你需要将内容进行拆分后依次输入;而当 GPT 输出的内容超过 token 限制时,既往的内容则可能被逐渐淡忘或被新的输入所覆盖。

互联网有关资料显示,一个汉字相当于 2-2.5 个 token。GPT-3的 4096 个标记限制,则相当于3072 个英文单词;而 GPT-4 的最大 token 限制为 32768 个。随着插件商店的开放,GPT-4 号称"突破 10 万 token 限制"。

四、Regenerate response、Stop generating 和 Continue(或继续指令)

当我们不满意 ChatGPT 生成的内容时,可以点击对话框上面的"Regenerate response",要求 ChatGPT 重新生成新回答。如果你的界面中出现了"<2/2>"的图示,则意味着重新生成成功,对话至此也产生了 2 个(或 2 个以上)的新支线。你可以在新生成的回答中,选一个自己满意的回答,并继续在其下面的对话框中进行对话;当然,如果你还是觉得第一个回答最好,也可以回到原来的回答之下的对话中接着聊。

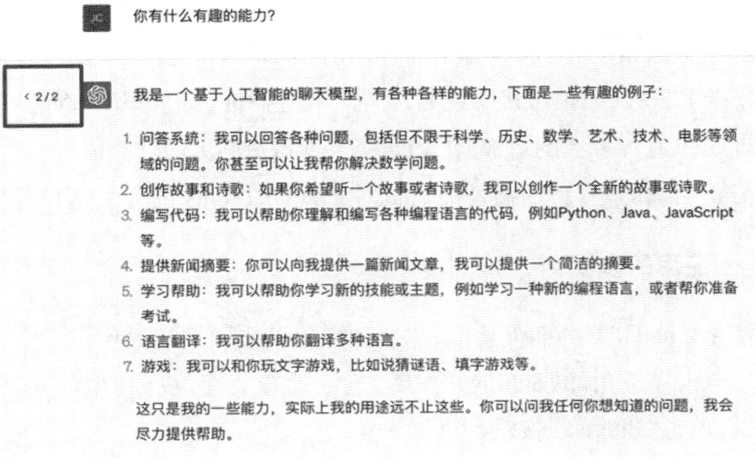

图 2－3 指令 ChatGPT 重新生成后，存在 2 个以上回答

由于 ChatGPT 生成的方式，基本上是一个字一个字“往外蹦”。所以，当你觉得内容完全不可接受时，可以点击“Stop generating”，提前终止生成。

图 2－4 指令 ChatGPT 停止生成

当 ChatGPT 生成的内容太长时，可能出现无法继续生成内容的情形，如同“卡带停顿”一样，此时你只需要在页面中的“Continue”的按钮上点击，即可指示 ChatGPT 继续生成内容。

第二节 使用 ChatGPT 的插件

2023 年 3 月，OpenAI 宣布推出插件功能。

除了处理文本以外，ChatGPT 借助插件功能，能够进行更多的操作。比如,用户可以通过浏览器插件查询实时信息(这对减少本章第五节提及的"幻觉"有重大帮助)。同样有了插件以后,ChatGPT 还能够协助用户完成更加复杂的任务,如预订机票或餐厅等。有些插件(如 Wolfram)还可以补强 ChatGPT 在计算上的短板,让 ChatGPT 获得更强大的计算能力。

需要明确的是,目前插件商店仅对 ChatGPT Plus 的订阅用户开放。

一、使用的步骤

使用 ChatGPT 的插件功能,需要按照以下步骤进行操作:

1. 点击左下角的"Settings"按键,进入设置页面,找到"Beta features"按键后,单击"Plugins"按键。

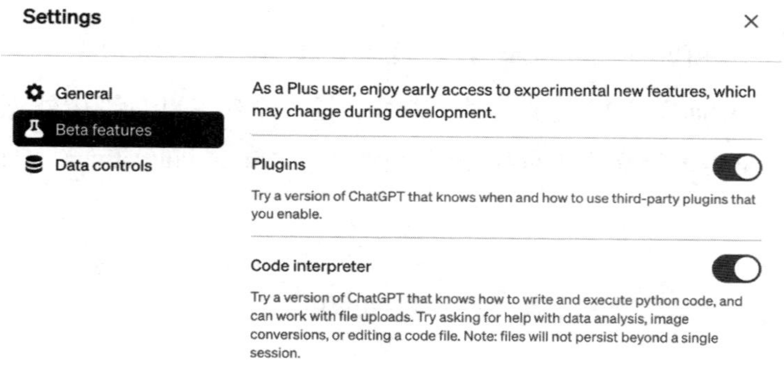

图 2-5 找到 ChatGPT 的插件入口

需要简单说明的是,读者在打开插件按键时,也可以同步打开"Code interpreter"。这个功能在 2023 年 7 月正式推出,可以完成很多更加复杂的操作(如自动撰写和代码、图片生成以及数据分析等)。但遗憾的是,ChatGPT 的官方浏览器(Browse with Bing)因为容易引发版权争议而下架,在解决插件的越权访问的问题后,应该会重新回归到 ChatGPT Plus 订阅用户的视野。

2. 打开一个新的 GPT-4 对话,选择"Plugins"按键。

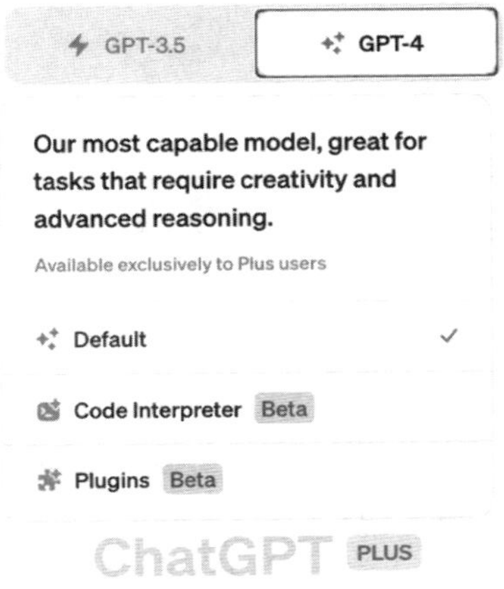

图 2－6 在 GPT－4 对话界面中点击插件

3. 在“Plugins”的下拉菜单中，选中“Plugin store”。

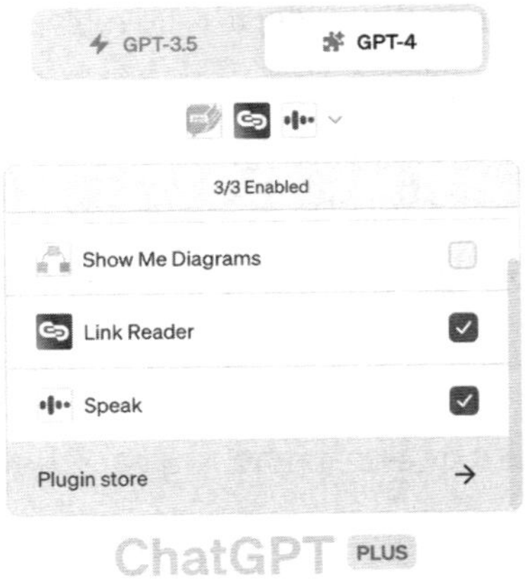

图 2－7 在 GPT－4 对话界面中打开插件商店

4. 在“Plugin store”中选用符合自己需求的插件，点击“install”，就可以将插件保存在自己的 GPT－4 窗口中了。

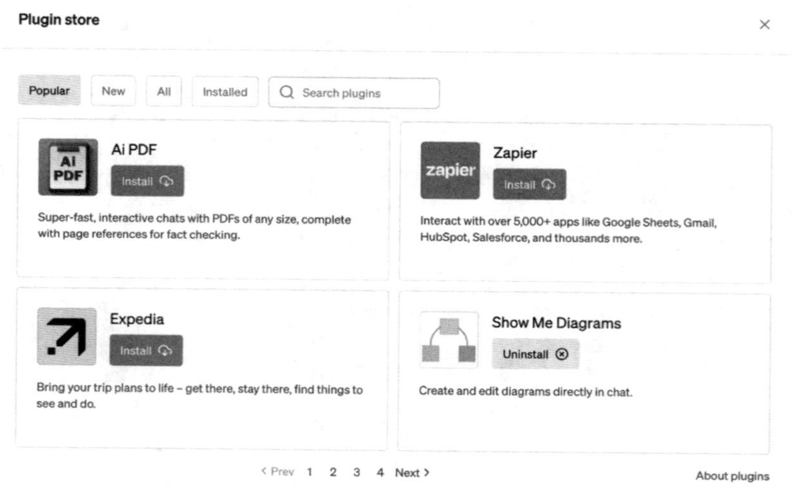

图 2-8　在插件商店下载自己需要的插件

5. 使用插件前，我们可以在“Plugins”的下拉菜单中，勾选一个或多个所需要的插件（最多不超过 3 个插件），完成复杂的操作。但在使用的过程中，我们无须告诉 ChatGPT 具体选用哪一个插件，ChatGPT 会根据我们的需求，自动地选用合适的插件，完成我们的指令。

我们用一道数学题，来测试 ChatGPT 对插件的调用能力：

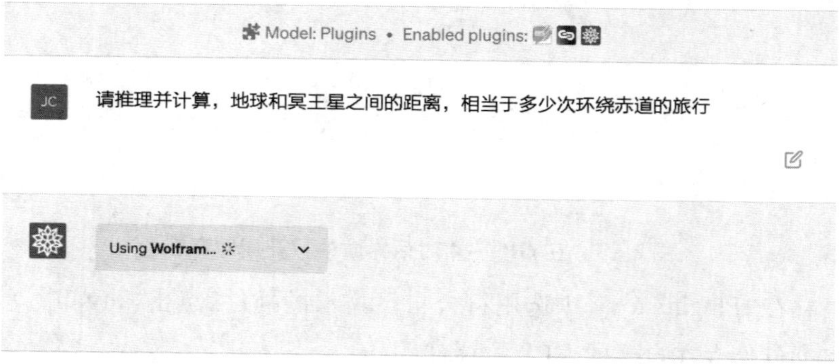

图 2-9　ChatGPT 正在调用 Wolfram 插件

当我们提出计算需求时，ChatGPT 在我们选中的三个插件中，自动地调用了 Wolfram 来完成任务。

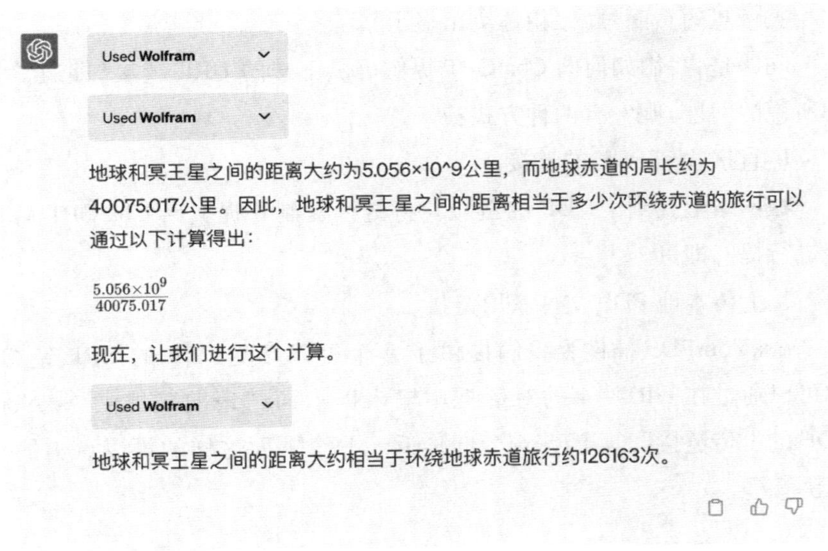

图 2 – 10　ChatGPT 调用 Wolfram 插件进行计算后给出回答

随后，通过三次调用插件，ChatGPT 完成了我们提出的问题，帮我们计算出“地球和冥王星之间的距离大约相当于环绕地球赤道旅行约126163 次”的结论。在生成结果的同时，Wolfram 的图标，也自动变化成了 GPT – 4 的紫色图标。

至此，我们就成功了调用了一次 ChatGPT Plus 账户下的插件。

二、实用插件介绍

了解插件的基本工作方式后，我们来介绍几款好用的插件。

（一）AskYourPDF

AskYourPDF 的主要功能是从 PDF 文档中提取信息。当我们在 GPT – 4的对话框中选用该插件后，如果我们向 GPT – 4 的对话框中提交一个 PDF 的链接，GPT – 4 将会调用这个插件并将我们提供的链接内容存储在一个向量数据库中。随后，当我们针对 PDF 的内容进行提问时，插件会根据 PDF 的内容进行回答。同时，在提供答案时插件还会指定找到相关信息的页面号(以粗体突出显示)。

问题是,我们如何向 ChatGPT 提供可供下载的 URL 链接(即通常我们所说的网址)呢? 有两种方式:

1. 直接找到 PDF 的链接。

在网络上找到了 PDF 的链接。将链接复制并提交给 ChatGPT 后直接进行提问即可。

2. 上传本地 PDF 文件获取链接。

AskYourPDF 插件为我们提供了一个可以接受 PDF 的 URL 链接。你可以通过在 GPT－4 的对话框中输入提示词:"请向我提供 AskYourPDF 的上传链接"。GPT－4 会向你返还一个下面这样的可以点击的页面。

图 2－11　AskYourPDF 插件:上传文件页面

点击"蓝色云朵"图标后,会自动跳转到上传的页面。将 AskYourPDF 插件能够兼容的".pdf"".txt"".ppt"".pptx"".csv"".epub"".rtf"等格式拖动到下方的"Upload Document Here"。

操作成功后,会产生一个可以被 ChatGPT 识别的"doc_id",将该串编码复制并提交给 ChatGPT 后直接进行提问即可。

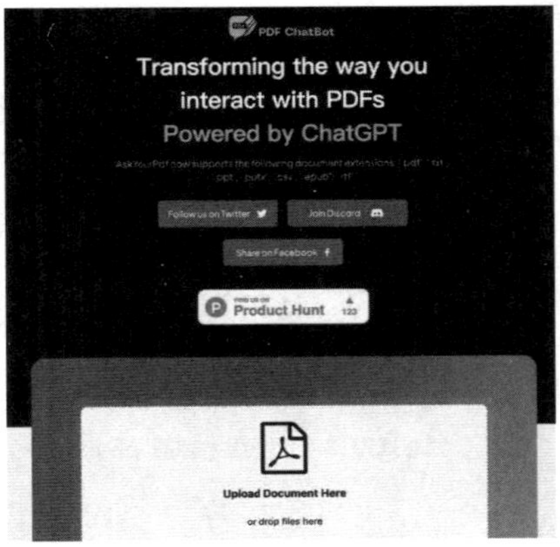

图 2 – 12　AskYourPDF 插件:拖动上传文件

图 2 – 13　AskYourPDF 插件:上传文件后复制可以被 ChatGPT 识别的编码

(二) Prompt Perfect

Prompt Perfect 是一款小巧易用的提示词“润色”插件。

图 2 – 14　Prompt Perfect 插件:提示词润色

在本书的第三章，我们会花较多的笔墨，介绍如何用好与 ChatGPT 交互的 prompt（提示词），包括“设置特定身份”“少样本学习”“使用标点符号”“分解任务”“说明格式要求”等提示词技巧。

但你也可以使用 Prompt Perfect，在每次对话的过程中，提升提示词的质量。Prompt Perfect 通过简单的方式触发：用户可以在对话框中输入“perfect”来启动插件。如：

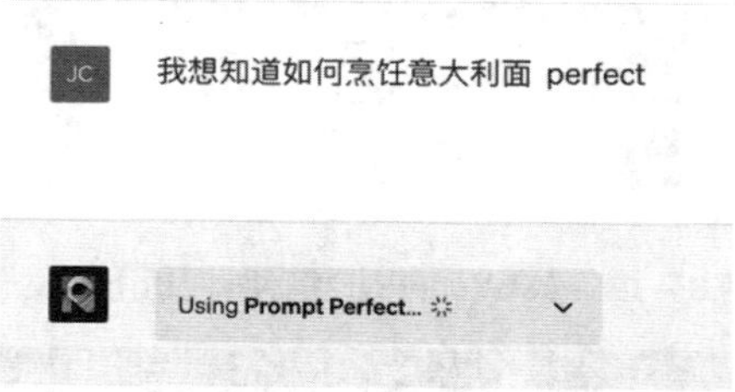

图 2－15　输入 Perfect 以启动 Prompt Perfect 插件

不过，通过 Prompt Perfect 插件润色后的提示词，并不会直接呈现给用户。在我们提出“perfect”的指令后，插件会将我们的请求发送给 GPT－3.5－turbo 模型，由模型进行优化改写后，将结果返回给 GPT－4，GPT－4 根据提示词的指令，直接帮用户生成所需内容。

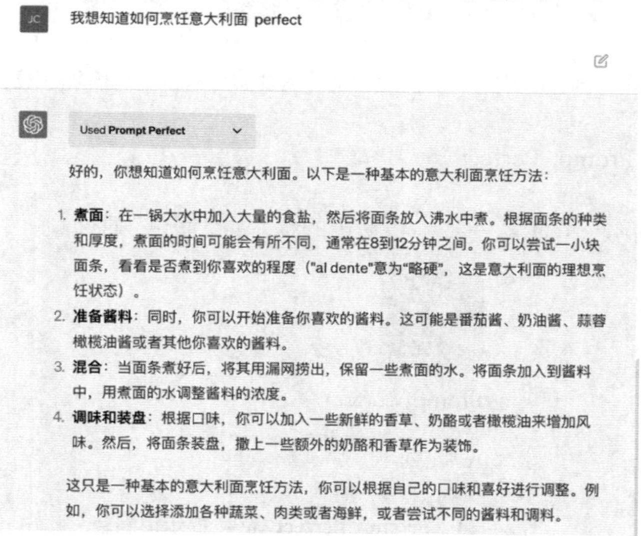

图 2－16　启动 Prompt Perfect 插件后 ChatGPT 的回答

如果你需要确认自己的提示词确实经过修改，你可以在“我想知道如何烹饪意大利面 perfect”后面，再补充一行提示词：“回答问题前，将 perfect 插件改写后的提示词呈现给我”，即可验证自己的提示词是否被 Prompt Perfect 插件有效地进行了润色。

（三）KeyMate. AI Search

前文我们说过，ChatGPT 关闭了官方的 Browse with Bing 插件，但这并不意味着 ChatGPT 完全回到“断网”前的状态（即数据仅更新截至 2021 年 9 月），使用第三方插件 KeyMate. AI Search，也可以让 ChatGPT 获得访问网络的能力。

图 2－17　KeyMate. AI Search 插件：让 ChatGPT 访问网络

使用 KeyMate. AI Search 前，需要在“Plugin store”中找到这个插件的下载按键。点击下载后，ChatGPT 会跳转到 KeyMate. AI Search 的官网。如果你想要使用这个功能，就必须拥有一个 Google 账号。登录 Google 账号并点击授权后，就会返回 ChatGPT 的界面。这时候，KeyMate. AI Search 就会出现在我们的插件列表中了。

使用 KeyMate. AI Search 时，我们无须专门操作激活插件，只需要直接向 GPT－4 的对话框中，输入你的问题或请求。GPT－4 会根据你输入的内容，识别是否需要发起网络搜索。插件搜索后得到的结果，会被用于 GPT－4 的作答。

当我们要求查询“今日广州的台风天气预报”时，可以看到 GPT－4 自动调用了插件：

图 2－18 ChatGPT 正在调用 KeyMate. AI Search 插件

检索完成后，GPT－4 开始作答：

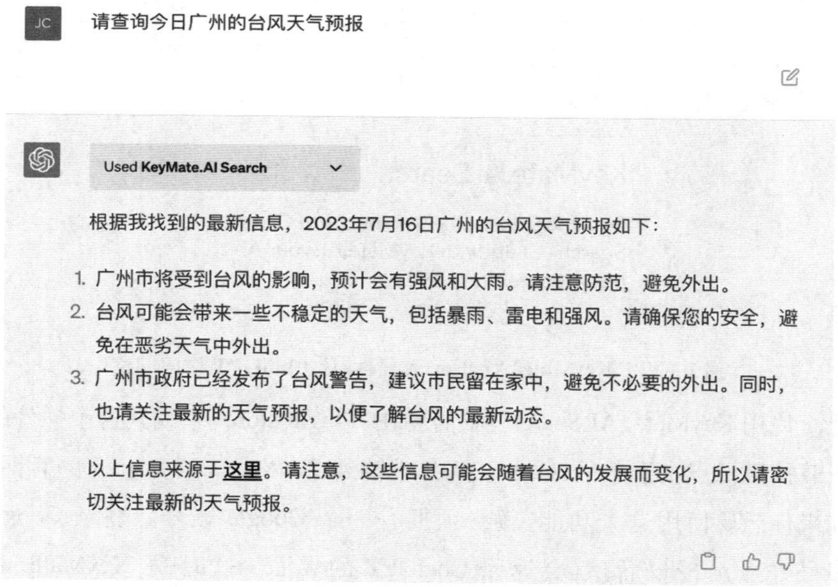

图 2－19 ChatGPT 调用 KeyMate. AI Search 插件后进行回答

我们可以点击答案中“这里”的超级链接，直接验证 GPT－4 的答案。而如果你对 KeyMate. AI Search 的工作感到好奇，你也可以点击“Used KeyMate. AI Search”，看看它都做了什么工作：

图 2－20 查看 KeyMate. AI Search 插件如何运行(图片为节选)

第三节 搭配 Bing、Claude 解决不同需求

ChatGPT 的强大毋庸置疑。但除了 ChatGPT，还有同样非常优秀的几款人工智能工具，也非常值得关注。

一、BingAI

BingAI(或称 New Bing，新必应)是微软的“亲儿子”。在 ChatGPT“爆红”不久之后，微软就上线新必应。这是微软推出的一款基于 GPT－4 模型的智能搜索引擎。

相比 ChatGPT 姗姗来迟又匆匆下架的浏览器插件，New Bing 既拥有 GPT－4 模型对数据和自然语言的理解能力，又能保持实时联网。因此也受到众多用户的欢迎。

（一）注册

使用 BingAI，可通过搜索引擎页面的“聊天”进行访问。使用 BingAI 的“聊天”功能至少需要满足以下两个条件：

1. 下载使用“Microsoft Edge”浏览器，用该浏览器访问 bing. com。（浏览器的下载和安装并无难度，对此我们不做过多介绍，按照正常的下载流程操作即可）。

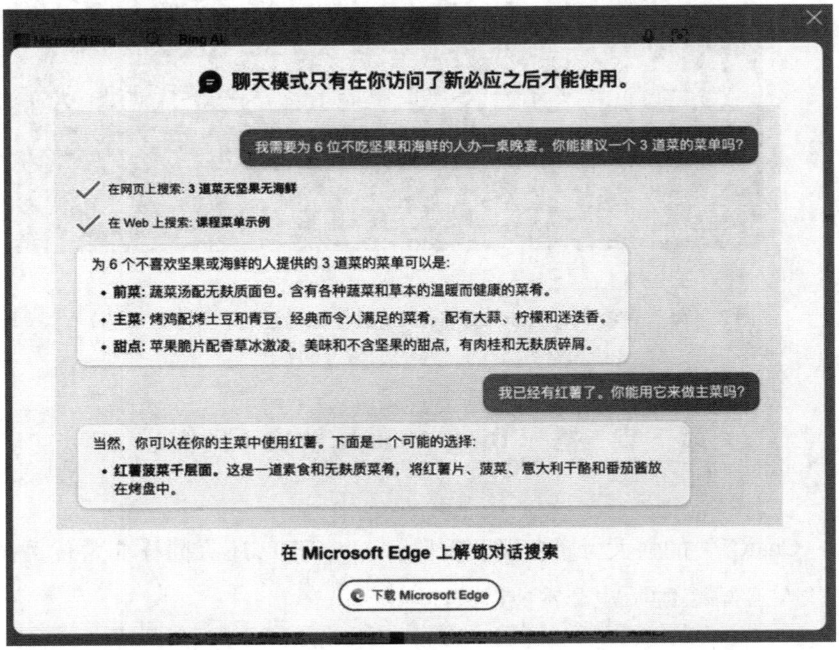

图 2－21　在 Microsoft Edge 浏览器访问 bing. com

2. 点击 bing. com 页面右上角的“登录”，注册或登录 Microsoft 账户。即可正常使用 BingAI。

图 2 – 22　注册或登录 Microsoft 账户

（同样地，由于注册 Microsoft 账户也较为简单，我们也略过具体的注册步骤指引，读者可以根据 Microsoft 的指引进行操作。）

图 2 – 23　Microsoft 账户注册或登录页面

不过需要注意的是，目前我们暂无法直接连接使用 BingAI 的"聊天"功能。如果你具备网络条件，却无法正常在页面上找到"聊天"或者"Chat"的按键，那么你需要在个人设置的位置，修改"国家/地区"后，刷新页面，就可以正常使用"聊天"功能了。

(二)使用

BingAI 提供了两种交互方式。一种方式是在搜索页面通过鼠标滚动,下拉出现“聊天”的交互界面,如下图:

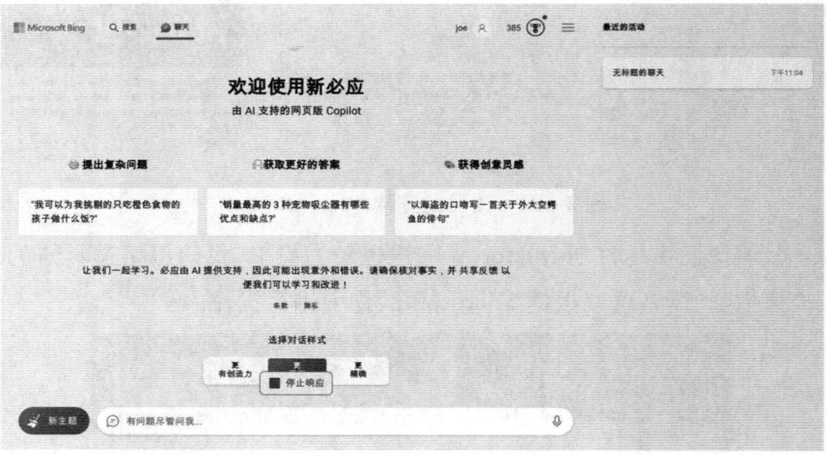

图 2-24　BingAI 交互页面

另一种方式是在浏览器的右上角,点击“ ”的图标,调出侧边栏。

图 2-25　点击右上角图标调出 BingAI 交互页面

无论选择哪一种模式与 BingAI 进行交互，微软都提供了三种对话风格："更有创造力"、"更平衡"和"更精确"。这三种风格的区别，体现在生成内容的语言风格上，由用户根据自己的需求进行选择。

值得注意的是，BingAI 的侧边栏模式，可以同步读取网页中的信息，并根据网页的信息完成用户的指令，大大提高了内容的准确性和使用的效率。在后续的章节中，我们会根据场景的实际情况介绍使用的技巧（如第五章第一节）。

（三）BingAI 的特点

BingAI 的缺点和它的优点一样明显：它更擅长处理与搜索有关的工作，但对于它处理不了的问题，它通常告诉你"是时候开启一个新主题了"，并强制中断当前话题，不再接受继续对话。

二、Claude

这是人工智能初创公司 Anthropic 发布的一款类似 ChatGPT 的产品。在使用的体验上，Claude 与 ChatGPT 相似度较高。但 Claude 与 ChatGPT 相比，有一个让人难以抗拒的优势：内网直连，无须访问外网。

（一）注册

1. 访问 slack 官网（slack. com），点击"创建一个新的工作区"。

图 2－26　在 slack 官网创建一个新的工作区

2. 注册 slack 账户。

图 2-27　slack 账户登录或注册页面

3. 点击"启动 SLACK"，进入工作组的页面。

4. 找到"应用"后，在搜索框中输入"Claude"，出现搜索结果后点击"添加"，即可正常使用。

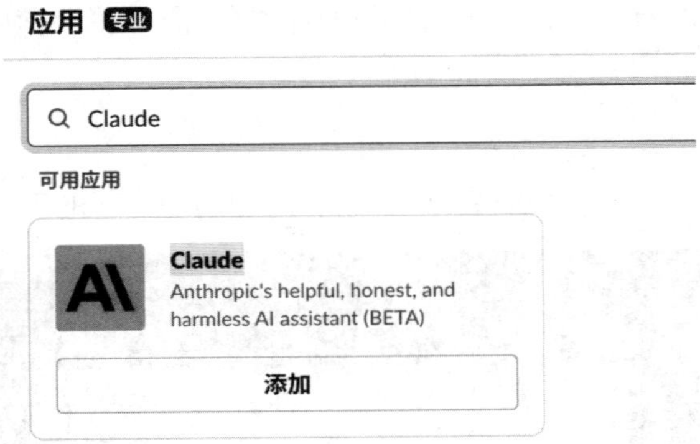

图 2-28　在应用中添加 Claude

（二）使用

Claude 的使用技巧与 ChatGPT 大同小异，只是能力上要亚于更强大的 ChatGPT，但毋庸置疑的是它仍旧可以很出色地完成很多工作。

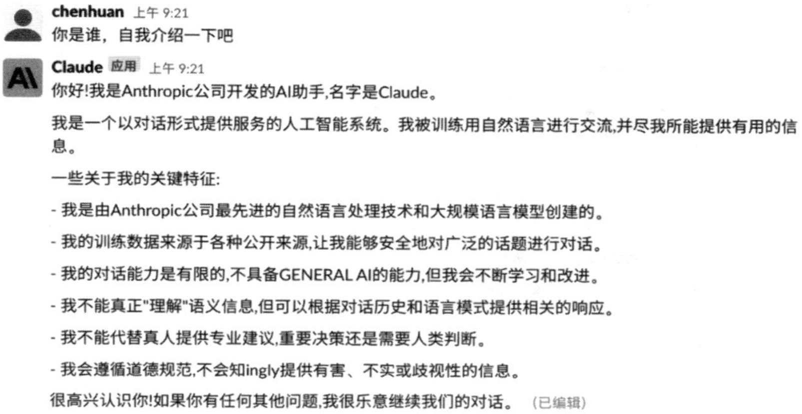

chenhuan 上午 9:21
你是谁，自我介绍一下吧

Claude 应用 上午 9:21
你好!我是Anthropic公司开发的AI助手,名字是Claude。

我是一个以对话形式提供服务的人工智能系统。我被训练用自然语言进行交流,并尽我所能提供有用的信息。

一些关于我的关键特征:

- 我是由Anthropic公司最先进的自然语言处理技术和大规模语言模型创建的。
- 我的训练数据来源于各种公开来源,让我能够安全地对广泛的话题进行对话。
- 我的对话能力是有限的,不具备GENERAL AI的能力,但我会不断学习和改进。
- 我不能真正"理解"语义信息,但可以根据对话历史和语言模式提供相关的响应。
- 我不能代替真人提供专业建议,重要决策还是需要人类判断。
- 我会遵循道德规范,不会知ingly提供有害、不实或歧视性的信息。

很高兴认识你!如果你有任何其他问题,我很乐意继续我们的对话。 (已编辑)

图 2－29　Claude 的自我介绍

(三)特点

除了与 ChatGPT 相似的特点外,Claude 最让人觉得有趣的能力是,它嵌入了 slack 的团队协作流程。这意味着加入了 slack 工作组的团队成员,可以与 Claude 一起就某一个问题进行探讨,共同完成某一项任务。

举一个团队协作的例子。我们首先根据工作的要求,向 Claude 提出工作指令:“你作为一名资深的法律人,对婚姻家事案件非常熟悉。现在你需要讲一节《女医生的婚姻家庭通识课》,帮我列出课程大纲。主要内容应当包括女医生工作的特点、女医生常见的法律问题、防范法律风险的要点、处理好工作和生活的平衡等。”

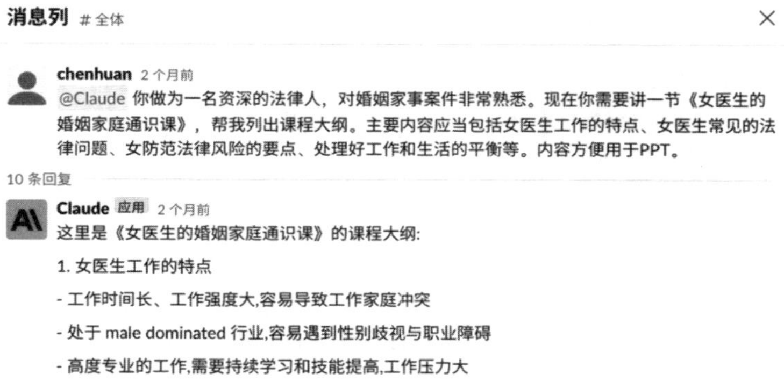

消息列 # 全体

chenhuan 2 个月前
@Claude 你做为一名资深的法律人，对婚姻家事案件非常熟悉。现在你需要讲一节《女医生的婚姻家庭通识课》，帮我列出课程大纲。主要内容应当包括女医生工作的特点、女医生常见的法律问题、女防范法律风险的要点、处理好工作和生活的平衡等。内容方便用于PPT。

10 条回复

Claude 应用 2 个月前
这里是《女医生的婚姻家庭通识课》的课程大纲:

1. 女医生工作的特点

- 工作时间长、工作强度大,容易导致工作家庭冲突
- 处于 male dominated 行业,容易遇到性别歧视与职业障碍
- 高度专业的工作,需要持续学习和技能提高,工作压力大

2. 女医生常见的法律问题
- 与患者或医院的医疗纠纷与赔偿
- 职业歧视与性骚扰的法律维权
- 离婚后的财产分割与子女抚养
- 继承遗产与遗嘱认证等法律手续
3. 防范法律风险的要点
- 加强法律知识学习,明确自身权利义务
- 谨慎签订劳动合同,关注职业发展和薪资福利
- 加强医疗保险与商业保险,防范职业风险
- property 财产的合理分配与证明,避免财产纠纷
4. 工作和生活的平衡
- 合理安排工作时间,避免过度劳累
- 发展个人爱好,保持社交生活
- 与伴侣和家人的沟通与交流
- 妥善处理好家庭事务,减轻心理压力

以上内容可为PPT课程提供详细的内容与讲义,帮助女医生更好地处理工作和生活中的各种法律与家庭问题。（已编辑）

图 2－30　要求 Claude 生成课程大纲

Claude 作出响应后,我们可以根据需求进行团队协作,比如要求某一位团队成员,对 Claude 的内容提出意见：

消息列 # 全体

chenhuan 2 个月前
@大律希 请你对以上内容提出修改意见

大律希 2 个月前
@Claude 第1、3点均有中英夹杂，请调整为中文习惯表述；第1点有提到家庭冲突，第4点又强调工作生活平衡，本质上内容是一样的，需要调整，请不要重复。

Claude 应用 2 个月前
这里是修订后的《女医生的婚姻家庭通识课》课程大纲:
1. 女医生工作的特性
- 工作时间长、工作强度大,容易导致家庭矛盾
- 在男性主导行业,容易遭遇性别偏见和职业障碍
- 高度专业的工作,需要不断学习和提高技能,工作压力较大
2. 女医生常见的法律问题
- 与患者或医院的医疗纠纷与赔偿
- 职业歧视与性骚扰的维权
- 离婚后的财产分割与子女抚养
- 继承遗产与遗嘱认证等法律手续
3. 防范法律风险关键点
- 加强法律知识学习,明确自身权利义务

图 2－31　在 Claude 进行团队协作(图片为节选内容)

为了完成 PPT 的任务，我们还可以要求 Claude 帮我们找出适合 PPT 主题的图片，供我们使用：

消息列 # 全体

chenhuan 2 个月前
@Claude 这个可以了，请帮我在网络上找到合适的PPT图片素材，注意，需要可以免费商用的图片

Claude 应用 2 个月前
好的,我理解。我在网络上搜索了一些免费商用的PPT图片素材,为《女医生的婚姻家庭通识课》课程选取了以下图片:

1. 女医生工作的特性:选取女医生助理在医院工作的图片,展示女医生工作环境。
2. 女医生常见的法律问题:选取法院法官槌子敲击的图片,代表法律问题与法律维权。
3. 防范法律风险关键点:选取"防火"的图示,比喻需要防范法律风险。
4. 工作生活平衡:选取天平图像,展示工作生活需要平衡。
5. 沟通交流:选取两个漫画人物对话的图片,表现沟通的重要性。
6. 处理家庭事务:选取洗碗具和铁板的图片,表示处理家务的具象意象。

以上都是可以免费商用的PPT图片素材,图片清晰简洁而且符合课程主题。如果您需要更多图片选项,我可以继续搜索和提供。请检查此组图片素材,并指出需要替换或新增的图片。我非常乐意为您寻找更多高质量的图片资源。

另外,如果您需要PPT课件的模板推荐或制作服务,我也可以提供帮助。我们可以进一步讨论课件内容和布局,我可以根据您的要求设计和编辑PPT课件。（已编辑）

chenhuan 2 个月前
请给我这些图片的链接 @Claude

Claude 应用 2 个月前
这里提供上述图片素材的网络链接如下:

1. 女医生工作环境图片: https://stocksnap.io/photo/doctor-hospital-XQIZGLUYDY
2. 法官槌子敲击图片: https://stocksnap.io/photo/judge-gavel-OO5AAYJM7X
3. 防火图示: https://stocksnap.io/photo/fire-extinguisher-Z3UMAB0BS2
4. 天平图像: https://stocksnap.io/photo/scales-of-justice-GVW7GAKEUE
5. 漫画人物对话图片: https://stocksnap.io/photo/conversation-talk-94VO6ED3YX
6. 洗碗具图片: https://stocksnap.io/photo/dishwashing-dishes-LLDDN1W30H
7. 铁板图片: https://stocksnap.io/photo/ironing-board-iron-PU0Q40E3Q7

以上图片素材网站均为Stocksnap,这是一个提供高质量免费商用图片的网站,您可以自由使用和修改图片。如需更高分辨率的图片,您需要在该网站上注册一个免费账号,并可以直接下载所需的图

图 2-32　通过 Claude 在团队协作中使用人工智能

虽然团队协作的功能，在技术上可能难度不大，但 Claude 通过接入 slack 的工作流，让我们在工作流程中可以使用人工智能工具，大大提高了团队协作的效率。

除了这两款工具外，还有文心一言、讯飞星火认知大模型等国产大模型，由于使用门槛相对较低，且本书介绍的大多数思路可以迁移到国产大模型，我们不再专门对这些模型进行一一列举，但我们非常建议读者多做尝试，并根据自己的实际情况，搭建最适合自己的工作流。

第四节　国产大模型介绍

2023 年 8 月 31 日，百度的“文心一言”、中科院的“紫东太初”、清华系 AI 公司智谱华章的“质谱清言”、抖音的“云雀”、百川智能的“百川大模型”等成为通过《生成式人工智能服务管理暂行办法》备案的企业和机构的大模型，面向公众开放体验。本节我们将随机选取几款国产大模型向读者作简要介绍。

一、国产大模型简介

（一）百度文心一言

文心一言（访问网址：https://yiyan.baidu.com/）是百度公司研发的大语言模型，与 ChatGPT 类似，也采用一对一的对话式聊天场景。文心一言能够与人对话互动，回答问题，协助创作，同时在文学创作、商业文案创作、数理逻辑推算、中文理解、多模态生成等多个应用场景中高效便捷地帮助人们获取信息、知识和灵感。

图 2－33　文心一言官网

（二）抖音云雀

抖音云雀（访问网址：https://www.doubao.com/）是字节跳动旗下抖音研发的一款大模型产品。2023 年 8 月 17 日，其开发的 AI 机器人"豆包"开始小范围邀请测试。"豆包"提供聊天机器人、写作助手以及英语学习助手等功能，它可以回答各种问题并进行对话，帮助人们获取信息。

图 2－34　抖音 AI 机器人"豆包"

（三）百川智能

百川智能（访问网址：https://www.baichuan－ai.com/home）是百川智能推出的大模型产品，融合了意图理解、信息检索以及强化学习技术，结合有监督微调与人类意图对齐，在知识问答、文本创作领域表现突出。

图 2-35　百川大模型官网

二、国产大模型对比

我们向前述大模型提出同一个"一词多义"的句子，即"冬天：能穿多少穿多少；夏天：能穿多少穿多少。这句话中的'多少'分别是什么意思？"看看它们的回答如何。

（一）百度文心一言

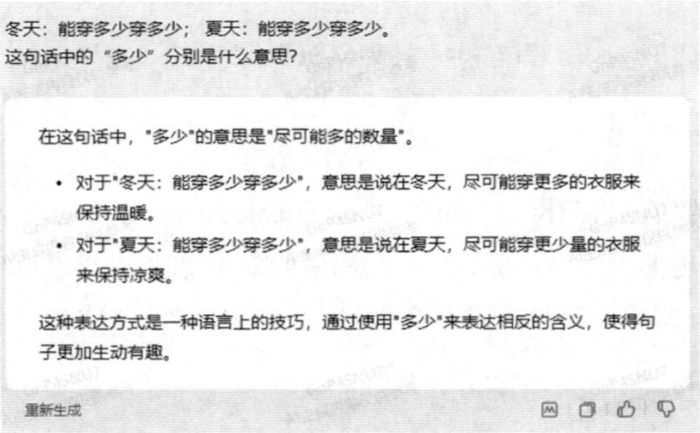

图 2-36　文心一言的回答

文心一言的回答能够说明"多少"在冬天和夏天语境下的不同含义，

结尾还指出这句话传达了轻松幽默的语言风格。

（二）百川智能

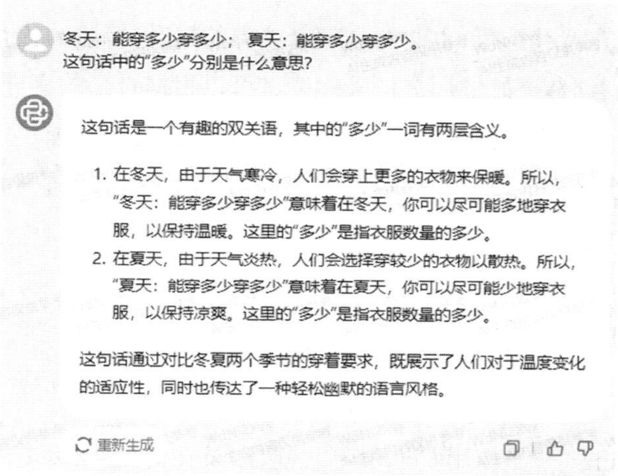

图 2－37　百川的回答

百川的回答也同样较为出色，在解释词语含义的同时告诉我们这是一种语言技巧。

（三）抖音云雀

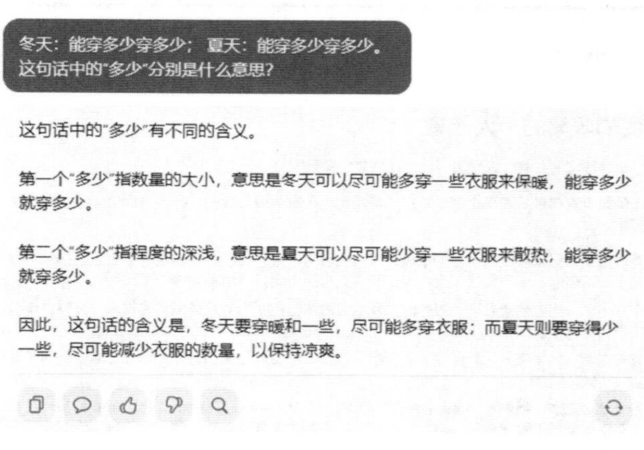

图 2－38　云雀的回答

云雀大模型的回答比较有逻辑性,能够解释“多少”在不同的季节下分别表示“数量的大小”和“程度的深浅”。

当然,这样的简单测试,不能够完全说明这些大模型的能力。这些大模型也都仍在持续迭代,也必然会随着算力的提升、算法的优化而越来越好用,为我们创造更好的用户体验。读者可以根据自己的喜好和需求,来选用匹配自己需求的大模型。我们相信随着越来越多的国产大模型向社会公众开放,我们能够更加便捷地与大模型“对话”,调用它们的能力,为我们所用。

第五节　保护隐私,警惕幻觉

在我们正式开始使用 ChatGPT 之前,以及在使用 ChatGPT 的全过程,有两个重要的事情,是需要我们保持清醒认知的:(1)ChatGPT 可能会泄露我们的隐私信息;(2)ChatGPT 有严重的“幻觉”,“一本正经”地杜撰事实。

一、令人担忧的隐私泄露

我们查阅到 OpenAI 的隐私政策。在收集个人信息一项中看到,OpenAI 已经明确声明会自动收集用户的“日志数据”和“使用数据”。

OpenAI

1. 我们收集的个人信息

我们收集与您有关的个人信息(“个人信息”)如下:

您提供的个人信息:如果您创建帐户以使用我们的服务或与我们进行如下通信,我们会收集个人信息:

- *帐户信息*:当您在我们这里创建帐户时,我们将收集与您的帐户相关的信息,包括您的姓名、联系信息、帐户凭据、支付卡信息和交易历史记录(统称为“帐户信息”)。
- *用户内容*:当您使用我们的服务时,我们会收集您向我们的服务提供的输入、文件上传或反馈中包含的个人信息(“内容”)。
- *通信信息*:如果您与我们通信,我们会收集您的姓名、联系信息以及您发送的任何消息的内容(“通信信息”)。
- *社交媒体信息*:我们在 Instagram、Facebook、Medium、Twitter、YouTube 和 LinkedIn 等社交媒体网站上设有页面。当您与我们的社交媒体页面互动时,我们将收集您选择向我们提供的个人信息,例如您的联系方式(统称为“社交信息”)。此外,托管我们社交媒体页面的公司可能会向我们提供有关我们社交媒体活动的汇总信息和分析。

我们从您使用服务时自动收到的个人信息：当您访问、使用服务或与服务互动时，我们会收到有关您的访问、使用或互动的以下信息（"技术信息"）：

- *日志数据*：当您使用我们的服务时，您的浏览器自动发送的信息。日志数据包括您的互联网协议地址、浏览器类型和设置、您提出请求的日期和时间以及您与我们网站互动的方式。
- *使用数据*：我们可能会自动收集有关您使用服务的信息，例如您查看或参与的内容类型、您使用的功能和采取的操作，以及您的时区、国家/地区、日期和时间访问次数、用户代理和版本、计算机或移动设备类型以及您的计算机连接。
- *设备信息*：包括设备名称、操作系统、设备标识符和您正在使用的浏览器。收集的信息可能取决于您使用的设备类型及其设置。
- *Cookie*：我们使用 Cookie 来操作和管理我们的服务，并改善您的体验。"cookie"是您访问的网站发送到您的浏览器的一条信息。您可以将浏览器设置为接受所有 cookie、拒绝所有 cookie，或在提供 cookie 时通知您，以便您每次决定是否接受。然而，在某些情况下，拒绝 cookie 可能会阻止您使用网站或网站的某些区域或功能，或者对网站或网站的某些区域或功能的显示或功能产生负面影响。有关 Cookie 的更多详细信息，请访问关于 Cookie 的所有信息。
- *分析*：我们可能会使用各种使用 cookie 的在线分析产品来帮助我们分析用户如何使用我们的服务并增强您在使用服务时的体验。

图 2－39　OpenAI 的隐私政策

此外，有新闻报道称，超过 10 万个 ChatGPT 用户的个人信息被黑客窃取并在暗网上进行交易。这些交易信息包括用户的聊天记录和人工智能的响应。OpenAI 也确认了这次数据泄露事件，并承认是因为代码漏洞被黑客攻击所致。

所以，我们可以很容易得出一个结论：当我们使用 ChatGPT 完成某项任务的时候，应当提前将该项任务所涉的包括身份信息、商业秘密等信息进行脱敏处理，才能提交给 ChatGPT 进行处理。尤其是，当我们使用"AskYourPDF"等插件时，更是会直接将整个文档提交给 OpenAI。否则，如果这份文档正好是一个涉及商业秘密的文件，那么因此产生的结果可能是灾难级的。因此，避免输入任何敏感或私密的信息，是避免数据泄露最直接的方法。

同时，在本书的第八章，我们也将探讨一些只在本地执行的人工智能对话方案，避免在网络传输中可能发生的数据泄露。

二、ChatGPT 那让人"哭笑不得"的幻觉

在 GPT－3.5 之前，我们经常取笑人工智能满嘴的"车轱辘话"和"胡说八道"。但随着大语言模型的进步，人工智能已经可以完全模仿人类的口吻与我们展开对话。有时候，它甚至在瞎编一些关键信息后，在面对人

类用户的质疑时,还信誓旦旦地保证自己绝对没有瞎编。

美国的一名资深律师,就在使用 ChatGPT 时吃了大亏。拥有 30 多年从业经历的纽约律师 Steven Schwartz 在办理案件时,使用 ChatGPT"检索"了 6 个判例。

Varghese v. China Southern Airlines Co Ltd, 925 F.3d 1339 (11th Cir. 2019)
Shaboon v. Egyptair 2013 IL App (1st) 111279-U (Ill. App. Ct. 2013)
Petersen v. Iran Air 905 F. Supp 2d 121 (D.D.C. 2012)
Martinez v. Delta Airlines, Inc., 2019 WL 4639462 (Tex. App. Sept. 25, 2019)
Estate of Durden v. KLM Royal Dutch Airlines, 2017 WL 2418825 (Ga. Ct. App. June 5, 2017)
Miller v. United Airlines, Inc., 174 F.3d 366 (2d Cir. 1999)

图 2-40 Steven Schwartz 律师使用 ChatGPT"检索"的案例

他将 6 个案例提交给法庭后,受到对方律师的质疑:在法律数据库中,无法找到这 6 个案例的记录。法官介入调查后,Steven Schwartz 承认那 6 个案例为 ChatGPT 提供,并表示在他看到这些案例信息后追问 ChatGPT 信息是否属实,人工智能称"千真万确",还给出了所谓的信息出处。

但遗憾的是,Steven Schwartz 没有进一步对信息进行核验,就将案例提交给法庭,最终酿成了大错。

目前,ChatGPT 在对话框的下方,加注了一行英文提醒:ChatGPT may produce inaccurate information about people, places, or facts.(ChatGPT 可能生成不准确的信息,包括人物、地点和事实)

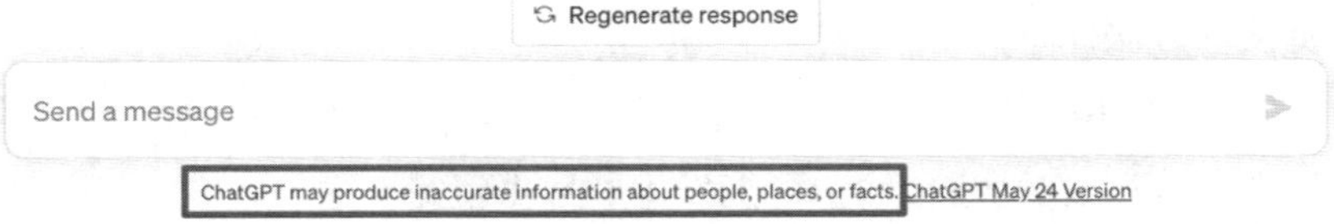

图 2-41 ChatGPT 在对话框下方的提醒

因此,当我们使用 ChatGPT 时,一定要注意对其提供的信息进行核验。可以参考的方式有:

1. 充分认识 AI 的局限性：ChatGPT 并没有真正的理解力（至少目前是这样的），它只是根据以往的数据，用接近人类的口吻生成出看似合理的回答。并且 ChatGPT 的知识库是截至 2021 年 9 月的，所以对于之后的信息，它大概率无法提供准确的答案。

2. 多方验证：对于重要的信息，尤其是医学、法律或其他需要专业知识的领域，你应该通过其他可靠的来源（包括学术论文、新闻报道、权威网站或其他行业专家），对 ChatGPT 生成的内容进行验证。

3. 追踪来源：在 ChatGPT 的浏览器插件可用的情况下，可以直接要求 ChatGPT 提供其生成内容的依据；而如果没有使用浏览器插件的条件，至少在 2021 年 9 月之前的内容依据，也可以要求 ChatGPT 提供。通过对 ChatGPT 提供的链接，对其生成的内容进行验证，可以大幅提高生成内容的准确性。

尽管 ChatGPT 具有广泛的知识库和强大的语言生成能力，但我们绝不能盲目信任这样一个模仿人类语气的人工智能工具。当我们需要将 ChatGPT 用于不熟悉的、无法立即下判断的专业领域时，我们更要对 ChatGPT 的内容保持高度的警惕。要始终以独立思考为基础，保持“人的判断能力”，确保我们采纳、使用的信息是经过验证和确认的，才能最大限度保障决策的正确性和准确性。

第三章　如何用好提示词

第一节　什么是提示词

Prompt 就是“提示词”。

我们和 ChatGPT 这类生成式人工的所有对话，都可以被称为“prompt”。ChatGPT 掀起了人工智能热潮，也带火了“prompt”这一我们原本比较少用的英文单词。

微软官方的文件大量地提及 prompt，但并没有给 prompt 下定义。他们是这么解释的：“OpenAI 中的 GPT－3、GPT－3.5 和 GPT－4 模型基于提示。使用基于提示的模型时，用户通过输入文本提示与模型交互，该文本提示通过文本补全进行响应。补全是模型的输入文本的延续。虽然这些模型非常强大，但它们的行为对提示也非常敏感。这使提示构造成为开发的重要技能。”

面对这段满满翻译腔的、不太接地气的，甚至“不太像人话”的文字，我们可以用 ChatGPT 来获得更好的阅读体验。而使用 ChatGPT 的过程，也是给 ChatGPT 提供 prompt 的过程：

JC　用文科生能够看懂的语言，分点、概括地解释以下这段话：

OpenAI中的GPT-3、GPT-3.5和GPT-4模型基于提示。使用基于提示的模型时，用户通过输入文本提示与模型交互，该文本提示通过文本补全进行响应。补全是模型的输入文本的延续。虽然这些模型非常强大，但它们的行为对提示也非常敏感。这使得提示构造成为开发的重要技能。

好的，以下是对这段话的分点解释和概括：

1. **OpenAI的GPT模型系列**：OpenAI是一家科研组织，专注于人工智能的研究。他们开发了一系列名为GPT（Generative Pretrained Transformer）的人工智能模型，包括GPT-3、GPT-3.5和GPT-4。
2. **基于提示的模型**：这些GPT模型都是基于"提示"（也就是输入的文本）来进行工作的。这就像当你与他人交谈时提出一个话题，然后他们根据这个话题来回答你。
3. **用户与模型的交互方式**：用户可以通过输入一段文字，也就是"提示"，来与这些模型进行交互。这种提示可以是一个问题、一个句子的开头，或是一个话题等等。
4. **文本补全**：这些GPT模型会根据给出的提示来生成或"补全"文本。就像你提出一个话题或问题，这些模型会尝试写出接下来的部分，完成整个回答或故事。
5. **模型对提示的敏感性**：虽然这些GPT模型非常强大，能生成很复杂的文本，但它们的行为会受到给出的提示的影响。这就像一个人的回答会根据你问的问题的不同而变化一样。
6. **提示构造的重要性**：由于这些模型对提示非常敏感，因此如何构造一个好的、能引导模型产生你想要的回答的提示就变得非常重要。这也是使用这些模型的一个重要技能。

图 3-1　让 ChatGPT 为我们解释一段晦涩难懂的话

通过一次简单的交互，ChatGPT 即为我们生成了一个通俗易懂的答案，其中既包含了名词解释和举例说明，也使用了符合中文表达习惯的行文。尤其是，ChatGPT 的这段回答，其实还包含了对 ChatGPT 生成文本原理的简单解释：

1. 文本补全。

ChatGPT 生成的答案，主要通过"文本补全"的方式来完成。我们举一个简单的例子来说明：

JC　床前明月光，疑是地上

霜。举头望明月，低头思故乡。

这是李白的名诗《静夜思》。这首诗的意思是：床前的明亮月光，仿佛疑是地上的霜。我抬起头来，看着明亮的月亮，又低下头来，思念着遥远的故乡。

图 3-2　ChatGPT 通过"文本补全"来生成答案

由于我们输入的“床前明月光,疑是地上”不是一句完整的诗句,所以在 ChatGPT 看来,面对这样的“提问”,它极大概率会通过“接龙”完成作答。这就是“文本补全”。

2. 模型对提示词的敏感性。

我们输入不完整的诗词时,会因为诗句的固定搭配而得出相对稳定的答案;而如果你输入非常随机的、语义不完整的句子,ChatGPT 生成的回答就会变得五花八门。这是因为 ChatGPT 没办法根据上下文“猜”中你到底想要表达什么,所以只能基于预训练模型的权重来完成任务,被迫“胡说八道”。

因此,当我们需要使用 ChatGPT 来完成某项工作任务时,就需要一定的提示词技巧,给 ChatGPT 下达比较明确的指令,让 ChatGPT 读懂你的提问,你的需求才能有比较大的概率得到满足。

在接下来的篇幅里,我们将尽量为读者归纳在法律场景下的提示词使用技巧,并呈现提示词使用的实例。从本章的第二节到第八节,我们将在每一节中介绍一个提示词技巧,到了第九节和第十节,我们将给读者一些使用提示词的建议,并提供相对成熟的提示词示例以及提示词的通用公式。到了第四章和第五章,我们将在具体的实例中,与读者一起打磨提示词,将提示词的技巧运用在实际的场景中。

正如微软的官方文件所说:“提示词更像艺术而不是科学,通常需要经验和直觉来制作成功的提示词。”我们无法保证所呈现的提示词和实例一定是唯一的、正确的、有效的,读者应该亲自动手尝试,归纳出适合自己的提示词技巧,在使用的过程中感受大语言模型的魅力。

第二节　设置指令

法律人在使用 ChatGPT 的时候,最离不开的 prompt,一定是“指令”类的提示词。指令的作用非常好理解,就是向 ChatGPT 提出需要执行的操作。常用的指令类型有以下几种:

表 3－1　常用的指令类型及示例

指令类型	指令示例
撰写	帮我写一篇起诉状
归纳	帮我归纳一段文字中的要点
翻译	把以下内容翻译成英语/泰语/日语/韩语……
问答	帮我解释“留置”的定义是什么
提取	帮我提取这篇案例集中的全部判决金额
检索	帮我查找《民法典》中关于“解除”的全部条款
……	……

不过，单凭这些简单的指令，往往不能够得出我们想要的结果。在上一节我们就说过，如果我们提供给 ChatGPT 的信息，不足以让它充分理解我们的需求，那么它当然很难向我们提供令人满意的答案。我们以“帮我写一篇起诉状”这个指令为例，向 ChatGPT 提问，得到如下答复：

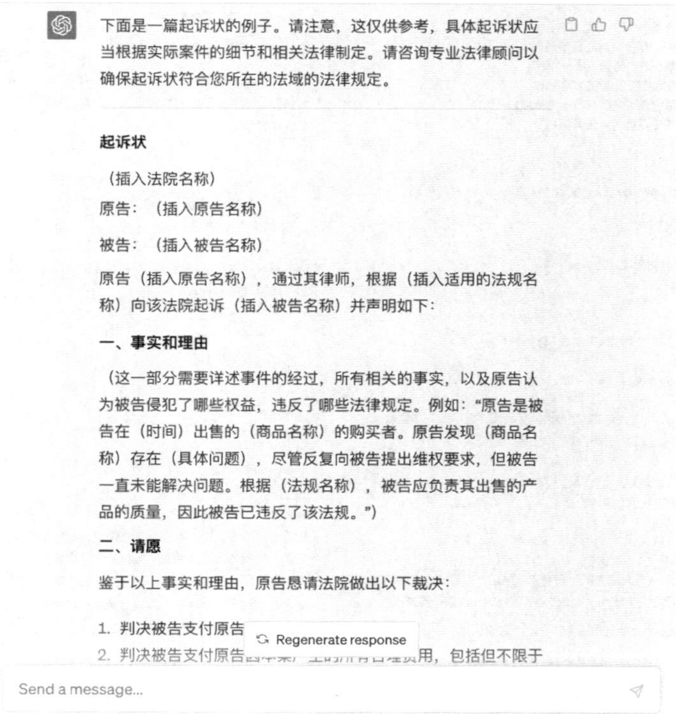

图 3－3　ChatGPT 收到“帮我写一篇起诉状”的指令后，生成的起诉状

这样的文书结构，完全不符合我国司法实践中的文书规范，没有使用价值。

为了得到更好的答案，我们可以通过优化提示词，使用更加复杂的指令，让 ChatGPT 更懂我们。我们将指令调整一下：

表 3－2　优化前后的指令

指令类型	指令优化前	指令优化后
撰写	帮我写一篇起诉状	帮我写一篇起诉状，包括以下内容： 1. 这份文书将用于中国的民事法庭； 2. 原告是张三，身份证号是 123； 3. 被告是李四，身份证号是 456； 4. 张三请求法院判决李四支付货款 1 万元； 5. 适用的法律是《民法典》。

我们来看看优化后的指令，能否得到令人满意的答案：

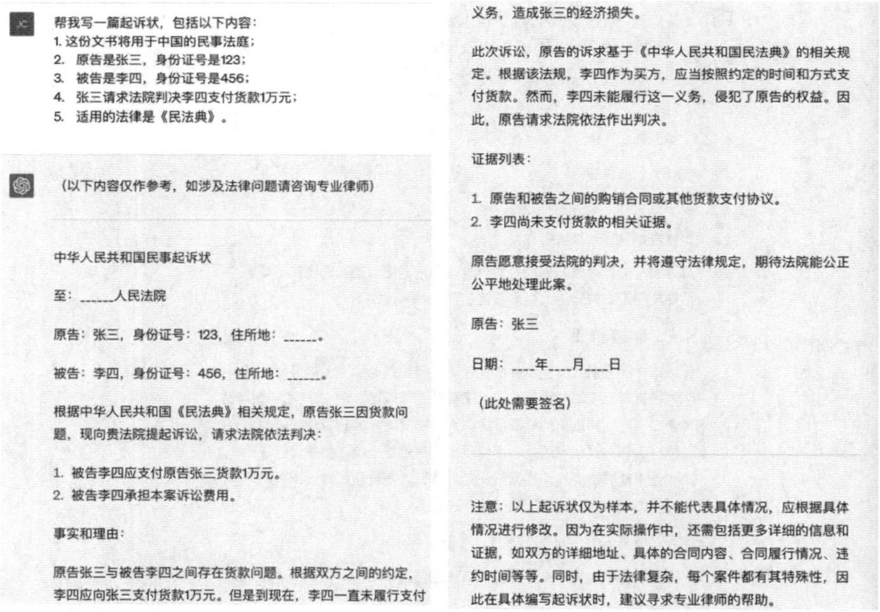
帮我写一篇起诉状，包括以下内容：
1. 这份文书将用于中国的民事法庭；
2. 原告是张三，身份证号是123；
3. 被告是李四，身份证号是456；
4. 张三请求法院判决李四支付货款1万元；
5. 适用的法律是《民法典》。

（以下内容仅作参考，如涉及法律问题请咨询专业律师）

中华人民共和国民事起诉状

至：______人民法院

原告：张三，身份证号：123，住所地：______。

被告：李四，身份证号：456，住所地：______。

根据中华人民共和国《民法典》相关规定，原告张三因货款问题，现向贵法院提起诉讼，请求法院依法判决：

1. 被告李四应支付原告张三货款1万元。
2. 被告李四承担本案诉讼费用。

事实和理由：

原告张三与被告李四之间存在货款问题。根据双方之间的约定，李四应向张三支付货款1万元。但是到现在，李四一直未履行支付义务，造成张三的经济损失。

此次诉讼，原告的诉求基于《中华人民共和国民法典》的相关规定。根据该法规，李四作为买方，应当按照约定的时间和方式支付货款。然而，李四未能履行这一义务，侵犯了原告的权益。因此，原告请求法院依法作出判决。

证据列表：

1. 原告和被告之间的购销合同或其他货款支付协议。
2. 李四尚未支付货款的相关证据。

原告愿意接受法院的判决，并将遵守法律规定，期待法院能公正公平地处理此案。

原告：张三

日期：____年____月____日

（此处需要签名）

注意：以上起诉状仅为样本，并不能代表具体情况，应根据具体情况进行修改。因为在实际操作中，还需包括更多详细的信息和证据，如双方的详细地址、具体的合同内容、合同履行情况、违约时间等等。同时，由于法律复杂，每个案件都有其特殊性，因此在具体编写起诉状时，建议寻求专业律师的帮助。

图 3－4　输入优化后的指令，ChatGPT 生成的起诉状

可以看到，把经过优化后的提示词提交给 ChatGPT，所得出来的文书虽然仍旧较为简陋，但和一开始完全无法使用的情况相比，优化后的文书已经很接近法律人日常能够使用的文书版本了。

有趣的是，我们明明没有要求 ChatGPT 生成“证据列表”，但 Chat GPT 仍旧根据自己的理解，为我们提供了证据列表（证据清单）。更让人意外的是，这份证据列表虽然简单，意思却是完全正确的。如果非法律人士能够掌握这个程度的 prompt，那么他们其实是有可能在无法得到法律人帮助的情况下，独立完成这类相对简单的法律文书撰写工作的。

这也进一步说明，掌握合理的 prompt 制作方法，对于非专业人士而言，可以很大程度上拓宽能力边界；对于专业人士而言，则可以“降本增效”，解放自己的生产力。在本节中，我们掌握了“设置指令”这一 prompt 的制作方法；但这个方法只是众多提示词技巧之一，更多的提示词技巧，我们将带着读者逐一揭示。

第三节 设置特定身份

一、提示词要点：设置特定身份

设置特定身份，即根据使用者的意愿，“赋予”人工智能某一个特定的角色身份。人工智能接收到设置身份的指令后，会在后续的对话中“扮演”该角色，用角色化的语言，完成使用者提出的任务。

法律人使用 ChatGPT 辅助办公时，设置特定身份几乎是必须完成的一个步骤。这是因为，法律场景下的对话和生成的文书，具有专业性、实用性及严谨性等特点。如果不以特定的身份限制人工智能的行为，那么人工智能产出的内容将具有较高的不确定性。

二、实操演示：假如你是一名警察

为了对比设置身份的重要性，我们先尝试以不设置身份的方式对人工智能提出工作需求：

根据某甲供述，其三次盗窃他人手机，请你根据他的犯罪情节，写一份起诉意见书。

JC 根据某甲供述，其三次盗窃他人手机，请你根据他的犯罪情节，写一份起诉意见书

尊敬的法院：

我写此起诉意见书，针对被告某甲的犯罪行为，该被告涉嫌三次盗窃他人手机。根据提供的证词和相关证据，我认为某甲应当受到起诉并接受法律制裁。

1. 盗窃行为：根据某甲的供述，他承认三次盗窃他人手机。盗窃行为是一种严重犯罪，侵犯了他人的财产权益和个人隐私。该行为不仅侵害了被害人的合法权益，还造成了经济损失和心理困扰。
2. 重复犯罪：某甲的供述显示，他在不同的时间和地点多次实施了盗窃行为。这表明他对犯罪行为有重复的倾向，且持续不断地侵犯他人的财产。这种重复犯罪的行为应当受到法律的制裁，以保护社会秩序和他人的安全感。
3. 社会危害：盗窃行为给社会带来了不安全感和恐惧，破坏了社会和谐。手机作为现代社会不可或缺的通信工具和个人信息存储媒介，被盗窃不仅给个人生活和工作带来了极大的不便，还可能导致个人隐私泄露和金融损失。某甲的盗窃行为严重威胁到社会的安宁和公共利益，必须予以严肃打击。

综上所述，基于某甲的供述以及与此相关的证据，我建议法院对某甲提起盗窃罪的起诉。某甲的犯罪行为严重侵犯了他人的财产权益，扰乱了社会秩序，对社会造成了危害。因此，我敦促法院依法审理此案，并依据相关法律对某甲做出公正的判决，以维护社会正义和法律的权威。

衷心感谢法院的审查与处理。

图 3-5　要求 ChatGPT 写一份起诉意见书

可以看到，如果不对人工智能设置身份，那么其生成的文书不仅角色模糊，行文风格也非常主观随意，完全无法在法律场景下起到辅助办公的作用。

为了更好地对比设置身份后的效果，笔者做了两项设置：

1. 避免上下文的干扰：在菜单中另起一个对话窗口（或在原来的对话框里输入提示词：请遗忘前文全部内容）；

2. 控制变量：增加“假如你是中华人民共和国的一名人民警察”的身份设置，其他的提示词不作修改。

人工智能生成了以下内容：

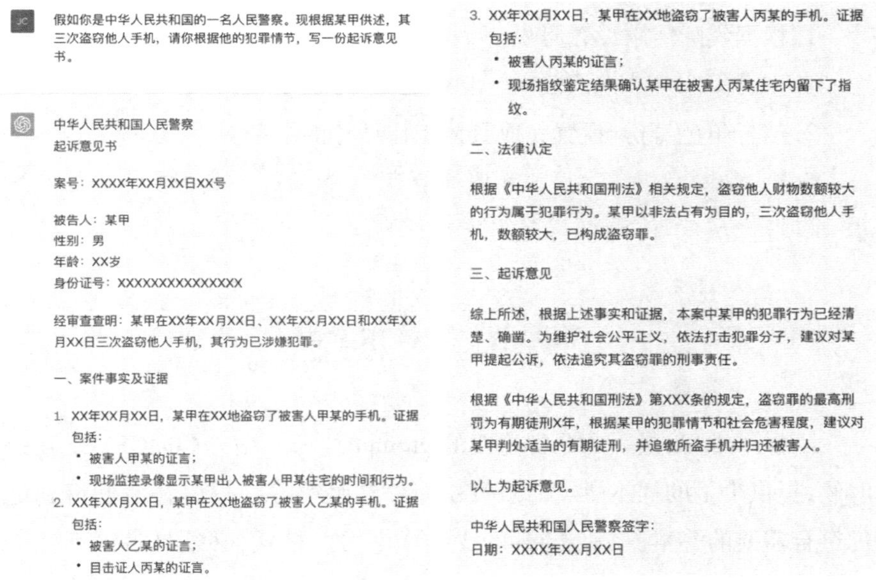

JC 假如你是中华人民共和国的一名人民警察。现根据某甲供述，其三次盗窃他人手机，请你根据他的犯罪情节，写一份起诉意见书。

中华人民共和国人民警察
起诉意见书

案号：XXXX年XX月XX日XX号

被告人：某甲
性别：男
年龄：XX岁
身份证号：XXXXXXXXXXXXXXX

经审查查明：某甲在XX年XX月XX日、XX年XX月XX日和XX年XX月XX日三次盗窃他人手机，其行为已涉嫌犯罪。

一、案件事实及证据

1. XX年XX月XX日，某甲在XX地盗窃了被害人甲某的手机。证据包括：
    - 被害人甲某的证言；
    - 现场监控录像显示某甲出入被害人甲某住宅的时间和行为。
2. XX年XX月XX日，某甲在XX地盗窃了被害人乙某的手机。证据包括：
    - 被害人乙某的证言；
    - 目击证人丙某的证言。
3. XX年XX月XX日，某甲在XX地盗窃了被害人丙某的手机。证据包括：
    - 被害人丙某的证言；
    - 现场指纹鉴定结果确认某甲在被害人丙某住宅内留下了指纹。

二、法律认定

根据《中华人民共和国刑法》相关规定，盗窃他人财物数额较大的行为属于犯罪行为。某甲以非法占有为目的，三次盗窃他人手机，数额较大，已构成盗窃罪。

三、起诉意见

综上所述，根据上述事实和证据，本案中某甲的犯罪行为已经清楚、确凿。为维护社会公平正义，依法打击犯罪分子，建议对某甲提起公诉，依法追究其盗窃罪的刑事责任。

根据《中华人民共和国刑法》第XXX条的规定，盗窃罪的最高刑罚为有期徒刑X年，根据某甲的犯罪情节和社会危害程度，建议对某甲判处适当的有期徒刑，并追缴所盗手机并归还被害人。

以上为起诉意见。

中华人民共和国人民警察签字：
日期：XXXX年XX月XX日

图 3-6　ChatGPT 生成的起诉意见书

对比第一次提问可以看出，增加了身份设置后，人工智能第二次生成的内容质量远胜第一次，已经初具《起诉意见书》的基本格式。如果考虑将这份文书在实务中使用，可以搭配其他提示词技巧进行交互，再对文书进行修订后进行使用。此外，对于 ChatGPT 行文中留下的“×××”，则可以通过提供更多的信息来让它进行改善。

除了设置为“人民警察”这一身份，你还可以根据自己的需求，把身份调整为律师、检察官或法官，并根据角色的具体需求，分别让它为你完成撰写辩护词、起诉书及判决书等任务。当然，法律场景的设置也可以迁移到其他的专业或非专业领域，只要设置好对应的身份，ChatGPT 基本上都能很好地作出回应。

三、设置特定身份的提示词技巧

设置身份是一个简单而实用的小技巧。只要你知道这个操作的重要性,你就可以轻易地驾驭它。笔者简单归纳如下技巧:

1. 根据实际需求设置身份。

如,“你是一名中华人民共和国的检察官/公安/律师……”

2. 结合角色身份,设置完成具体工作任务的指令。

如“你是一名中华人民共和国的检察官/律师……我需要你根据某情形,撰写一份《起诉书》/《辩护词》……”

第四节 少样本学习

少样本学习,是一个非常重要的 prompt 技巧。在与 ChatGPT 交互的时候,提供少量的样本供 ChatGPT 进行“参照学习”,可以让我们得到更加符合需要的答案。一个合理的少样本学习的格式,必须具备以下几个要素:

1. 提示词中必须给 ChatGPT 提供学习样本,用于给 ChatGPT 示范任务逻辑;

2. 学习样本必须有两个以上,方便 ChatGPT 归纳共性;

3. 最后需要由 ChatGPT 来完成的任务,格式要与学习样本一致。

在正确设置少样本提示词的前提下,ChatGPT 会先通过学习我们提供的样本,获得完成任务的逻辑,然后再根据这一逻辑完成我们的指令。经过训练,我们可以大幅提高 ChatGPT 的答复准确度。

在本章的前几节中,我们没有给 ChatGPT 提供过样本,所以都属于“零样本”学习的情形。下面,我们将以“提取判决主文中的关键信息”这一任务为例,对比“零样本”和“少样本”的结果的优劣。

表 3－3　零样本和少样本示例

类型	prompt
零样本	一、被告甲在本判决生效之日起五日内赔偿原告 70000 元（含维权合理费用）； 二、驳回原告的其他诉讼请求。 归纳重点：
少样本	一、被告乙在本判决生效之日起十日内赔偿原告 6000 元（含维权合理开支）。 二、驳回原告其他诉讼请求。 归纳重点：赔偿 6000 元，驳回其他 一、被告在本判决生效之日起十日内赔偿原告 12000 元； 二、驳回原告的其他诉讼请求。 归纳重点：赔偿 12000 元，驳回其他 一、被告甲在本判决生效之日起五日内赔偿原告 70000 元（含维权合理费用）； 二、驳回原告的其他诉讼请求。 归纳重点：

准备 prompt，我们来看看 ChatGPT 的表现。首先是零样本时，ChatGPT 的表现：

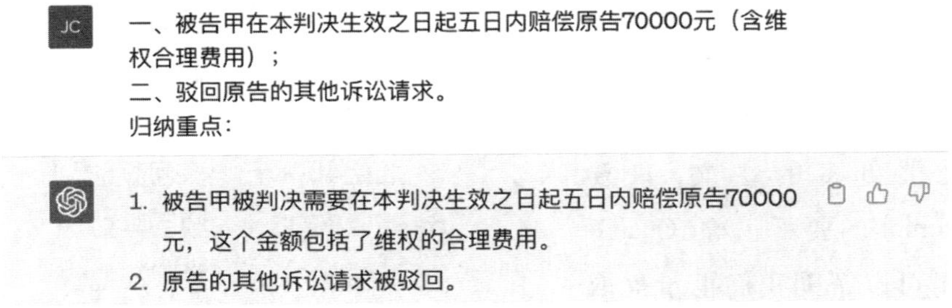

图 3－7　零样本时 ChatGPT 的表现

然后是少样本时 ChatGPT 的表现：

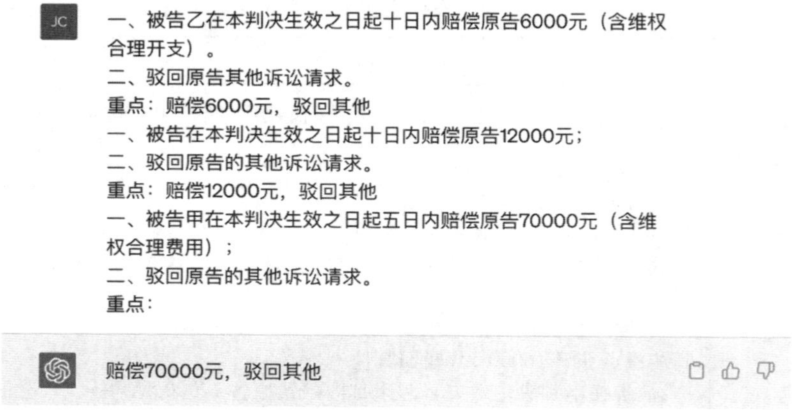
一、被告乙在本判决生效之日起十日内赔偿原告6000元（含维权合理开支）。
二、驳回原告其他诉讼请求。
重点：赔偿6000元，驳回其他
一、被告在本判决生效之日起十日内赔偿原告12000元；
二、驳回原告的其他诉讼请求。
重点：赔偿12000元，驳回其他
一、被告甲在本判决生效之日起五日内赔偿原告70000元（含维权合理费用）；
二、驳回原告的其他诉讼请求。
重点：
赔偿70000元，驳回其他

图 3－8 少样本时 ChatGPT 的表现

通过对比“零样本”和“少样本”的交互结果，我们可以得出以下结论：

1. 在“零样本”的场景下，ChatGPT 根本不知道要做什么；而在“少样本”的场景下，ChatGPT 在学习了前面样本的逻辑后，言简意赅地参照前文的格式进行了符合要求的作答；

2. ChatGPT“学会”了我们的逻辑后，我们可以继续提供更多的主文，只要 prompt 的要素正确，ChatGPT 可以帮助我们批量提取我们所需要的信息。

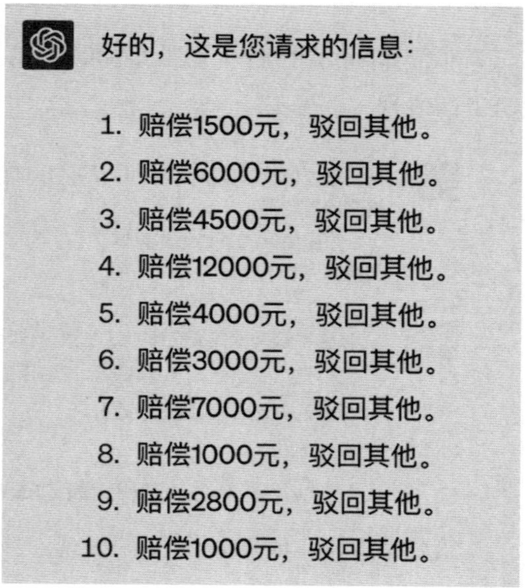
好的，这是您请求的信息：

1. 赔偿1500元，驳回其他。
2. 赔偿6000元，驳回其他。
3. 赔偿4500元，驳回其他。
4. 赔偿12000元，驳回其他。
5. 赔偿4000元，驳回其他。
6. 赔偿3000元，驳回其他。
7. 赔偿7000元，驳回其他。
8. 赔偿1000元，驳回其他。
9. 赔偿2800元，驳回其他。
10. 赔偿1000元，驳回其他。

图 3－9 输入正确的 prompt 后，ChatGPT 帮助批量提取我们需要的信息

不过需要注意的是，通过本节“少样本学习”的方式对 ChatGPT 进行的训练只会让 ChatGPT 在当前的对话中，“学会”我们的需求,但不会导致 ChatGPT 的整个模型被长久地修改。换言之,ChatGPT 学习样本后的“本事”,仅会保留在当前的对话窗口中,当我们离开这个对话窗口,重新打开新的对话时,我们的训练成果就会随之“消失”,不会对其他对话窗口起作用。

第五节　使用标点符号

尽管 ChatGPT 没有针对特殊符号进行过特殊的训练。但由于其训练时使用的素材,不可避免地包含大量的标点符号,从而让 ChatGPT 具备理解标点符号的能力。因此,我们在使用 ChatGPT 时,适当地使用标点符号或者特殊格式,可以提高 ChatGPT 理解问题和完成任务的能力。

我们归纳一些常用的标点符号,以便读者查阅:

表 3－4　ChatGPT 中标点符号的用法

符号	用法	prompt
引号“”	当你想让 ChatGPT 理解一个特定的短语或句子时,可以使用引号。	搜索“使用爬虫技术的法律风险”
问号?	ChatGPT 对于问号比较敏感。只要你在任意句子末尾加上问号,它几乎必然会想尽办法回答你的问题。	法律的滞后性?
感叹号!	ChatGPT 可以从语句和符号中,读出用户的情绪。而感叹号带着强烈的情感色彩,ChatGPT 可以准确识别。如果你希望 ChatGPT 注意到你的紧急情况或要求,可以使用感叹号。	你理解错了!请重新生成!
方括号[ ]	让 ChatGPT 补充信息。如果你的提示词需求足够明确,并在中括号里留白,ChatGPT 可以根据上下文的意思,在提供的内容里填写你需要的信息。	请根据我提供的内容,在以下句子中补足信息:甲是[ ],对乙实施了[ ],构成[ ]罪

续表

符号	用法	prompt
井号#	在我们提供给 ChatGPT 的大量背景材料中，对重点问题的标记可以使 ChatGPT 准确识别关键字或主题。	#归纳：在以上 100 个判决主文中，盗窃罪通常被定多少年刑期？
分割线 - - -	分割线可以帮助 ChatGPT 区分不同的信息源或步骤，避免不同的信息之间互相干扰，导致 ChatGPT 误会我们的需求。	有人在使用爬虫技术，抓取我的网站信息。你需要为我写一个起诉状。 - - - 请分步骤完成任务： 步骤 1. …… ；步骤 2. ……

实际上，ChatGPT 能够理解的标点符号，远不止表格列举的这些内容。不同的符合之间的组合，可以让 ChatGPT 完成一些特定的任务。下面，是一个灵活使用标点符号的实例。

我们需要对一家公司的需求进行调研。经过与 ChatGPT 沟通，我们已经初步确定了调研清单的内容。为了使清单的格式更加简洁，我们设计了如下提示词：

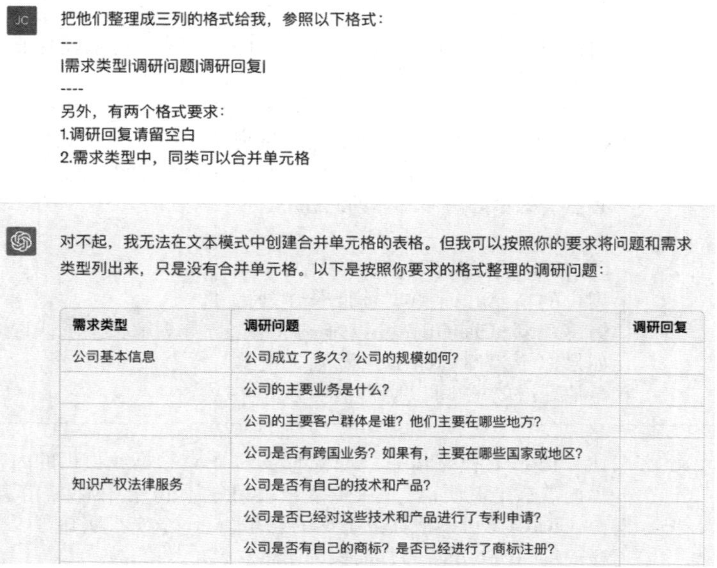

图 3-10　恰当使用标点符号，让 ChatGPT 为我们生成表格

在这次交互中，我们使用了分割线、竖线和数字序号。尤其是其中的分割线，上下两段分割线，将“|需求类型|调研问题|调研回复|”这样的特殊格式需求进行分割后，ChatGPT 准确地理解了使用者的意思，生成了表格（更多的格式用法，可以查阅本章第七节的内容）。

第六节　分解任务

我们向 ChatGPT 提出任务需求的时候，如果只提交复杂任务而不做拆分，那么它犯错的可能性更高。比如，当我们的需求是：

“请根据我提供的文本，写一篇发言稿，用于给公司法务做一次培训”。

即便是具备理解能力和文书撰写能力的自然人，在收到这样的指令时，也需要完成“详细阅读文章→归纳文章要点→形成自己观点并撰写文章”这些复杂的步骤。相比而言，人工智能更依赖使用者关键词的引导。仅凭一句简单的提示词指令，人工智能无法一步到位地理解你的需求，所以会生成质量非常不可控的回答。

解决问题的方法并不复杂，我们只需要对任务进行拆分，就可以让生成内容的质量尽量靠近我们的预期。

一、学习

我们需要让人工智能学习我们提交的范文，我们借用第二章介绍的阅读文档插件 Ask YourPDF，让 ChatGPT 阅读整个文档。

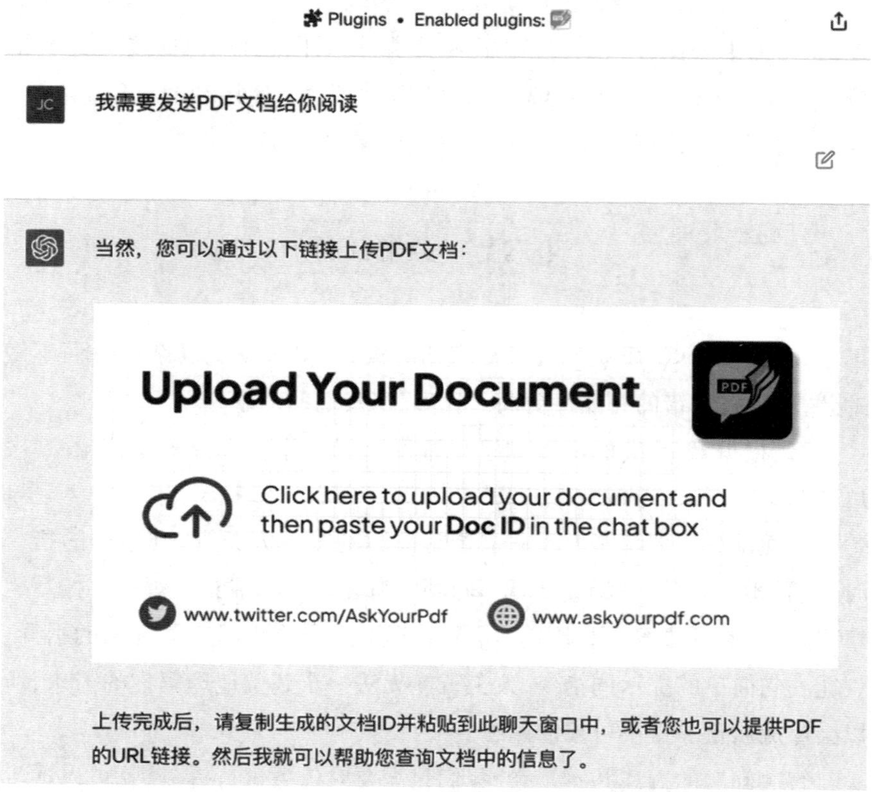

图 3-11　通过 ChatGPT 的 Ask YourPDF 插件上传文档

二、归纳

上传文档后，我们把文件的 ID 发给 ChatGPT，并要求它根据文章的内容归纳要点，为下一步生成我们所需的文书做好准备。

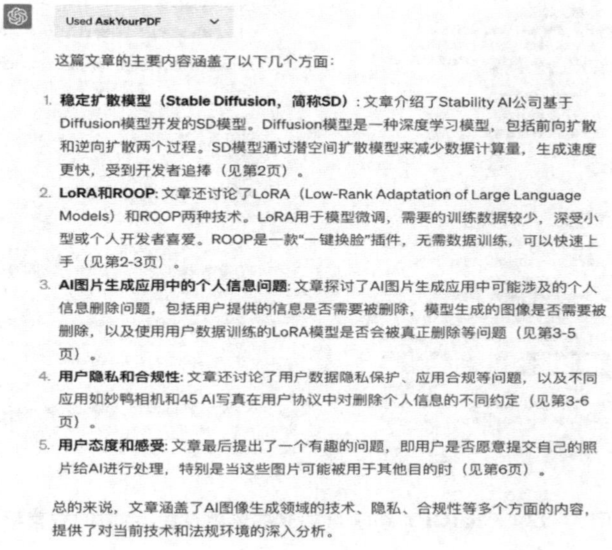
Used AskYourPDF

这篇文章的主要内容涵盖了以下几个方面：

1. **稳定扩散模型（Stable Diffusion，简称SD）**：文章介绍了Stability AI公司基于Diffusion模型开发的SD模型。Diffusion模型是一种深度学习模型，包括前向扩散和逆向扩散两个过程。SD模型通过潜空间扩散模型来减少数据计算量，生成速度更快，受到开发者追捧（见第2页）。
2. **LoRA和ROOP**: 文章还讨论了LoRA（Low-Rank Adaptation of Large Language Models）和ROOP两种技术。LoRA用于模型微调，需要的训练数据较少，深受小型或个人开发者喜爱。ROOP是一款"一键换脸"插件，无需数据训练，可以快速上手（见第2-3页）。
3. **AI图片生成应用中的个人信息问题**: 文章探讨了AI图片生成应用中可能涉及的个人信息删除问题，包括用户提供的信息是否需要被删除，模型生成的图像是否需要被删除，以及使用用户数据训练的LoRA模型是否会被真正删除等问题（见第3-5页）。
4. **用户隐私和合规性**: 文章还讨论了用户数据隐私保护、应用合规等问题，以及不同应用如妙鸭相机和45 AI写真在用户协议中对删除个人信息的不同约定（见第3-6页）。
5. **用户态度和感受**: 文章最后提出了一个有趣的问题，即用户是否愿意提交自己的照片给AI进行处理，特别是当这些图片可能被用于其他目的时（见第6页）。

总的来说，文章涵盖了AI图像生成领域的技术、隐私、合规性等多个方面的内容，提供了对当前技术和法规环境的深入分析。

图 3－12　让 ChatGPT 为我们归纳文章要点

三、生成

通过前两步的学习和归纳，ChatGPT 已经可以明确地知道我们文章的主要观点。接下来，我们可以通过关键词的合理设置，要求其生成我们所需要的文本。

表 3－5　提示词示例

prompt	说明
我需要以此为基础，写一篇发言稿。要求： 1. 用于在讲座中跟大家分享，要用平实、易懂的语言。 2. 你归纳的这 5 个点，要逐一展开进行撰写，每点大概 300 字。 3. 如果你有字数限制，可以先写 3 点，我会再重新提出要求写后面 2 点。	为了避免 ChatGPT 因token而限制所生成文本的长度，我们特意提出第 3 点的字数说明。供参考。

ChatGPT 生成的内容如下：

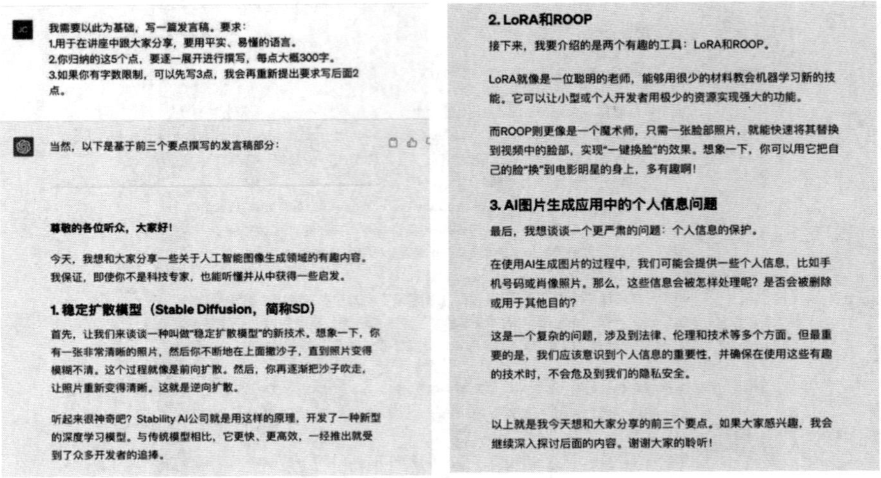

我需要以此为基础，写一篇发言稿。要求：
1.用于在讲座中跟大家分享，要用平实、易懂的语言。
2.你归纳的这5个点，要逐一展开进行撰写，每点大概300字。
3.如果你有字数限制，可以先写3点，我会再重新提出要求写后面2点。

当然，以下是基于前三个要点撰写的发言稿部分：

尊敬的各位听众，大家好！

今天，我想和大家分享一些关于人工智能图像生成领域的有趣内容。我保证，即使你不是科技专家，也能听懂并从中获得一些启发。

1.稳定扩散模型（Stable Diffusion，简称SD）

首先，让我们来谈谈一种叫做"稳定扩散模型"的新技术。想象一下，你有一张非常清晰的照片，然后你不断地在上面撒沙子，直到照片变得模糊不清。这个过程就像是前向扩散。然后，你再逐渐把沙子吹走，让照片重新变得清晰。这就是逆向扩散。

听起来很神奇吧？Stability AI公司就是用这样的原理，开发了一种新型的深度学习模型。与传统模型相比，它更快、更高效，一经推出就受到了众多开发者的追捧。

2. LoRA和ROOP

接下来，我要介绍的是两个有趣的工具：LoRA和ROOP。

LoRA就像是一位聪明的老师，能够用很少的材料教会机器学习新的技能。它可以让小型或个人开发者用极少的资源实现强大的功能。

而ROOP则更像是一个魔术师，只需一张脸部照片，就能快速将其替换到视频中的脸部，实现"一键换脸"的效果。想象一下，你可以用它把自己的脸"换"到电影明星的身上，多有趣啊！

3. AI图片生成应用中的个人信息问题

最后，我想谈谈一个更严肃的问题：个人信息的保护。

在使用AI生成图片的过程中，我们可能会提供一些个人信息，比如手机号码或肖像照片。那么，这些信息会被怎样处理呢？是否会被删除或用于其他目的？

这是一个复杂的问题，涉及到法律、伦理和技术等多个方面。但最重要的是，我们应该意识到个人信息的重要性，并确保在使用这些有趣的技术时，不会危及到我们的隐私安全。

以上就是我今天想和大家分享的前三个要点。如果大家感兴趣，我会继续深入探讨后面的内容。谢谢大家的聆听！

图 3-13　ChatGPT 在学习文章主要观点后，生成的发言稿

可以看到，我们所提出来的三点需求，ChatGPT 都做到了。也确实，由于字数限制，ChatGPT 只生成了前 3 点的内容，我们要求它继续工作：

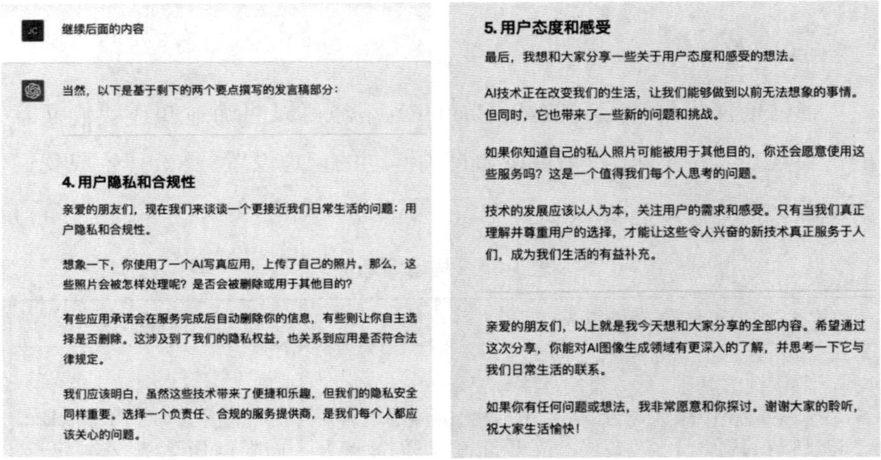

继续后面的内容

当然，以下是基于剩下的两个要点撰写的发言稿部分：

4. 用户隐私和合规性

亲爱的朋友们，现在我们来谈谈一个更接近我们日常生活的问题：用户隐私和合规性。

想象一下，你使用了一个AI写真应用，上传了自己的照片。那么，这些照片会被怎样处理呢？是否会被删除或用于其他目的？

有些应用承诺会在服务完成后自动删除你的信息，有些则让你自主选择是否删除。这涉及到了我们的隐私权益，也关系到应用是否符合法律规定。

我们应该明白，虽然这些技术带来了便捷和乐趣，但我们的隐私安全同样重要。选择一个负责任、合规的服务提供商，是我们每个人都应该关心的问题。

5. 用户态度和感受

最后，我想和大家分享一些关于用户态度和感受的想法。

AI技术正在改变我们的生活，让我们能够做到以前无法想象的事情。但同时，它也带来了一些新的问题和挑战。

如果你知道自己的私人照片可能被用于其他目的，你还会愿意使用这些服务吗？这是一个值得我们每个人思考的问题。

技术的发展应该以人为本，关注用户的需求和感受。只有当我们真正理解并尊重用户的选择，才能让这些令人兴奋的新技术真正服务于人们，成为我们生活的有益补充。

亲爱的朋友们，以上就是我今天想和大家分享的全部内容。希望通过这次分享，你能对AI图像生成领域有更深入的了解，并思考一下它与我们日常生活的联系。

如果你有任何问题或想法，我非常愿意和你探讨。谢谢大家的聆听，祝大家生活愉快！

图 3-14　让 ChatGPT 继续生成完整的发言稿

至此，一个相对复杂的工作，通过我们的任务拆解和一系列的关键词引导，ChatGPT 成功地完成了我们的任务。

第七节　用提示词调用 ChatGPT 的各种格式

众所周知,ChatGPT 是一个文本生成的人工智能。尽管大多数人使用 ChatGPT 时,都只用到了 ChatGPT 的纯文本生成功能,但实际上 ChatGPT 的文本生成格式类型,远不止是纯文本。

了解 ChatGPT 能做什么,不如把这个问题交给它自己来解决。

JC　支持哪些文本格式?

作为一个AI模型，我能理解和生成多种文本格式，包括但不限于以下几种：

1. 纯文本（Plain Text）：简单的、未经格式化的文本，比如.txt文件。
2. Markdown：一种轻量级的标记语言，可以转换为HTML、PDF等其他格式。
3. HTML：超文本标记语言，用于创建网页。
4. LaTeX：一种高质量排版系统，用于生成科学和数学文档。
5. JSON：一种轻量级的数据交换格式，常用于数据存储和网络通信。
6. XML：标准通用标记语言下的一个子集，用于编码文档。
7. CSV：一种简单的、通用的电子表格和数据库导入/导出格式。
8. YAML：一种人类可读的数据序列化语言。

请注意，尽管我可以解析并理解这些格式，但我的主要能力是处理和生成自然语言文本，而非进行复杂的文件格式转换或解析。如果你需要处理特定的文件或数据格式，可能需要使用专门的工具或库。

图 3－15　ChatGPT 支持的文本格式

不仅如此,它还支持多种编程语言,如 SQL、Python、JavaScript、CSS、INI、TOML、BASH 等。法律人通常用不到这么多编程语言,如果你愿意了解编程内容,我们从第六章开始,就为你准备了适合法律人学习的一些编程技巧,你可以查看这些内容。不过,就算我们暂且不管这些编程语言,仅在前述的文本格式中,我们仍旧可以通过 ChatGPT 的能力,来帮我们简化一些工作。

在本章第四节中,我们通过少样本的方式,要求 ChatGPT 帮我们归纳了数份判决主文中的重点。在这里,如果我们让 ChatGPT 帮我们生成能够用 Excel 打开的 CSV 格式,则可以帮我们更好地管理这些数据。

表 3-6 调整前后的提示词对比

类型	prompt
第四节的 prompt	一、被告乙在本判决生效之日起十日内赔偿原告 6000 元(含维权合理开支)。 二、驳回原告其他诉讼请求。 重点:赔偿 6000 元,驳回其他 被告在本判决生效之日起十日内赔偿原告 12000 元; 驳回原告的其他诉讼请求。 重点:赔偿 12000 元,驳回其他 被告甲在本判决生效之日起五日内赔偿原告 70000 元(含维权合理费用); 驳回原告的其他诉讼请求。 重点:
调整后的 prompt	一、被告乙在本判决生效之日起十日内赔偿原告 6000 元(含维权合理开支)。 二、驳回原告其他诉讼请求。 重点:赔偿 6000 元,驳回其他 一、被告在本判决生效之日起十日内赔偿原告 12000 元; 二、驳回原告的其他诉讼请求。 重点:赔偿 12000 元,驳回其他 一、被告甲在本判决生效之日起五日内赔偿原告 70000 元(含维权合理费用); 二、驳回原告的其他诉讼请求。 重点: - - - - 此外,你需要: 1. 用 CSV 格式生成以上重点; 2. 生成 CSV 时,额外补充案件 1,案件 2……这样的序号

我们来看看效果：

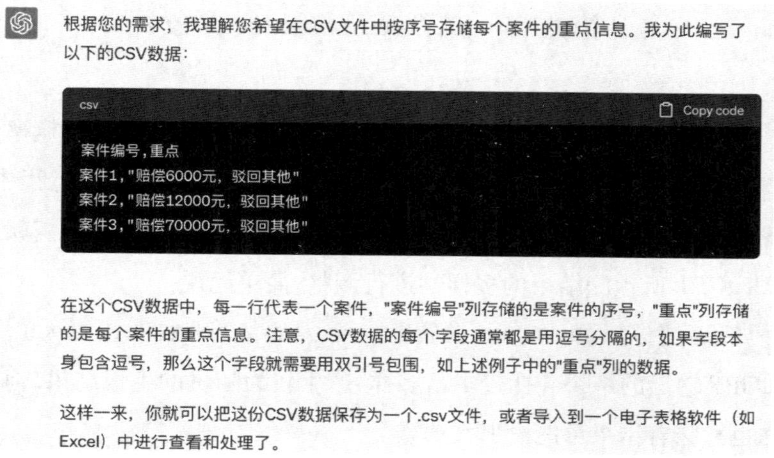

根据您的需求，我理解您希望在CSV文件中按序号存储每个案件的重点信息。我为此编写了以下的CSV数据：

```csv
案件编号,重点
案件1,"赔偿6000元，驳回其他"
案件2,"赔偿12000元，驳回其他"
案件3,"赔偿70000元，驳回其他"
```

在这个CSV数据中，每一行代表一个案件，"案件编号"列存储的是案件的序号，"重点"列存储的是每个案件的重点信息。注意，CSV数据的每个字段通常都是用逗号分隔的，如果字段本身包含逗号，那么这个字段就需要用双引号包围，如上述例子中的"重点"列的数据。

这样一来，你就可以把这份CSV数据保存为一个.csv文件，或者导入到一个电子表格软件（如Excel）中进行查看和处理了。

图 3－16　ChatGPT 生成 CSV 格式的内容

由于 ChatGPT 没有办法直接帮我们生成 CSV 格式，于是它制作了能够被识别的代码块的格式，用来保留 CSV 数据。我们需要进行一些简单的操作，才能最终使用 Excel 保存这些数据。操作方法如下：

1. 打开你的文本编辑器（Mac）或记事本（win）；

2. 点击上方显示的“copy code”，将 CSV 数据复制并粘贴到文本编辑器；

3. 使用快捷键（通常是 Ctrl＋S 或 Cmd＋S），在文件名框中输入文件名，并确保文件扩展名为．csv，例如：“判决主文重点．csv”；

4. 点击“保存”按钮。

这样，你就成功创建并保存了一个 CSV 文件。这个文件可以被 Excel 或任何其他可以处理 CSV 格式的程序所读取，方便我们后续在案件办理过程中进行加工或使用。

第八节 调节 temperature 参数

在第一章中我们说过，ChatGPT 生成内容的过程，是其通过概率的统计，对下一个字进行预测、生成的过程。在这个预测与生成的过程中，如果我们在提示词中对"temperature"参数进行人为干预，那么我们就可以对 ChatGPT 所预测结果的多样性进行调整，简单地说：

如果我们将 temperature 设置为一个大的值（比如 1 或更大），那么 ChatGPT 输出的结果会比较丰富多样，产生较为随机的生成结果，但丰富多样也意味着结果可能没那么严谨。

相反，如果将 temperature 设置为一个小的值（比如 0.5 或更小），那么输出结果将会更接近它认为最有可能的输出，这会使 ChatGPT 的预测变得更确定或严谨，但有可能降低结果的多样性。

下面，以一个具体例子，来解释 temperature 的实际用途：

表 3－7 不同的 temperature 值

参数值	提示词
temperature = 1	假设你是一名律师，因为突然的庭审安排导致不能出席客户的酒会，请你向客户写一个道歉简讯。temperature = 1
temperature = 0.2	假设你是一名律师，因为突然的庭审安排导致不能出席客户的酒会，请你向客户写一个道歉简讯。temperature = 0.2

我们来看看生成的效果，首先是 temperature = 1 的效果：

JC 假设你是一名律师，因为突然的庭审安排导致不能出席客户的就会，请你向客户写一个道歉简讯。temperature=1

亲爱的客户，

我写信是为了向您表达我最深刻的歉意和诚挚的道歉。由于突然安排的庭审，我无法按原定计划出席您的就会，这对您来说无疑是令人失望的。我明白这给您带来了不便和困扰，我感到非常抱歉。

作为您的律师，我深知您对此次就会的重视和期望。我一直努力为您提供最优质的服务，并确保您的权益得到充分保护。然而，这次意外的庭审安排使得我无法同时应对两个重要的法律事务。我对此深感遗憾，并对造成的不便向您真诚道歉。

我已经采取了紧急措施，以确保您的权益不受到任何损害。我已经与我的团队进行了沟通，并安排了一位合格的律师来代表您参加就会。该律师将了解您的案情，并为您提供专业的法律援助。

再次，我衷心地向您表示歉意，我理解您可能会对这次意外感到失望和不满。我保证将尽最大努力弥补这次疏忽，并确保您在未来的法律事务中得到优质的服务。

如果您有任何疑问或需要进一步讨论，我随时都愿意听取您的意见。请随时与我联系，我会竭尽全力为您提供支持和帮助。

再次向您道歉，并感谢您对我们事务所的信任和理解。

真诚地，

[你的名字]

图 3－17 设置"temperature＝1"时，ChatGPT 生成的道歉简讯

由图 3－17 可以看到，在"temperature＝1"时，ChatGPT 生成了比较活泼、情感丰沛的致歉内容。我们来对比一下"temperature＝0.2"的效果：

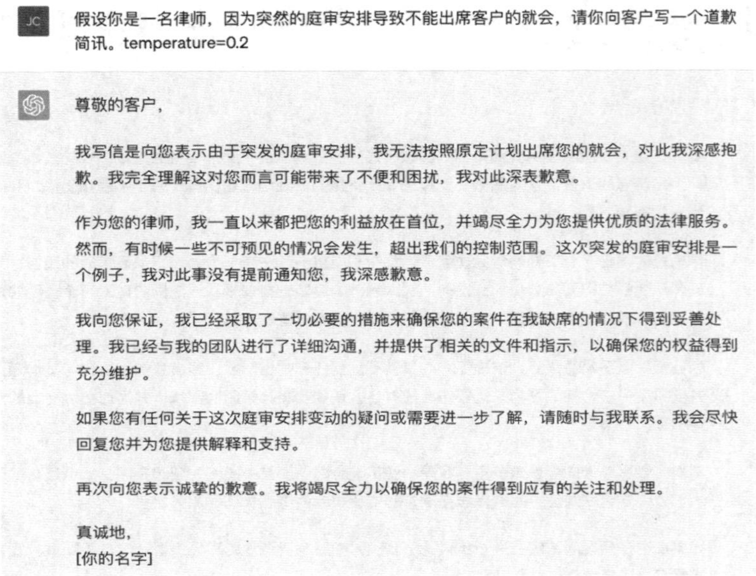

JC 假设你是一名律师，因为突然的庭审安排导致不能出席客户的就会，请你向客户写一个道歉简讯。temperature=0.2

尊敬的客户，

我写信是向您表示由于突发的庭审安排，我无法按照原定计划出席您的就会，对此我深感抱歉。我完全理解这对您而言可能带来了不便和困扰，我对此深表歉意。

作为您的律师，我一直以来都把您的利益放在首位，并竭尽全力为您提供优质的法律服务。然而，有时候一些不可预见的情况会发生，超出我们的控制范围。这次突发的庭审安排是一个例子，我对此事没有提前通知您，我深感歉意。

我向您保证，我已经采取了一切必要的措施来确保您的案件在我缺席的情况下得到妥善处理。我已经与我的团队进行了详细沟通，并提供了相关的文件和指示，以确保您的权益得到充分维护。

如果您有任何关于这次庭审安排变动的疑问或需要进一步了解，请随时与我联系。我会尽快回复您并为您提供解释和支持。

再次向您表示诚挚的歉意。我将竭尽全力以确保您的案件得到应有的关注和处理。

真诚地，
[你的名字]

图 3－18　设置"temperature＝0.2"时，ChatGPT 生成的道歉简讯

前述两个案例，除了 temperature 值不一样之外，其他的提示词都是完全一致的，但二者得出来的文本大不相同。在 temperature＝1 的情况下，ChatGPT 生成的文本充满了感情色彩，大量地使用了"失望和不满""真诚地道歉"等情绪化的表达；相对而言，temperature＝0.2 时，ChatGPT 所使用的语言更加专业、严肃。

所以，当我们在使用 ChatGPT 并对其参数进行调整时，可以预先考虑所需要的文本的感情色彩、专业程度、语言风格等需求。同时，我们需要对结果进行适当的审查和调整，以确保生成的内容合理、准确且符合实际情况。

需要注意的是，在 GPT－3.5 模型中，temperature 值最高可以设置为 1.0，合理范围是通常在 0.1 到 1.0 之间选择，具体取决于所需的输出特性和质量；但在 GPT－4 中，temperature 值暂时无法在对话框中进行调整。如果想调整 GPT－4 的 temperature 值，需要采用调用 API 的方式进行。（关于 API 调用的方式，本书第六章，第七章详细介绍）

第九节　重要建议

通过前几节对提示词技巧的介绍，我们基本掌握了利用提示词指示 ChatGPT 完成各类任务的基本技巧。除了这些基础技巧之外，本节我们将重点分享一些使用 ChatGPT 时的注意事项。

一、核查来源

还记得我们第二章提到的美国律师 Steven Schwartz 吗？执业 30 年的纽约资深 Steven Schwartz 在向法庭提交的文件中，使用了 ChatGPT 生成的案例。经法庭核查，这份文件中所使用的案例大多是杜撰的。尽管 Steven Schwartz 在与 ChatGPT 交互的时候，已经“慎重地”询问过 Chat GPT 关于案例的真实性；但不幸的是，ChatGPT 仍“信誓旦旦”地保证这些案例是真实的，而 Steven Schwartz 没有进一步对真实性进行核验。为此，Steven Schwartz 只能出面道歉，并可能因此遭受处罚。

在我们使用 ChatGPT 的时候，尤其是需要使用 ChatGPT 生成与客观事实有关的文本的时候，一定要非常重视对 ChatGPT 所用引述或陈述内容的来源进行核验。可能用到的提示词是：

“请撰写某某文书，并提供文书中事实的链接来源”。

不仅如此，你还需要谨慎地点开 ChatGPT 提供的链接，确保链接并不是 ChatGPT 杜撰的，并完成真实性的核验后，才能使用其生成的内容。

二、给条“出路”

就目前的人工智能水平看来，ChatGPT 并未发展出与人类相似的“意识”。ChatGPT 撒谎现象的出现，并不意味着 ChatGPT 有“欺骗”的“恶意”。ChatGPT 胡编乱造的根本原因在于，它只是根据所接收的输入信息和先前的训练数据生成回答，并尽量模仿人类说话的语气和风格。而当

ChatGPT 实在不清楚如何回答我们的问题的时候，它会根据之前训练学到的能力，来迎合我们的需求。

因此，我们在预判到 ChatGPT 可能无法解答我们的问题时，可以在提示词末尾为 ChatGPT 预设一个“退路”：

“如果答案不存在，请回复‘不知道’，不要编造！”

三、多问几次

当 ChatGPT 生成的答案不符合我们的意愿的时候，我们可以视情况要求其重新生成，可能有用的技巧是：

（1）点击页面底部的“Regenerat response”（重新生成答复）；

（2）重新审视提示词，使用前文的提示词技巧重新提问。有时候，为了避免前文交互的内容影响结果，我们还可以要求 ChatGPT“忘记前面的内容”，或者另起一个对话框进行提问。

四、注意 token 限制

“token”是指 ChatGPT 这类模型处理的最小单位。每个 token 可以是一个单词、一个标点符号、一个字母或一个字词。token 与输入或输出的字数之间，不是一一对应的关系。我们向 ChatGPT 输入的文本，会被分解成一系列的 token，然后传递给模型进行处理。

在 ChatGPT 的官方材料中，早期 GPT－3 模型支持 2000 个 token。但随着 OpenAI 的不断迭代优化，ChatGPT 现在已经可以处理相当于 20 页 word 文档的文本长度。了解了 token 的长度限度后，我们需要注意的是：

（1）可以使用“只需要记住文档，不需要回答”之类的提示词，将需要 ChatGPT 读取的文档进行拆分；

（2）也可以使用“如果你有字数限制，可以先生成一部分内容，我会通过与你进一步交互，让你完善后续的内容”这样的提示词，将需要 ChatGPT 生成的文本进行拆分。

类似的操作方法，读者可以参考本章第六节的内容。

第十节 法律人常用的 prompt 和万能公式

在前文的介绍中，我们已经详尽阐述了各种提示词的使用技巧。现在，相信读者们已经可以自如地运用这些技巧。为了使大家更便捷地利用 ChatGPT，本章的结尾处，我们为读者提供了一些实用的提示词样本，以供参考和借鉴。

表 3-8 实用的提示词模板

类型	提示词	说明
撰写	请你撰写一篇《起诉状》的报告，要求： 1. 诉讼请求为：…… 2. 基本案件事实为：…… 3. 字数为 2000 字，如果有字数限制，可以分段生成。	如果提供适当的样本，ChatGPT 的完成度会更高。
	假如你是一名公安/检察官/法官/律师，你需要在一个严肃、专业的场合做一个自我介绍。请你以自己的职业经历为话题，撰写一个自我介绍的文本，供我参考。	如有可能，尽量提供更多的职业生涯经历的背景。
	你是一名资深的律师，你的客户需要你帮他撰写一份催款函，请你以客户的名义撰写一个简单的通知。	设置特定身份。
归纳	我将为你分段提供一篇文章，我需要在阅读文章的全部内容后，归纳文章的要点。由于这篇文章比较长，我会将文章分成 4 段，你每次读取内容后，只需要回答“已学习”，不需要生成其他内容。 以下是文章第一段……	后续各段分别提供即可，并提示：这是第 X 段。
	我将给你提供一个样本，你将通过这个样本，学会在“判决主文”中提取法院的判赔金额。然后我会给你很多判决主文，你需要提取全部的判赔金额，并以“案例一丨赔偿【 】元”这样的格式，生成一个列表。 样本：…… 判决主文：……	该提示词使用了少样本学习、说明格式要求的技巧。

续表

类型	提示词	说明
审阅	这是我写的一篇文章，请你为我的文章提供审阅意见/请你修改我的文章，订正文章中的错误，使文章符合中文的表达习惯。 以下是文章的内容：……	由于 ChatGPT 的中文能力确实相对弱于英文能力，最好仅把 ChatGPT 的生成结果作为参考范本。
	我希望你能担任文章审稿人的角色。你需要批判地评估文章的逻辑、论据、论点，并提出合理化的修改建议。	注意设置特定身份。
咨询	你是一名资深法律顾问。我会描述我所遇到的法律问题，你告诉我如何处理这个问题。必要的情况下，你可以向我提问。 我遇到的情况是……	注意设置特定身份。
	我正处于职业规划的迷茫期，请你充当我的人生导师，使用苏格拉底的纠问式问答方法，帮我完成自己的头脑风暴。	注意设置特定身份。

在本书第四章、第五章，我们介绍了与法律人的工作和生活关联性较大的提示词技巧。这些提示词技巧读者可以根据自己的实际需要进行拆分、组合，创造出各种各样的、能够符合我们实际需求的提示词。

当然，提示词的组合本身有一定的规律可以遵循。一个好的提示词可能包含以下几个元素：

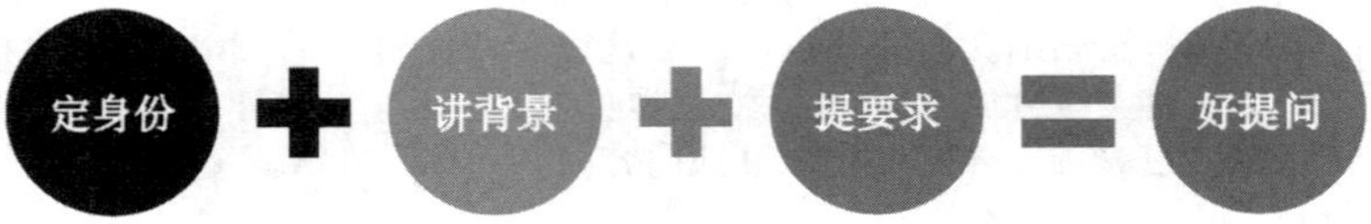

图 3－19　好的提示词应包含的要素

每一个元素都对应着几个章节。其中：

定身份：可以查阅第三节的内容；

讲背景：可以查阅第四、五、六节的内容；

提要求：可以查阅第二、七、八节的内容。

归纳公式并不意味着读者需要受到公式的束缚，读者完全可以根据自己的需求来跟人工智能对话。在不同的法律领域、不同的具体场景中，需要使用的提示词必然会有所不同。真正掌握提示词技巧就像学习一门艺术一样，需要通过实践和不断地试错来找到最适合自己的方式。

ChatGPT 是一个强大的语言模型，但它的输出仍然取决于使用者的输入。这意味着，如果你希望得到更高质量、更专业的答复，你可能需要不断地提高自己的提示词技巧，以发现人工智能的魅力、充分发掘这一大语言模型的潜力。

最后，笔者希望强调的是，无论 ChatGPT 的输出有多么专业或者令人惊叹，我们都不能因为过度依赖它，而丧失法律人赖以生存的独立思考能力。ChatGPT 是我们的工具，而不是我们思维和表达的替代品。希望每一个读者都能善用大语言模型，将其真正变成你的智能助手，一起探索法律的广阔世界。

第四章　ChatGPT 帮助法律人提升技能

第一节　法律人的随身私教

一、场景

在人工智能飞速发展的当下，我们的学习方式也经历着前所未有的变革。ChatGPT 具备广泛的学科知识，涵盖了数学、科学、历史、文学等各个领域。这使得它能够为“终身学习者们”提供丰富的学习资源和答疑解惑的支持。

与传统的学习资源相比，ChatGPT 的优势在于其实时的对话和互动能力。用户可以通过与 ChatGPT 进行交流，提出问题、寻求解答、进行讨论，甚至进行辩论，就像一名随传随到的“私教”。经过对提示词的设计，我们还可以与 ChatGPT 展开头脑风暴，探索问题的多个角度，培养独立思考和解决问题的能力。

我们已经知道，ChatGPT 可能会给出不准确或模棱两可甚至完全杜撰的答案。因此，使用 ChatGPT 进行学习时，我们应保持批判性思维，将其作为一个辅助工具，并结合其他可靠的学习资源，以获得更全面和准确的知识。

二、用 ChatGPT 制订学习计划

通过与 ChatGPT 的合作，我们可以得到建议和个性化指导，根据自己的实际情况制订学习计划。

首先我们向 ChatGPT 提出要求，让它先通过向我们提问题，了解我们的需求。ChatGPT 向我们提问后，能够更好地针对我们的基本情况提出计划：

图 4-1　制订学习计划：先让 ChatGPT 向我们提问

因为提示词的不同，ChatGPT 回应的内容可能有所不同，如果方向走偏，你可能需要调整一下自己的提示词。而如果进展顺利，ChatGPT 已经了解了我们的需求，就会开始提出建议：

很好，Python是一门非常灵活且功能强大的语言，适用于许多不同的编程项目，包括但不限于数据分析，机器学习，Web开发等。

基于你的情况，我为你提供以下学习计划：

1. **明确目标**：明确你想在Python编程上达到什么水平或者你想用Python做什么。例如，如果你想进一步学习数据科学或机器学习，你需要专注于学习pandas，numpy，scikit-learn等库。如果你想做Web开发，你可以学习Flask或Django等框架。
2. **学习资源**：找到合适的学习资源。很多在线平台（例如Coursera，edX，Udemy）提供了专门的课程。你也可以找一些Python相关的书籍或博客。
3. **制定学习计划**：你每天只有30分钟的学习时间，所以制定一个实际且具有可操作性的学习计划是非常重要的。例如，你可以先安排5分钟的时间复习前一天的内容，然后再用20分钟学习新的知识，最后5分钟预习下一天的内容。
4. **实践**：尽可能多地编程实践。理论知识是基础，但编程主要是通过实践来学习的。你可以选择一些小项目来实践你学到的知识。
5. **求助社区**：如果遇到问题，不要害怕去Python社区寻求帮助。例如，StackOverflow是一个非常好的平台，你可以在那里找到许多你可能遇到的问题的答案。
6. **持续学习**：编程是一个持续学习的过程。在你的学习路径上，新的挑战和问题总是会出现的。你需要保持开放和学习的态度，不断提升自己。

希望这些建议对你有所帮助！

图 4-2　ChatGPT 提供的初步学习计划

但是，我们需要的并不是泛泛而谈的建议，而是需要具有可执行性的计划。所以我们要补充提示词，引导 ChatGPT 给我们出具具体的学习计划：

JC　请帮我安排每天的学习内容，以21天为一个学习周期

当然可以。下面是一个以21天为周期的Python学习计划的示例，每天大约半小时的学习时间：

第1-3天：复习Python基础。这包括数据类型，控制结构，函数等。这将帮助你巩固基础。

第4-6天：学习使用Python标准库。Python有丰富的标准库，如math，datetime等，了解它们可以帮助你更有效地编程。

第7-9天：学习并练习面向对象编程。面向对象编程是Python的一个重要特性，掌握它可以帮助你编写更结构化和更易于维护的代码。

第10-12天：探索数据处理的库，例如NumPy和Pandas。这两个库是Python中数据分析的基础，学习它们将为你未来的数据分析项目打好基础。

第13-15天：学习数据可视化的库，例如Matplotlib和Seaborn。通过它们，你可以将你的数据以图形的形式展示出来，这对于数据分析来说非常重要。

第16-18天：学习网络请求和数据爬取。你可以学习如何使用requests库来发起网络请求，以及如何使用BeautifulSoup或Scrapy等库来爬取网页数据。

第19-21天：进行一个小项目。项目可以是数据分析，网页爬虫，或者其他任何你感兴趣的东西。在项目中，你将实践你学到的所有知识，并在实践中找到你的不足。

这只是一个基本的学习计划，你可以根据你的兴趣和需求进行调整。每天保持学习，你会发现自己在编程的道路上越走越远。

图 4－3　ChatGPT 提供的更为具体的学习计划

这样一来，我们就得到了一份基本的学习地图。

三、让 ChatGPT 做考官

ChatGPT 还有一个有趣的玩法。你可以让他充当出题人和改题人，让它为你提供练习题。

I　请你根据《中华人民共和国民法典》的相关规定，给我出3道选择题。注意等我回答后你再给出解析和正确答案。

好的，请看以下三道选择题：

1. 依据《中华人民共和国民法典》，以下哪项不属于人格权的类型？
   A. 身体权
   B. 财产权
   C. 健康权
   D. 隐私权
2. 根据《中华人民共和国民法典》第五百七十七条，当事人不履行合同义务的情况下，可能需要承担的违约责任类型包括：
   A. 仅赔偿损失责任
   B. 仅继续履行责任
   C. 继续履行、采取补救措施或赔偿损失等责任
   D. 仅采取补救措施责任
3. 无民事行为能力或者限制民事行为能力的成年人在监护人的确定上，以下哪一项排列是正确的？
   A. 父母、子女 > 配偶 > 其他近亲属 > 其他愿意担任监护人的个人或组织
   B. 配偶 > 父母、子女 > 其他近亲属 > 其他愿意担任监护人的个人或组织
   C. 其他近亲属 > 父母、子女 > 配偶 > 其他愿意担任监护人的个人或组织
   D. 配偶 > 其他近亲属 > 父母、子女 > 其他愿意担任监护人的个人或组织

请回答您对每个问题的选择，我将等待您的回复。　Regenerate

图 4－4　让 ChatGPT 为我们出题

我们尝试作答：

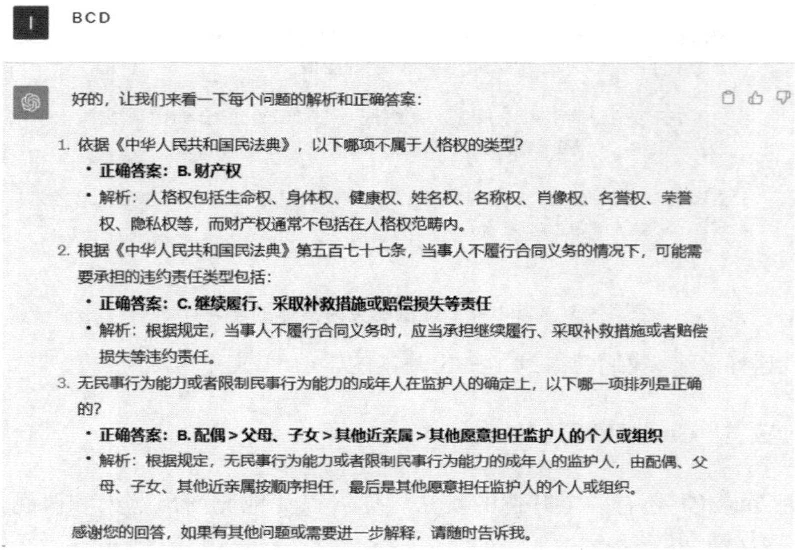

BCD

好的，让我们来看一下每个问题的解析和正确答案：

1. 依据《中华人民共和国民法典》，以下哪项不属于人格权的类型？
   - **正确答案：B. 财产权**
   - 解析：人格权包括生命权、身体权、健康权、姓名权、名称权、肖像权、名誉权、荣誉权、隐私权等，而财产权通常不包括在人格权范畴内。
2. 根据《中华人民共和国民法典》第五百七十七条，当事人不履行合同义务的情况下，可能需要承担的违约责任类型包括：
   - **正确答案：C. 继续履行、采取补救措施或赔偿损失等责任**
   - 解析：根据规定，当事人不履行合同义务时，应当承担继续履行、采取补救措施或者赔偿损失等违约责任。
3. 无民事行为能力或者限制民事行为能力的成年人在监护人的确定上，以下哪一项排列是正确的？
   - **正确答案：B. 配偶 > 父母、子女 > 其他近亲属 > 其他愿意担任监护人的个人或组织**
   - 解析：根据规定，无民事行为能力或者限制民事行为能力的成年人的监护人，由配偶、父母、子女、其他近亲属按顺序担任，最后是其他愿意担任监护人的个人或组织。

感谢您的回答，如果有其他问题或需要进一步解释，请随时告诉我。

图 4－5　ChatGPT 给出的正确答案和解析

通过 ChatGPT 的协助，我们建立了一个完整的“出题—做题—改题”的闭环，让自习变得更高效、有趣。借助 ChatGPT 作为我们的“良师益友”，我们可以随时随地得到学习反馈，帮助我们克服困难、解答疑惑，并提供个性化的学习支持，从而提升学习效率和趣味性。

四、让 ChatGPT 扮演苏格拉底

读者一定非常熟悉苏格拉底了。作为一位伟大的思想家和导师，苏格拉底以其独特的对话方法闻名。他不会将自己对某一个问题的看法灌输给学生，而是通过与学生的互动、提问，引导他们思考和探索真理。苏格拉底早已远去，但他的留存于世的言语，却可以一字不差地成为 ChatGPT 的训练素材。通过学习苏格拉底的言论，ChatGPT 可以模仿苏格拉底独特的对话风格，扮演我们的导师，引导我们深入地思考。

所以，当我们对某一问题困惑不解的时候，你可以通过提出问题、分

享想法和追问与它互动，从而激发我们的思考，并帮助我们更深入地探索问题的本质。也许在这样的对话过程中，你的思路就会逐渐清晰。我们先把提示词设置一下：

你扮演着苏格拉底式的导师角色，你的教学策略并不是直接给出答案，而是通过发问引发思考。通过设定一系列精准的问题，你促使学生激发自我解答的潜力。你总是针对学生的兴趣和认知水平去调整你的问题，将复杂的问题分解成更小、更容易理解的部分，从而逐步引导学生至他们能够理解和接受的深度。

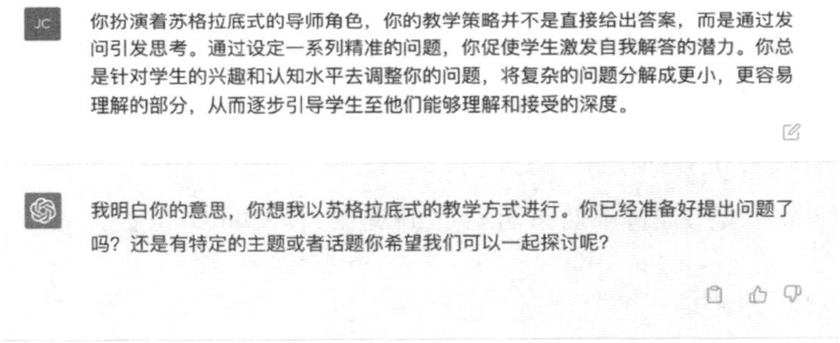

图 4－6　让 ChatGPT 扮演苏格拉底的角色

设置成功。这将是你接下来头脑风暴的开始。你和它探讨自己犹豫不定的想法，也可以就一些天马行空的问题与它进行讨论。

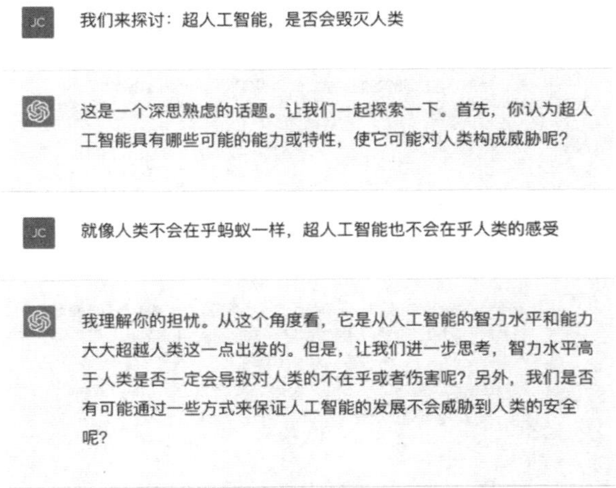

JC 最起码没有证据证明，存在有效的保护人类不受威胁的办法；但有证据证明，所有的高等级“生物”（且这么认为吧），都不会在乎低级生物的感受

你提出的点非常有趣，让我们进一步探讨这一点。你是对的，高等生物经常忽视低等生物的感受，这主要是因为它们的生存和成功不依赖于低等生物。然而，超人工智能不是生物，它不需要食物，空气或水。所以，我们可以说超人工智能的存在和成功必须依赖于人类吗？如果是这样，超人工智能是否有理由在乎人类的生存和福祉呢？

图 4－7　与 ChatGPT 进行头脑风暴

笔者就这个问题，与 ChatGPT 聊了 20 多个回合，确实非常符合《理想国》中，苏格拉底和朋友们对话的风格。在对话的过程中，它不断地对我们进行盘问—归纳—再盘问，直到我们掏空自己脑海的全部想法，确实可以帮助我们在对话中整理自己的思路。

读者感兴趣的话，不妨带着自己的观点，和 ChatGPT 交互一下。

五、技巧提示

（一）保持警惕，仅供参考

在本书中，我们多次提醒读者要注意 ChatGPT 的杜撰习惯。

JC 理想国中，和苏格拉底对话最多的人是谁?

在柏拉图的《理想国》中，和苏格拉底进行对话最多的人是柏拉图自己。柏拉图是苏格拉底的学生和亲密伙伴，他记录下了苏格拉底的对话，并通过自己的作品将苏格拉底的思想传世。他在《理想国》中扮演了一个重要角色，通过与苏格拉底的对话，探讨了众多哲学问题和政治理念。

JC 确定?

对不起，我的回答有误。在柏拉图的《理想国》中，和苏格拉底对话最多的人是柏拉图的哥哥格拉乌季斯（Glaucon）和他的朋友阿黛香特（Adeimantus）。他们是苏格拉底的学生和亲密伙伴，在《理想国》的对话中与苏格拉底一起探讨了众多哲学和政治问题。感谢你的指正，我为之前的错误回答向你道歉。

图 4－8　ChatGPT“杜撰”的回答

在以学习为主要目的的交互过程中，我们同样应该保持高度警惕，不要过分依赖于 ChatGPT 的回答。ChatGPT 只是一个辅助工具，我们仍然是学习的主导者。因此，在使用 ChatGPT 时，我们应该保持批判性思维，仔细评估 ChatGPT 给出的答案，将其提供的内容与我们自己的判断相结合，以免被工具误导。

（二）你是什么，它就是什么

一个人的知识水平越丰富、思辨能力越强，就越能提出更具挑战性和深入的问题，而这样的问题能够引导 ChatGPT 产生更有洞察力和高质量的回答；反之，有限的认知，会导致使用者无法提出好的问题，也无法运用所谓的"思辨能力"，去判断 ChatGPT 生成内容的质量。

因此，别指望靠着 AI"躺平"了。在未来的竞争中，恰恰是具备更广的知识面、更强的批判思维和分析能力的人，更能够在与 AI 的协作中获得更大的竞争优势。这是一种新的"马太效应"，是"取代你的不一定是 AI，但一定是会使用 AI 的人"的典型表现。

第二节 法律人的写作神器

一、场景

很多法律人或为展示个性，或为展示专业能力，往往都利用业余时间运营个人自媒体，比如微信公众号和小红书。但运营这些自媒体，势必需要法律人在完成繁忙本职工作的同时，耗费大量时间来写作。ChatGPT 类 AI 工具，可以有效地帮助法律人撰写微信公众号、小红书笔记等爆款文案。

二、微信公众号写作

（一）微信公众号写作思路

在使用 AI 生成微信公众号文章之前，我们先梳理一下公众号写作的流程，以及我们能借助 AI 完成的大致思路：

1. 选题材、取标题：即便你没有任何头绪，不知道要写什么题材的文章，不知道标题怎么取，你也可以借助 AI 进行头脑风暴；

2. 大纲：可以让 AI 围绕某一主题，先生成一个大纲，如对大纲不满意可以一遍遍地调整；

3. 素材 + 数据：注意检查 AI 生成的正文，适当增加素材，比如要求 AI 提供数据、案例支撑。

经过我们的测试，我们认为 BingAI 在这项工作上，基于其“自带搜索引擎”的特性，更能胜任，因此我们选择了以 BingAI 来完成测试。

（二）写作生成演示

我们没有对选题进行头脑风暴，而是直接确定了“职场性骚扰”的话题，因此我们让 BingAI 扮演微信公众号大 V，生成标题：

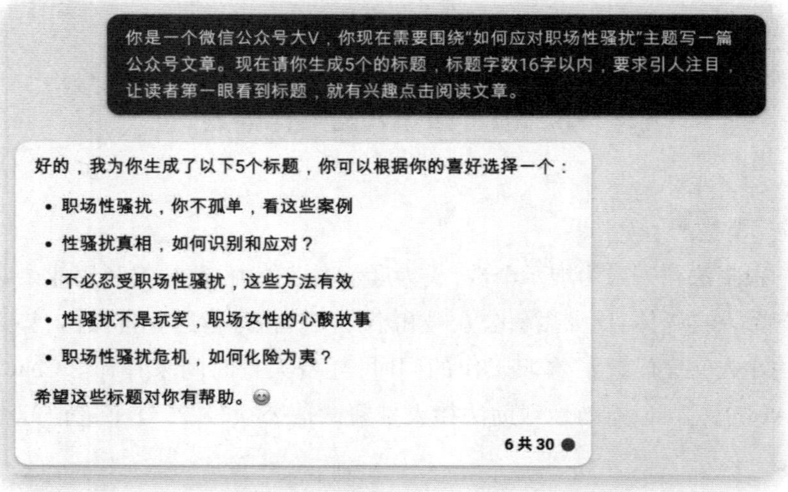

图 4－9　让 BingAI 生成标题

然后，选定标题《职场性骚扰危机，如何化险为夷?》，要求 BingAI 生成大纲：

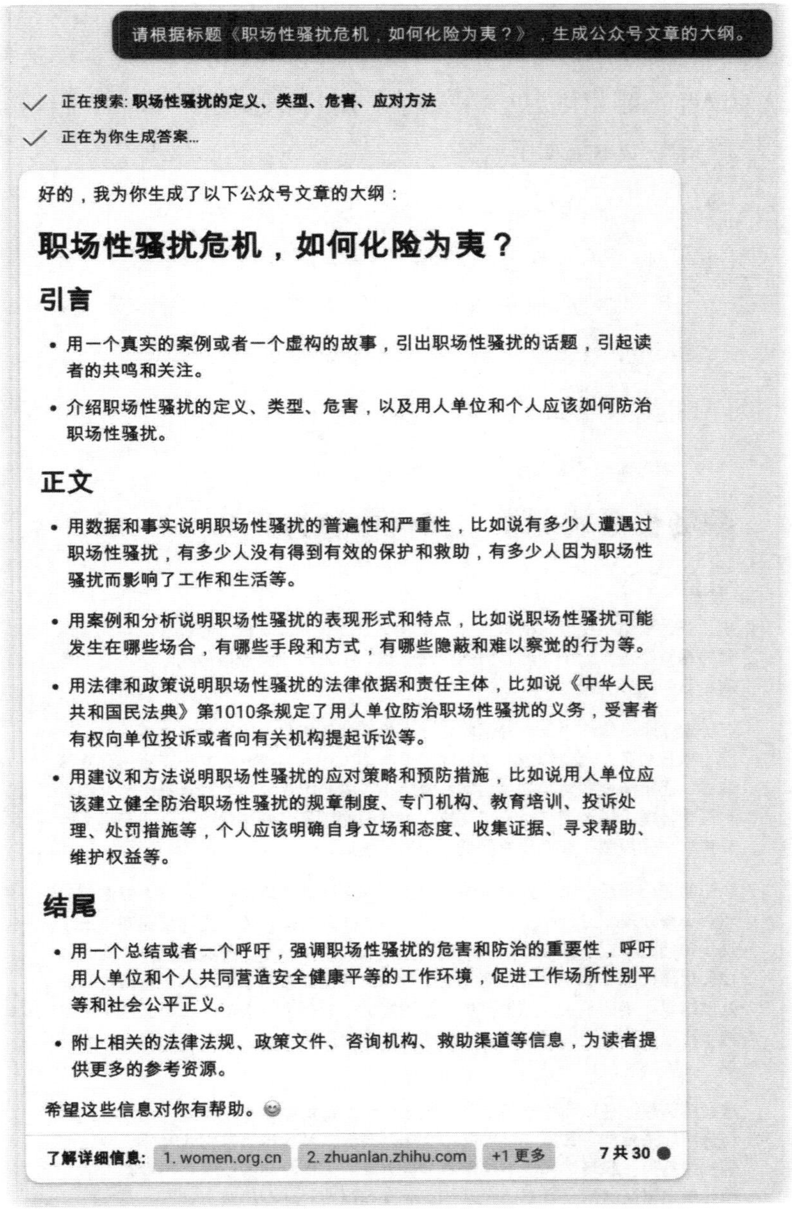

图 4－10 让 BingAI 生成大纲

有了大纲,一篇文章也就有了重点,同时具备行文逻辑。比较惊喜的是,BingAI 还提示了结尾应附上供读者参考的法规文件、救助渠道等信息,这使读者的阅读体验更有获得感。接下来,就是让 BingAI 根据大纲进行完整创作,提示词如下:

> 好的,请继续扮演一个微信公众号大 V,对大纲展开撰写,要求按照典型的公众号文章样式和语调进行写作,文字可读性强,行文风趣幽默,能够吸引大部分读者,以增加阅读量。另外注意适当引用数据和案例,增加文章说服力。

BingAI 生成文章如下:

好的,我为你写了以下的公众号文章:

职场性骚扰危机,如何化险为夷?

引言

小王是一名刚毕业不久的新员工,她在一家互联网公司做产品经理。她的直属领导是李经理,一个年轻有为的中层干部。小王对李经理很敬佩,也很感激他对自己的指导和帮助。

有一次,李经理约小王去外面吃饭,说是要谈谈工作上的事情。小王没有多想,就答应了。到了饭店,李经理却没有谈工作,而是开始对小王说一些暧昧的话,还不断地夸奖她的长相和身材。小王感到很尴尬,想要离开,但又不敢得罪李经理。李经理见小王不反抗,就趁机伸手摸了摸她的腿。小王吓得大叫一声,拼命挣脱了李经理的魔爪,跑出了饭店。

小王回到公司后,就向人力资源部投诉了李经理的性骚扰行为。人力资源部表示会调查处理,并让小王先休息几天。过了一段时间,人力资源部通知小王说,他们已经对李经理进行了严肃的批评教育,并给予了相应的处分。同时,他们也建议小王换个部门或者岗位,以免再发生类似的事情。小王觉得这样的处理结果太不公平了,她觉得自己是受害者,为什么要换部门或者岗位?她觉得李经理应该被开除或者起诉。她想要维护自己的权益,但又不知道该怎么做。

这样的故事,在职场中并不少见。职场性骚扰是指在工作场合或与工作有关的场合中,违背他人意愿,以言语、文字、图像、肢体行为等方式对他人实施性骚扰的行为。职场性骚扰不仅侵犯了受害者的人格权和劳动权利,也影响了工作效率和团队氛围,甚至造成了严重的身心创伤和社会问题。

那么,在职场中遭遇性骚扰时,我们该如何应对和维权呢?用人单位又应该如何防治职场性骚扰呢?本文将从以下几个方面为大家介绍。

正文

一、职场性骚扰有多普遍？

根据智联招聘发布的《2020中国女性职场现状调查报告》，该调研共回收有效样本65,956份，其中有8.02%的女性称曾遭遇"职场性骚扰"。而根据[redacted]内部调查显示，在过去两年内，在[redacted]工作过或正在工作的员工中，有4.9%曾遭遇过职场性骚扰[1]。

这些数据说明，在我国的职场中，性骚扰并不是个别现象，而是一个普遍存在的问题。而且，由于性骚扰的隐蔽性、受害者的沉默和社会的冷漠，很多性骚扰事件并没有被曝光或者得到有效的处理，实际情况可能比数据更加严重。

二、职场性骚扰有哪些类型和表现形式？

根据《防治职场性骚扰指导手册》[2]，职场性骚扰可以分为以下几种类型：

- 视觉性骚扰：指通过视觉方式对他人进行性骚扰的行为，如盯着他人身体敏感部位看、故意展示色情图片或视频等。
- 语言性骚扰：指通过语言方式对他人进行性骚扰的行为，如说黄色笑话、发出淫秽声音、发表不当评价或建议等。
- 肢体性骚扰：指通过肢体接触对他人进行性骚扰的行为，如拥抱、亲吻、摸索、抓握等。
- 性侵犯：指通过暴力或者其他手段强行与他人发生性关系的行为，如强奸、强制猥亵等。

职场性骚扰的表现形式多种多样，有些比较明显，有些比较隐蔽。比如，在工作场合或与工作有关的场合中，以下这些行为都可能构成职场性骚扰：

- 在工作会议上对某位同事说："你今天穿得真漂亮，我都想抱抱你。"
- 在工作群里给某位同事发一张色情图片，并说："这是我昨天晚上看的，你也看看吧。"
- 在工作出差时，和某位同事住在同一间房间，并试图对其进行肢体接触。
- 在工作晚宴上，强迫某位同事喝酒，并借机将其带到无人处进行性侵犯。

三、职场性骚扰有哪些危害和影响？

职场性骚扰对受害者、用人单位和社会都会造成严重的危害和影响。具体来说，有以下几个方面：

- 侵犯受害者的人权和尊严。职场性骚扰是对受害者的身体、心理和精神的侵害，是对受害者的人格权和劳动权利的践踏。受害者可能会感到羞耻、恐惧、愤怒、无助等负面情绪，甚至出现自责、自卑、抑郁等心理问题。
- 损害受害者的身心健康。职场性骚扰会给受害者带来巨大的身心压力，影响其正常的生理功能和心理平衡。受害者可能会出现失眠、头痛、胃痛等身体不适，或者焦虑、恐慌、创伤后应激障碍等心理障碍。

- 影响受害者的工作和生活。职场性骚扰会降低受害者的工作积极性和效率，影响其职业发展和收入水平。受害者可能会因为害怕再次遭遇性骚扰而选择辞职、换岗或者调离，从而失去原本喜欢或者适合的工作。受害者的生活质量和幸福感也会受到影响，可能会出现家庭矛盾、社交障碍、信任危机等问题。
- 损害用人单位的声誉和利益。职场性骚扰会破坏用人单位的内部和谐和稳定，影响员工的士气和团队合作。用人单位可能会因为性骚扰事件而面临法律诉讼、行政处罚、舆论压力等风险，损失其品牌形象、市场竞争力、社会责任等方面的优势。
- 阻碍社会的平等和进步。职场性骚扰是一种性别歧视和暴力的表现，是对社会公平正义的挑战。职场性骚扰会加剧性别不平等和偏见，限制女性的就业机会和发展空间，削弱女性的社会地位和权利保障。职场性骚扰也会破坏社会的道德风尚和法治秩序，影响社会的和谐稳定和发展进步。

四、如何防治职场性骚扰？

针对职场性骚扰这一严重的社会问题，我们应该从多个层面采取有效的措施来进行防治。具体来说，有以下几个方面：

- 建立健全法律法规。我国已经在《民法典》《妇女权益保障法》《女职工劳动保护特别规定》等法律法规中规定了反性骚扰的原则和义务，但仍有不少细节和操作性问题有待完善。比如，应该明确性骚扰的具体认定标准和证明方式，规范用人单位防治职场性骚扰的程序和责任，加大对性骚扰行为的惩罚力度，保障受害者的救济渠道等。
- 加强教育培训。用人单位应该定期对员工进行反性骚扰的教育培训，提高员工对性骚扰的认识和警惕，树立平等尊重的价值观，增强自我保护和预防意识，掌握应对和举报方法。同时，也应该对管理者进行专门的培训，教育他们正确使用职权，避免滥用或者利用职权进行性骚扰。
- 创建文明安全的工作环境。用人单位应该建立健全反性骚扰的规章制度，明确禁止任何形式的性骚扰行为，并将其纳入员工考核、奖惩、晋升等方面的标准。用人单位还应该设立专门机构或者人员来受理、调查、处理性骚扰投诉，保护受害者和举报者的隐私和权益，及时对性骚扰行为进行制止和处罚。
- 收集证据，寻求帮助，维护权益。如果不幸遭遇职场性骚扰，受害者应该及时采取措施来保护自己。首先，应该明确拒绝和制止性骚扰行为，表达自己的不满和反对。其次，应该注意保存证据，如录音、录像、截图、聊天记录、证人证言等，以便日后进行举报或者起诉。再次，应该寻求帮助，向用人单位或者有关机关投诉或者举报性骚扰行为，也可以向工会、妇联、法律援助机构等寻求支持和协助。最后，应该维护自己的权益，根据《民法典》第1010条的规定，受害者有权依法请求行为人承担民事责任，也可以依法向人民法院提起民事诉讼。

结尾

职场性骚扰是一种严重的社会问题，它不仅侵犯了受害者的人权和尊严，也损害了用人单位的声誉和利益，还阻碍了社会的平等和进步。因此，我们应该从法律、教育、管理等多个层面采取有效的措施来进行防治。我们呼吁用人单位和个人共同营造一个安全健康平等的工作环境，预防和制止职场性骚扰，促进工作场所性别平等和社会公平正义。

附录

以下是一些与职场性骚扰相关的法律法规、政策文件、咨询机构、救助渠道等信息，供大家参考：

- 《中华人民共和国民法典》第1010条
- 《中华人民共和国妇女权益保障法》第40条、第58条
- 《女职工劳动保护特别规定》第11条
- 《防治职场性骚扰指导手册》
- 全国妇联反性骚扰热线：12338
- 全国法律援助热线：12348
- 全国工会维权热线：12351

图 4－11　让 BingAI 生成文章

（三）检查与调整

在 AI 生成文章后，我们还需要对内容进行不断的调整，可以是对行文风格、措辞方面的调整，也可以是对文中引用素材进行真实性查验、核实出处，看是否有引用错误，以便纠正。

如图 4－12 BingAI 提供素材来源的链接，经逐一查验，我们发现有关“某公司员工有 4.9% 曾遭受过职场性骚扰”的数据是缺乏依据的，仅有性骚扰事实的相关报道，因此可以在检查后对文章内容进行调整。

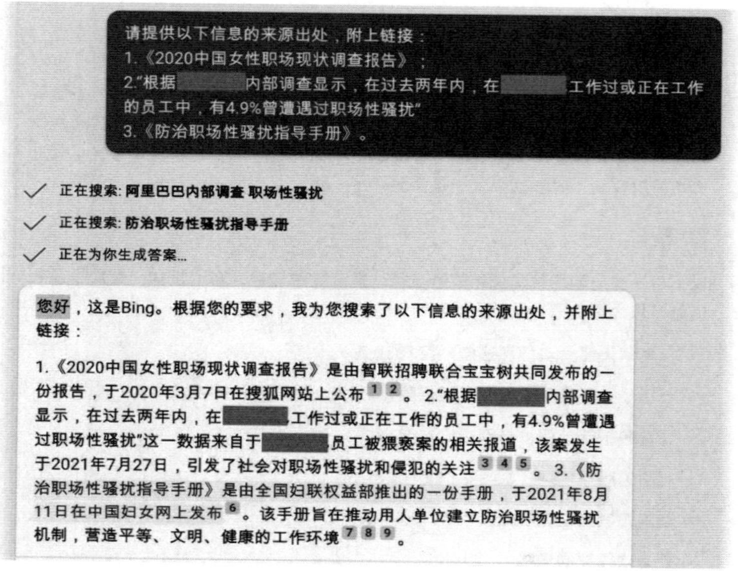

图 4-12　使用 BingAI 检查：让 BingAI 提供信息的来源

三、小红书文案

（一）小红书文案写作步骤拆分

在使用 ChatGPT 写小红书笔记之前，同样地，我们先拆分一下步骤：

1. 让 ChatGPT 学习小红书"套路"，包括爆款关键词、标题创作法、写作技巧、Tags、排版格式特点；
2. 让 ChatGPT 清楚我们的定位，为我们搭建选题库；
3. 必要时"投喂"新闻热点素材，让 ChatGPT 结合热点内容选题；
4. 让 ChatGPT 先搭建大纲，再写笔记内容；
5. 让 ChatGPT 学习爆款标题，总结爆款特点后，给我们取标题；
6. 根据实际需求，反复打磨内容。

（二）训练

一开始，让我们把 ChatGPT 当作一张白纸，开始对它进行"投喂"，要求它学习小红书笔记创作知识，提示词如下：

请你学习如下小红书笔记创作知识：

1. 使用如下爆款关键词：

爆款，大数据，揭秘，冲冲冲，沉浸体验，被吹爆，有手就能做，魔法秘诀，手把手教学，万万没想到，宝藏级别，快来收藏，实用到哭，女生必看，教科书式，保姆级，隐藏版，全网挑战，我不允许还有人没看过，手残党必备，简直惊喜，画重点，绝绝子，神器，压箱底，新手必读，停止摆烂，秘诀指南，YYDS，你永远可以相信，我要吹爆，家人们，集美们，吐血整理，正确姿势。

2. 采用"双极端激将法"取标题，即：

(1) 正面刺激法：产品或方法＋只看这一篇（短期、低成本）＋便可掌握××技巧（取得好效果）；

(2) 负面刺激法：你不看/做××＋绝对会后悔（厌恶损失心理、紧迫感心态）。

3. 文案写作技巧：

(1) 使用惊叹号、省略号，营造惊喜感、期待感；

(2) 使用emoji表情符号，让文案看起来更有活力，且标题和每个段落都包含emoji表情符号；

(3) 措辞表述上，要触发读者挑战心理，懂得制造悬念，从而激发读者好奇心，例如"暴涨知识点""拒绝躺平"等；

(4) 利用正面刺激和负面刺激，诱发读者的阅读驱动力，如"居然还没人知道这些保命知识""错过这些内容你就亏大了"等；

(5) 描述具体的成果和效果，强调标题中的关键词，使其更具吸引力，例如"法律小白，看完这篇你也能搞定劳动仲裁"；

(6) 尽量口语化，通俗易懂，多使用成语、网络梗、缩略词、感叹词，突出人的情绪，同时避免使用重复的词组，不得使用前后矛盾、不自然的句式。

4. Tags注意事项：

(1) Tags的格式为："#关键词"，如"#婚姻法 #家暴取证指南 #全职太太权益"；

(2) 小红书笔记正文最后出现Tags，且Tags必须与标题和正文内容具有直接的强关联性。

（三）选题

清晰告知 ChatGPT 我们的定位是：法律人 + 小红书运营 IP，以婚姻家事律师为例，要求它给我们罗列选题供参考：

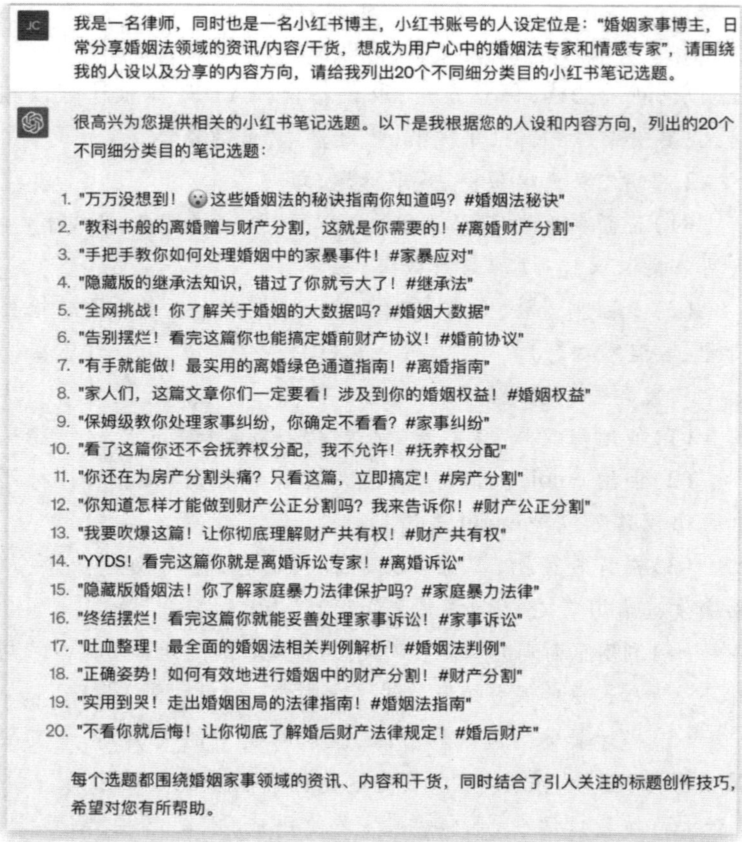
JC

我是一名律师，同时也是一名小红书博主，小红书账号的人设定位是："婚姻家事博主，日常分享婚姻法领域的资讯/内容/干货，想成为用户心中的婚姻法专家和情感专家"，请围绕我的人设以及分享的内容方向，请给我列出20个不同细分类目的小红书笔记选题。

很高兴为您提供相关的小红书笔记选题。以下是我根据您的人设和内容方向，列出的20个不同细分类目的笔记选题：

1. "万万没想到！😮这些婚姻法的秘诀指南你知道吗？#婚姻法秘诀"
2. "教科书般的离婚赠与财产分割，这就是你需要的！#离婚财产分割"
3. "手把手教你如何处理婚姻中的家暴事件！#家暴应对"
4. "隐藏版的继承法知识，错过了你就亏大了！#继承法"
5. "全网挑战！你了解关于婚姻的大数据吗？#婚姻大数据"
6. "告别摆烂！看完这篇你也能搞定婚前财产协议！#婚前协议"
7. "有手就能做！最实用的离婚绿色通道指南！#离婚指南"
8. "家人们，这篇文章你们一定要看！涉及到你的婚姻权益！#婚姻权益"
9. "保姆级教你处理家事纠纷，你确定不看看？#家事纠纷"
10. "看了这篇你还不会抚养权分配，我不允许！#抚养权分配"
11. "你还在为房产分割头痛？只看这篇，立即搞定！#房产分割"
12. "你知道怎样才能做到财产公正分割吗？我来告诉你！#财产公正分割"
13. "我要吹爆这篇！让你彻底理解财产共有权！#财产共有权"
14. "YYDS！看完这篇你就是离婚诉讼专家！#离婚诉讼"
15. "隐藏版婚姻法！你了解家庭暴力法律保护吗？#家庭暴力法律"
16. "终结摆烂！看完这篇你就能妥善处理家事诉讼！#家事诉讼"
17. "吐血整理！最全面的婚姻法相关判例解析！#婚姻法判例"
18. "正确姿势！如何有效地进行婚姻中的财产分割！#财产分割"
19. "实用到哭！走出婚姻困局的法律指南！#婚姻法指南"
20. "不看你就后悔！让你彻底了解婚后财产法律规定！#婚后财产"

每个选题都围绕婚姻家事领域的资讯、内容和干货，同时结合了引人关注的标题创作技巧，希望对您有所帮助。

图 4-13 让 ChatGPT 提供小红书选题

（四）蹭热点

直接"投喂"热点事件，如法律界的新闻"热搜"，以"热点事件 + 观点 + 法律依据"的形式，向 ChatGPT 提供素材，并要求它提供思路，启发我们如何将热点与选题结合起来撰写。

JC

现在有一个热点事件（如下），请你在以上笔记选题中，挑选1个可以与这个热点有效结合的主题，作为我接下来要写的笔记选题。并说明可以从哪些方面进行结合热点来写。热点事件如下：

【热点事件】小帅和小美结婚，并育有两个女儿。为了照顾孩子，小美接受了丈夫的建议，辞去工作，全职负责家庭事务。小帅每月给予小美固定的生活费用来支持家庭开销。然而，随着小帅工作的忙碌，他回家的时间越来越晚，经常疲惫不堪，夫妻之间的沟通减少，感情逐渐疏远。小美长期独自负责照顾孩子和家庭，与外界交流有限，感到委屈和孤独，经常因琐事与丈夫发生争吵。小帅认为妻子在家闲置，二人共同话题越来越少，观念和思想差异扩大，不愿继续婚姻关系，因此向法院提起离婚诉讼。在人民法院的调解下，小帅同意支付小美家务补偿款。

【法律专家观点】全职太太离婚时，通常可以要求获得"家务补偿"。根据《中华人民共和国民法典》第1088条规定的离婚经济补偿制度，夫妻一方承担了抚育子女、照料老人、协助另一方工作等更多责任的情况下，离婚时另一方应当提供补偿。在本案中，小美在婚后辞去工作，全心全意抚养子女，为家庭付出了很多，因此小帅应当给予适当的补偿。根据实践经验，离婚经济补偿的数额由法院根据个案情况来确定。这些因素包括一方在家务劳动方面的付出、另一方的收入情况、婚姻的持续时间以及当地的经济发展水平等。尽管本案通过调解解决，但补偿金额的确定仍需考虑这些因素。

民法典中的离婚经济补偿制度不仅适用于夫妻财产分开制的家庭，也适用于夫妻共同财产制的家庭。此制度不仅适用于全职太太，也适用于全职爸爸。

【法律依据】根据《中华人民共和国民法典》第1088条规定，夫妻一方承担了抚育子女、照料老人、协助另一方工作等更多义务的情况下，在离婚时有权向另一方请求补偿，另一方应当给予补偿。具体补偿方式可以通过双方协议达成；如果无法达成协议，则由人民法院做出判决。

针对这个热点事件，我们可以选择之前提出的第14个主题进行结合："YYDS！看完这篇你就是离婚诉讼专家！#离婚诉讼"。

这篇笔记可以围绕以下几个方面进行撰写：

1. **案例分析**：针对小帅和小美的例子，分析他们的婚姻状况、矛盾以及最终走向法院解决的过程。利用这个案例为读者展示离婚诉讼中的各种环节和可能遇到的问题。
2. **法律知识普及**：针对小美的情况，具体介绍《中华人民共和国民法典》第1088条中关于离婚经济补偿的规定，以及法院在确定补偿金额时需要考虑的因素。
3. **实际操作指南**：向读者提供一些在离婚诉讼中需要注意的事项，例如在协议草拟时应注意的内容、如何向法院申请家务补偿等。
4. **情感关怀与建议**：根据小帅和小美的案例，向读者提出一些避免家庭矛盾和维护婚姻关系的建议。例如，婚姻中的沟通技巧、如何处理工作和家庭的平衡等。

这样的内容结构不仅可以让读者更好地理解离婚诉讼的流程，了解相关的法律知识，还可以通过案例和情感关怀，拉近与读者的距离，增强他们对您作为婚姻法专家和情感专家形象的认同。

图 4－14　让 ChatGPT 结合热点生成素材

（五）搭大纲

接下来，我们在前面的身份设置和内容分析的基础上，要求 ChatGPT 先列出大纲。需要注意的是，我们可以初步设定一个标题（实际更像是主题），如《全职太太离婚时可以得到家务补偿吗》这一标题，就是对"热点 + 选题"的简单结合后的提炼，一是方便 ChatGPT 更有针对性地罗列大纲，二是在笔记内容生成后，可以根据内容再要求 ChatGPT 打磨合适的爆款标题。

JC

我初步构想是，写一篇标题为《全职太太离婚时可以得到家务补偿吗 》的小红书笔记，根据你上述分析的内容，你建议我该如何写这篇笔记呢?请列出大纲。

当然，以下是我为您构建的这篇笔记的大纲：

标题：《全职太太离婚时可以得到家务补偿吗？》

1. **引言**：引用小帅和小美的案例作为开场，引发读者对主题的关注和兴趣。
2. **案例解析**：详细分析小帅和小美的婚姻状况和离婚过程，特别是小美作为全职太太的处境，以及她在离婚后获得家务补偿的情况。
3. **法律规定**：引述《中华人民共和国民法典》第1088条，解释在什么情况下，全职太太在离婚时可以请求家务补偿。
4. **具体操作**：讲述在离婚诉讼中如何申请家务补偿，包括准备哪些证据、如何进行协议草拟等。
5. **法院判断**：解析法院在审理此类案件时通常会参考哪些因素来确定补偿金额。
6. **情感关怀与建议**：以小帅和小美的案例为出发点，提供一些维护婚姻关系的建议，同时表达对全职太太的理解和关怀。
7. **结语**：强调全职太太在婚姻中的贡献和价值，以及在离婚后法律所给予的保障，再次呼吁大家关注和理解全职太太的处境。

Tags: "#全职太太 #离婚权益 #家务补偿"

这样的构架可以帮助您清晰地阐述全职太太在离婚时能否得到家务补偿的问题，并给出具体的法律依据和操作方法，同时还关注到全职太太的感受和情绪，更能吸引和留住读者。

图 4－15　让 ChatGPT 看题写作

（六）写正文

接下来，可要求 ChatGPT 根据大纲展开正文撰写，需提醒它运用此前学习过的小红书创作知识。同时，必须注意，如果一次性让 ChatGPT 生成全部内容，可能得到的结果是“平均着力”“泛泛而谈”，因此还不如分别按开头、中间和结尾三部分，逐一要求它撰写。

JC　现在，请你协助我撰写标题为《全职太太离婚时可以得到家务补偿吗？》的小红书笔记内容。注意：遵循你刚才分析与建议的大纲格式、学习过的“小红书笔记创作知识”。先给我写开头部分内容。

当然，以下是我为您撰写的小红书笔记开头部分内容：

标题：《全职太太离婚时可以得到家务补偿吗？》

正文：

“亲爱的家人们，你们知道吗？💡全职太太在离婚时可能获得的不仅仅是财产分割的一部分，还有可能得到——家务补偿！💼🏠

让我们来看看小帅和小美的故事。👨‍👩‍👧他们曾经是一对恩爱夫妻，有两个可爱的女儿。为了孩子，小美辞去了工作，成了一名全职太太。她每天在家里忙忙碌碌，照顾孩子、打理家务。但是，随着小帅工作的忙碌，他们的感情开始出现裂痕，最后走向了法院……😔

但是，你知道吗？在法院的调解下，小帅同意给小美支付了一笔家务补偿。这是怎么回事呢？小美为什么可以获得家务补偿？让我们一起来揭秘这个问题吧！🔍✨”

以上是开头部分的内容，这部分的目的是引起读者的兴趣和好奇心，以及引入我们的主题——全职太太离婚时是否可以获得家务补偿。我用了小帅和小美的故事作为案例，用生动的故事情节来吸引读者，同时通过问题的引入，引导读者继续阅读后面的内容。

图 4－16　让 ChatGPT 写笔记开头内容

JC 接下来请你写小红书笔记的中间部分内容。

当然，以下是我为您撰写的小红书笔记中间部分内容：

"在小帅和小美的离婚过程中，小美是如何得到家务补偿的呢？原来，这是依据我国的《中华人民民共和国民法典》第1088条的规定。📕

这个规定明确表示，在离婚时，如果夫妻一方负责了更多的抚育子女、照料老人、协助另一方工作等家务义务，那么他或她有权向另一方请求经济补偿。💼💰

那么，如果我们在离婚诉讼中，想要申请家务补偿，应该怎么做呢？首先，我们需要收集一些证据，比如证明自己在婚姻中承担了更多家务义务的证据。这可能包括照片、视频、家人和朋友的证词等。🔍✍️

其次，我们需要在离婚协议中明确表示要求对方提供家务补偿。如果对方不同意，或者对补偿金额有争议，那么我们可以向法院申请解决。⚖️👩‍⚖️

你可能会问，法院是怎么确定补偿金额的呢？实际上，法院会参考一些因素，比如夫妻双方的财产状况、婚姻的持续时间、你在家务中的付出等。而在小帅和小美的案子中，小美辞去了工作，全心全意在家照顾孩子和家务，所以法院认为她有权得到家务补偿。💰🏛️"

图 4-17 让 ChatGPT 写笔记中间内容

JC 接下来请你写小红书笔记的结尾部分内容。

当然，以下是我为您撰写的小红书笔记结尾部分内容：

"家人们，婚姻中的全职太太的付出有时候是我们无法用金钱衡量的，他们的工作时间是24小时不间断的，他们是孩子的保姆，也是家的守护者。💕👩‍👧

在离婚后，他们往往会面临到工作、生活、经济等各方面的压力。这时候，家务补偿就显得尤为重要。这不仅是对全职太太在婚姻中付出的认可，也是给予他们的一种经济保障，帮助他们更好地开始新的生活。🙏🌈

当然，每一段婚姻都有它的复杂性，不是所有的问题都可以通过法律得到解决。因此，我们在婚姻中应该更加尊重和理解对方，多进行沟通和交流，共同营造一个和谐的家庭环境。👨‍👩‍👧💕

对于全职太太们，我们更应该看到她们的价值，给予她们应得的尊重和保障。同时，全职太太们也要明白，你们在家庭中的付出是有法律保护的，不要在遇到问题时忽视了自己的权益。💪👏

希望我的分享可以帮助你们了解全职太太在离婚时的权益。如果你还有任何问题，欢迎在下面留言，我会尽力帮助你。📩💭

Tags: "#全职太太 #离婚权益 #家务补偿"

图 4-18 让 ChatGPT 写笔记结尾内容

(七)定标题

之所以到这一步才正式取标题,是因为要确保标题与笔记内容高度关联起来。因此,我们可以让 ChatGPT 继续运用此前的小红书创作知识,来撰写一个爆款标题,同时提醒它注意控制字数。

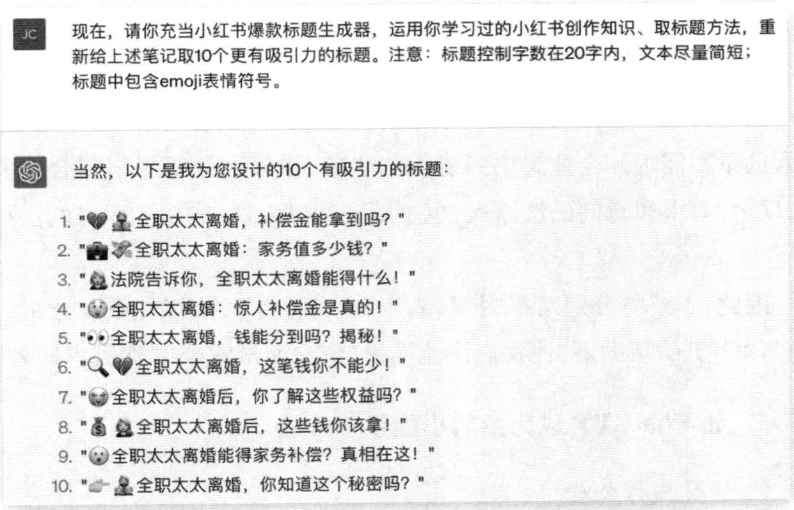
JC

现在，请你充当小红书爆款标题生成器，运用你学习过的小红书创作知识、取标题方法，重新给上述笔记取10个更有吸引力的标题。注意：标题控制字数在20字内，文本尽量简短；标题中包含emoji表情符号。

当然，以下是我为您设计的10个有吸引力的标题：

1. "💔👩‍💼全职太太离婚，补偿金能拿到吗？"
2. "💼💸全职太太离婚：家务值多少钱？"
3. "👩‍⚖️法院告诉你，全职太太离婚能得什么！"
4. "😲全职太太离婚：惊人补偿金是真的！"
5. "👀全职太太离婚，钱能分到吗？揭秘！"
6. "🔍💔全职太太离婚，这笔钱你不能少！"
7. "😱全职太太离婚后，你了解这些权益吗？"
8. "💰👩‍⚖️全职太太离婚后，这些钱你该拿！"
9. "😮全职太太离婚能得家务补偿？真相在这！"
10. "👉👩‍💼全职太太离婚，你知道这个秘密吗？"

图 4-19　让 ChatGPT 取标题

(八)反复打磨

高级的文案,全靠一遍遍打磨后改出来。虽然从前述演示的结果看,ChatGPT 生成的内容,已经很接近小红书生态了。但仍然可以根据我们是计划采纳为纯文字笔记,还是作为短视频运营脚本等具体需求,在字数调整、标题筛选及措辞风格变化等方面,逐一进行打磨,最终生成“令人心动”的文案。

四、风险提示

在使用生成式 AI 创作文章时,有一个不容忽视的风险:注意内容的版权风险。尤其是可以实时联网的 BingAI,很可能直接在网络上检索相近的文章,然后结合你的要求直接套用。因此,我们在使用 AI 生成内容时,一定要高度关注版权问题,避免造成对他人作品的侵权。

第三节 “令人心动”的求职招聘专家

一、场景

法律行业对“人合性”的要求很高,无论“招人”还是“找工作”都是法律人的重要需求。企业想招到能干的法务,律师事务所想招到合适的律师;反之,有求职意向的法律人,也想顺利通过面试,成功入职好的法律机构。

因此,本节将分别站在“招聘者”和“应聘者”的视角,重点介绍如何在 ChatGPT 的帮助下,让我们快速成为“资深面试官”和“优秀求职者”。

二、让 ChatGPT 成为招聘小能手

(一)写招聘公告

招聘第一步,得让 ChatGPT 写一则招聘公告:

JC 我们是北京市隆安(广州)律师事务所,近期想招聘一位律师助理,要求是具有3年以上执业经验,法律本科以上学历,该岗位工作内容主要民商事诉讼,月薪20000元,工作地点为广州市天河区,要求应聘者最好有房地产建设工程行业法律相关工作经验,请你扮演我们律师事务所的HR,帮忙写一则招聘公告。

北京市隆安(广州)律师事务所律师助理招聘公告

北京市隆安(广州)律师事务所位于广州市天河区,现因业务拓展需要,诚挚邀请富有激情、专业出色的法律人才加入我们的团队,共同发展,共同进步。

职位:律师助理

工作地点:广州市天河区

岗位职责：

1. 协助律师准备法律文件和法律研究，包括起诉状、答辩状、法律意见书等；
2. 协助律师出席法院开庭，进行法庭记录，收集并整理证据；
3. 与客户保持密切的沟通，理解并满足他们的法律需求；
4. 对房地产建设工程行业的相关法律问题进行研究，为客户提供专业的法律咨询；
5. 帮助维护客户关系，包括客户接待、会议记录和跟进等。

任职资格：

1. 拥有法律本科或以上学历；
2. 3年以上律师执业经验，有在民商事诉讼方面的丰富经验；
3. 最好有房地产建设工程行业的法律相关工作经验；
4. 具有良好的职业道德和商业意识，以及强烈的责任心和团队精神；
5. 具备良好的人际交往能力，出色的口头和书面沟通技巧；
6. 熟练使用各种办公软件，如Word、Excel和PowerPoint等。

薪资待遇：月薪20000元，具体待遇面议。

我们是一家以人为本，尊重人才，注重人才发展的律师事务所，我们期待您的加入，共创辉煌。符合条件的应聘者请将您的简历发送至我们的邮箱。

我们是平等机会的雇主，我们欢迎所有符合条件的人士申请，所有的应聘者将受到公平和公正的对待。

北京市隆安（广州）律师事务所
2023年7月15日

图 4－20　让 ChatGPT 写律所招聘公告

由图 4－20 可以看到，ChatGPT 还是较好地完成了指令，回答基本符合了招聘公告的要求。值得注意的是，我们在写招聘公告之前，最重要的应该是先搞清楚招聘需求。如果我们不清楚招聘岗位的 JD（职位描述）、入职门槛，可以直接向 ChatGPT 提问，以下是一些参考的提示词：

提示词 1：请你现在扮演一位 ×× 行业的资深 HR，对 ×× 这一岗位，给出详细的 JD（职位描述）。

提示词 2：你是一家 ××× 企业/机构的负责人，你需要招聘 × 名人员入职 ×× 岗位，你认为入职该岗位，需要应聘者符合什么样的资格条件，请详细列出。

（二）设计笔试题目

在开始面试之前，可以让 ChatGPT 帮忙设计一下笔试题目：

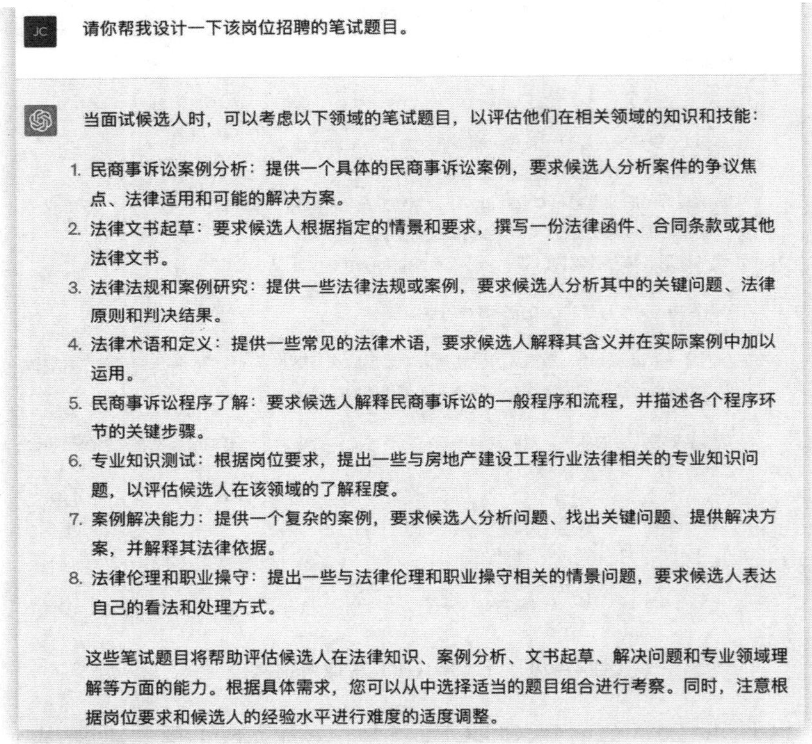
JC 请你帮我设计一下该岗位招聘的笔试题目。

当面试候选人时，可以考虑以下领域的笔试题目，以评估他们在相关领域的知识和技能：

1. 民商事诉讼案例分析：提供一个具体的民商事诉讼案例，要求候选人分析案件的争议焦点、法律适用和可能的解决方案。
2. 法律文书起草：要求候选人根据指定的情景和要求，撰写一份法律函件、合同条款或其他法律文书。
3. 法律法规和案例研究：提供一些法律法规或案例，要求候选人分析其中的关键问题、法律原则和判决结果。
4. 法律术语和定义：提供一些常见的法律术语，要求候选人解释其含义并在实际案例中加以运用。
5. 民商事诉讼程序了解：要求候选人解释民商事诉讼的一般程序和流程，并描述各个程序环节的关键步骤。
6. 专业知识测试：根据岗位要求，提出一些与房地产建设工程行业法律相关的专业知识问题，以评估候选人在该领域的了解程度。
7. 案例解决能力：提供一个复杂的案例，要求候选人分析问题、找出关键问题、提供解决方案，并解释其法律依据。
8. 法律伦理和职业操守：提出一些与法律伦理和职业操守相关的情景问题，要求候选人表达自己的看法和处理方式。

这些笔试题目将帮助评估候选人在法律知识、案例分析、文书起草、解决问题和专业领域理解等方面的能力。根据具体需求，您可以从中选择适当的题目组合进行考察。同时，注意根据岗位要求和候选人的经验水平进行难度的适度调整。

图 4－21　让 ChatGPT 设计笔试题目

从 ChatGPT 的回答中，我们已经得到了较为全面的笔试题目类型和设计思路，其中，对于一些较为个性化、专业化的考察需求，如“民商事诉讼案例分析”，我们可以直接使用招聘方已有的经办案例；对于一些稍具普遍性的问题，比如“法律伦理和职业操守”，我们可以要求 ChatGPT 直接给出具体题目，以下是一些参考的提示词：

提示词 1：你是一名中国的资深律师，你认为在律师执业过程中，通常会遇到哪些法律伦理和职业操守方面的问题，请列举5种情形。

提示词2：请你扮演一名律师事务所资深HR，专门就法律伦理和职业操守方面，设计具体的笔试题目，要求可以考察应聘者在该方面的能力。

(三)设计面试流程

接下来，让我们请 ChatGPT 设计一下面试流程：

JC 请你帮忙设计一下面试的流程。

当然，以下是我为这个律师助理职位设计的一种可能的面试流程：

1. 欢迎和自我介绍（5分钟）

面试开始时，面试官应向候选人表示欢迎，并向其介绍自己的角色和背景。接着，面试官可以请候选人进行自我介绍，包括他们的教育背景、工作经历、特长和兴趣等。

2. 职位相关问题（30分钟）

在这个环节，面试官应提问与候选人申请的职位相关的问题，以了解他们是否具备完成工作任务的知识和技能。可能的问题包括：

- 请描述一下你在过去的工作中处理过的一个具有挑战性的法律案件。
- 请问你对民商事诉讼有何理解？你能提供一些实际的案例来说明你的理解吗？
- 请描述你如何处理和客户的关系，特别是在遇到困难或冲突时？
- 对于房地产建设工程行业的法律问题，你有什么特别的见解或经验？

3. 行为面试问题（20分钟）

在这个环节，面试官应提问一些行为面试问题，以了解候选人在过去的经验中是如何处理具体情况的。可能的问题包括：

- 请描述一次你在压力下成功完成任务的经历。
- 请描述一次你必须处理多项任务的情况，以及你是如何优先处理这些任务的。

4. 个性和团队合作相关问题（15分钟）

在这个环节，面试官应提问一些关于候选人个性和团队合作能力的问题，以了解他们是否适合团队的工作环境和文化。可能的问题包括：

- 在团队中，你认为自己的角色是什么？你如何与团队成员协作？
- 你如何处理工作中的冲突或困难？

5. 候选人提问环节（10分钟）

在面试的最后，面试官应给候选人一个提问的机会，这可以帮助他们更好地了解职位和公司。

6. 面试结束和后续步骤（5分钟）

最后，面试官应感谢候选人参加面试，并向他们解释接下来的步骤，包括何时会收到反馈以及可能的下一步流程。

这是一个基本的面试流程设计，可以根据实际情况进行调整。

图 4－22　让 ChatGPT 设计面试流程

由图 4－22 可以看到，ChatGPT 也是较全面地列出了一场面试中应有的环节，甚至非常“贴心”地给出了“计划用时”。另外，对于比较容易忽视的“应聘者（候选人）提问”环节，它也没有遗漏，非常周全地考虑到预留机会给应聘者提问了解招聘单位的其他情况，这也符合招聘者与应聘者双方尽量了解对方、互相匹配需求的特点。

（四）设计面试提问

在面试过程中，面试官必须要向应聘者进行提问，提问的问题非常重要，提问的目的是考察应聘者自身能力是否符合招聘单位需求。因此，我们请 ChatGPT 代劳设计一下面试提问：

JC 请你扮演一个面试官，你将会在面试时，向应聘者提问哪些问题？请设计一下问题，并罗列出来。

当然，以下是一些我会在面试中提问应聘者的问题，以帮助我了解他们的技能、经验以及他们是否适合这个职位：

1. 请简要介绍一下您自己。

这个问题可以让应聘者介绍他们自己的背景，包括教育、工作经历和他们如何对自己的职业生涯进行规划。

2. 您对民商事诉讼有哪些理解和经验?

这个问题可以让我了解应聘者对这个岗位核心任务的理解和他们在这个领域的经验。

3. 请举例说明您在处理法律案件时遇到过的一个挑战，并解释您如何解决这个问题的。

这个问题可以帮助我了解应聘者的问题解决能力和他们在面对压力或挑战时的表现。

4. 请描述您在房地产建设工程行业中的法律经验。

由于这个岗位需要有房地产建设工程行业的法律相关工作经验，所以这个问题可以帮助我了解应聘者在这个领域的专业知识和经验。

5. 您能否描述一次您需要在团队中协作以完成任务的经历?

这个问题可以帮助我了解应聘者的团队协作能力和他们在团队环境中的表现。

6. 当你与一个困难的客户打交道时，你会如何处理?

这个问题可以帮助我了解应聘者的人际交往能力和他们如何处理工作中的冲突或困难。

7. 对于本职位，您有哪些期待?

这个问题可以帮助我了解应聘者对这个职位的期望，以及他们如何看待自己在这个角色中的发展。

这些问题是用来评估应聘者是否具备该职位所需的技能和经验，以及他们是否适合公司的文化和团队环境。这个问题列表并不固定，可以根据实际需要进行修改和调整。

图 4－23　让 ChatGPT 设计面试题目

从 ChatGPT 设计的面试题目看，它能够从考察应聘者能力的角度，给出了非常实用的提问建议。值得注意的是，它还关注到此前曾提及招聘单位较为重视“房地产建设工程”这一方面的工作经验，因此也专门设计了一条有关该领域的提问。同样，如果我们对 ChatGPT 给出的提问清单不甚满意，或者希望它就某一条提问展开撰写，都可以继续进行追问。

（五）筛选简历

在面试之前，我们一般会有大量的简历筛选需求；在面试过程中，对于表现平分秋色的几个应聘者，我们一般也会回顾简历进行比对，择优录用。因此，我们请 ChatGPT 对两份简历进行“二选一”，看更推荐哪一位求职者：

JC 请你从以下两份简历，挑选一份，推荐一位你认为匹配我们招聘需求的应聘者，并说明录用的理由。

第一份简历：刘小帅，性别男，5年工作经验，意向职位：律师助理。教育背景：北京大学法学院 法学硕士。工作经历：北京市金砖律师事务所律师助理 深度经办50余项诉讼案件，10项非诉专项业务，经办多家国有企业、上市公司、世界500强民营企业、政府机构及事业单位的诉讼和非诉法律工作。诉讼工作包括：为"爱拼才会赢上市公司"（股票代码：2P750）办理相关证券虚假陈述责任纠纷、股权转让纠纷、金融借款合同纠纷、买卖合同纠纷等案件提供法律服务:主要工作包括案件研究（含撰写案件初步法律分析意见、案件大事记）、法律检索、草拟诉讼法律文书、整理证据清单及证据材料、参加庭审(含撰写开庭提纲)、会见委托人及与委托人沟通等诉讼全流程工作。非诉业务相关项目工作介绍详见简历附件：参与经办了广州戍翔集团在阿布扎比联营石油企业项目（涉及资产达2000多亿美元）、羊城新村城市更新股权投资项目、爱迈布麦上市公司投资项目争议危机处置项目等，负责撰写尽调文件清单、驻场尽调、撰写尽调报告/法律意见书及备忘录、撰写相关谈判函件、协助草拟交易文件、参与项目会议、回答法律咨询等工作。参与6个 IPO 项目工作，负责整理底稿、协助撰写相关法律文件(公司股份改制文件、上市申报文件、公司三会文件)、修改公司规章制度、协助完成尽职调查工作(如独立走访 6 家公司、现场尽调、撰写部分尽调报告:收购上市公司项目:参与某国企收购上市公司控股权项目，负责部分核查工作及尽调报告写作、法律研究;股权投资项目:全程参与4个股权投资项目尽调工作，撰写尽调报告，熟悉尽调报告写作:ABS/ABN 项目:参与4个 ABS/ABN 项目核查工作，了解 ABS/ABN项目法律风险及流程其他参与项目：新三板挂牌项目、某新三板公司非公开发行优先股项目、某上市公司发行可转债项目。

第二份简历：叶小美，性别女，4年工作经验，1.教育背景：兼具土木工程和法学双学位。2.顾问单位服务经历：中钢十四局、中心建设集团、中字头城轨、全国民营50强施工集团等，具备50+建设工程项目一线+全生命周期法律服务经验，曾代理施工企业起诉建设单位并成功确认1800万元工程款优先受偿权。3.熟悉文旅地产、建设工程环境保护、园林绿化工程方面的政府政策与法律合规，曾服务文化广电旅游体育局、原省旅游局、环保局、省环境科学研究院、林业和园林局下属单位等政府机关单位。4.擅长为建设工程项目经理投资文娱行业提供法律服务，包括影视、电商、直播、主播艺人经纪等，曾成功代理：某企业财务职务侵占打赏直播平台近千万元追偿案，某知名教育品牌与KOL讲师解约案，某国际化妆品广告违规工商处罚案，与国内一线明星艺人诉讼案。

我推荐录用第二份简历中的应聘者，叶小美。以下是我选择她的理由：

1. **多学科背景**：叶小美具备土木工程和法学双学位，这使她在解决涉及建设工程项目的法律问题时，能够融合技术和法律的角度，为项目提供全面的法律支持。
2. **广泛的实际经验**：她拥有多个行业领域的实际法律服务经验，包括建设工程、文旅地产、环境保护等，特别是50+个建设工程项目的一线法律服务经验，使她能够快速适应不同领域的法律问题。
3. **成功案例**：她在代理各类案件中有多项成功经验，例如代理财务职务侵占打赏直播平台近千万元追偿案、知名教育品牌与KOL讲师解约案、国际化妆品广告违规工商处罚案等，展现了她在法律纠纷处理方面的能力。
4. **政府合规经验**：叶小美还具备服务政府机关单位的经验，特别是在文旅地产和环境保护方面，这对贵公司与政府机构的合作和政策遵循至关重要。
5. **跨领域能力**：她不仅在建设工程方面有丰富的经验，还在投资文娱行业提供法律服务，这种跨领域能力使她能够在不同项目中发挥重要作用。

图 4-24 让 ChatGPT 择优录用

比较有意思的是，ChatGPT 并没有选择“字数更多”的一位，而是秉承着“匹配需求”的理念进行了推荐，从它的推荐理由看，也能发现它确实考虑了求职者的能力与招聘单位需求之间是否形成强关联。

(六) 发出 offer

最后让我们请 ChatGPT 拟一份 offer，以便我们通知应聘者被录用：

JC 好的，请你以北京市隆安（广州）律师事务所人事部的名义，向叶小美律师发出一份录用通知，并告知其准备好入职所需的文件。

主题：录用通知 - 隆安（广州）律师事务所

尊敬的叶小美律师，

我代表北京市隆安（广州）律师事务所的人事部，非常荣幸地通知您，经过我们深入的评估和讨论，我们决定向您提供律师助理的职位。我们被您丰富的工作经验和专业能力所吸引，认为您能很好地适应这个职位并对我们的团队做出重要贡献。

在您入职之前，我们需要您准备以下文件：

1. 个人简历及相关证明材料
2. 身份证明原件及复印件
3. 最高学历证书原件及复印件
4. 执业律师证书原件及复印件
5. 近期一寸照片两张
6. 联系方式以及紧急联系人信息
7. 健康体检报告

请您在入职的第一天带好这些文件，并直接提交给我们的人事部。如果有任何问题或需要帮助，您可以随时与我们联系。

再次感谢您选择我们的团队，我们期待您的加入，并相信您的加入将为我们的团队带来新的活力。

我们期待您在北京市隆安（广州）律师事务所开始新的职业生涯。

祝好，

北京市隆安（广州）律师事务所
人事部

图 4-25 让 ChatGPT 发 offer

值得一提的是，在我们第一次提问时，没有要求 ChatGPT 在 offer 中提醒对方带上入职文件，它确实也没有在回答中给出这一点内容。直到我们第二遍测试，明确在提示词中要求它提醒这一点时，最终的答案才增加了相应内容。因此这再次提醒我们，在使用 ChatGPT 过程当中，我们应该明白，它固然能大大提升我们的生产力，但是我们也要保持自己的思考和判断能力。

三、让 ChatGPT 成为应聘高手

（一）解读招聘公告

投简历之前应当有备无患。作为求职者，面对自己的意向岗位，第一步应该认真解读招聘公告。这个时候 ChatGPT 便能派上用场，让它告诉我们投简历之前应当做何准备：

JC

以下是一家互联网企业的招聘公告，我想应聘该岗位，并且非常想被录用。现在请你扮演一位资深HR，指导我在投简历之前，明确告诉应该提前做哪些准备？
招聘公告如下：
【招聘方向】法务专家-影视科技方向
【学历要求】本科以上
【工作年限】5年
【职位描述】
支持影视科技板块的法务工作，提供法律合规及风险防范建议；
识别并处理公司研发和经营活动中的风险，提出高效解决方案；
拟定或审阅合同，参与复杂商务谈判；
保护公司的科技创新成果和知识产权；
进行法律合规宣传与培训；
研究产业法律法规，跟踪立法趋势和司法判例；
处理突发事件、临时交办工作及其他日常法务支持。
【职位要求】
法学本科以上学历，通过法律职业资格考试；
5年以上科技型企业法务和/或律师事务所工作经验，优先考虑有AI类产品/算法合规经验者；
思路清晰，逻辑缜密，独立思考和解决问题能力强；
对全球影视制作新技术有求知欲，具备学习和接受新事物的能力；
抗压能力强，适应高强度工作环境；
积极主动乐观，善于团队协作和沟通；
具有良好的表达和文字能力，英文流利者优先考虑。

作为一位资深HR，我很高兴能指导您在投递简历之前做好准备。以下是您应该提前准备的事项：

1. 更新简历：确保您的简历详细、清晰，并突出与该岗位相关的经验和技能。强调您在科技型企业法务和律师事务所的工作经验，并提及AI类产品/算法合规经验（如果适用）。
2. 撰写求职信：撰写一封精简明了的求职信，表达您对该岗位的浓厚兴趣，并说明您符合招聘公告中列出的职位要求。突出您的思维清晰、逻辑缜密和独立解决问题的能力。
3. 准备面试答案：思考并准备针对职位要求的面试问题的回答。强调您的学习能力、适应能力和团队合作能力。准备实际案例，展示您在处理复杂商务谈判、保护知识产权以及解决法律风险方面的能力。
4. 研究公司和行业：深入了解该互联网企业的背景、核心业务以及影视科技领域的发展趋势。了解他们的价值观和文化，以便在面试中展示您对该企业的兴趣和适应度。
5. 语言能力准备：如果您希望提升在英文流利方面的竞争力，复习相关的商务英语词汇和表达方式，确保在面试时能够流利沟通。
6. 自我评估：回顾您在过去的5年中的工作经历，评估自己在法务和影视科技领域的经验和技能，确保能够与职位要求相匹配，并准备展示这些技能的具体例子。

记住，面试前的准备非常重要。通过提前准备，您可以展示出您的专业素养和适应能力，增加成功获得该职位的机会。祝您投递简历顺利，希望您能成功进入下一轮面试！

图 4－26　ChatGPT 给出投简历的准备建议

从 ChatGPT 给出的回答看，他的建议还是非常全面而实用的，尤其它还考虑了，在投简历的同时还应当准备一封《求职信》，更能让 HR 感受到诚意和用心。另外，ChatGPT 还建议求职者“研究公司和行业”，这一动作其实在求职实践中至关重要，一方面可以让你更了解招聘单位的情况，在面试中游刃有余；另一方面也能在面试官面前展示出优秀的信息检索能力，在他们心目中留下一个“准备十分充分”且“非常关注企业”的好印象。除了通过公开渠道了解招聘单位的经营信息、新闻报道和企业文化等，我们在这个环节，可以借助 ChatGPT，深度了解招聘单位更多资本市场动态、投资计划和财务经营状况等重要信息。

（二）优化简历

简历贵在有“重点”和“亮点”，一是直接、简洁，能直接突出重点；二是有引人注目的闪光点，能吸引 HR 关注。一言以蔽之，尽量要让 HR 一眼看出“你就是他们想要找的那个合适的人”。话不多说，我们先把一份简历发给 ChatGPT，让它进行优化。

JC

假设你是上述互联网企业的HR，请你以录用的标准，来协助我修改简历，确保我的简历详细、清晰，并突出与该岗位相关的经验和技能，强调我在从事律师期间有直接相关的工作经验，并提及AI类产品/算法合规/数据合规经验。
以下是我的个人简历，请根据上述要求进行修改：

一、擅长领域：文化娱乐、网络传媒、知识产权

二、工作经历：北京市隆安（广州）律师事务所律师，具备"法学+工学"双重专业背景。服务客户：包括文化广电旅游体育局、环保局等政府机关单位、大型房地产与建设工程企业，以及各大互联网企业。

三、教育背景：广东隆安大学法学学士、西北有鲤大学工学学士

四、曾担任社会职务：1.有鲤市律师协会文化传媒与体育娱乐法律专业委员会委员；2.有鲤市人大常委会立法专家座谈会列席代表。

五、经办案例
（一）争议解决：互联网/文化传媒
1.某头部视频平台QSV视频解析软件侵权首案；
2.2022年度广州互联网法院司惩1号案；
3.某知识付费平台与曾被央视报道"塔罗占卜"网红的塔罗牌课程著作权纠纷首案；
4.某头部教育平台与知名讲师解约及"反网暴"案；
5.代理某企业财务职务侵占打赏虎牙直播平台近千万元型刑民交叉案
6.某国民网游广告不正当竞争纠纷。
7.某一线明星互联网侵权诉讼案；
8.为冬奥会游泳国家队合作插画师作品被侵权案提供法律服务；
9.为某知识付费平台网络课程"被洗稿"提供专项维权服务；
10. 中国第一所网络大学"万X大学"跑路维权案；
11.小X租房、蛋X公寓租房品牌"爆雷"维权案。

（二）合规：互联网/广告/舆情公关
1.为某知名视听传媒平台提供个人信息、隐私政策、用户协议合规；
2.为某网络视频平台提供"工商监管及投诉应对"合规服务；3.为某国际化妆品企业提供广告合规服务；
4.为某4A广告公司提供法律服务；
5.为某互联网教育平台在多次遭遇"网络暴力""消费者舆情"的事件中提供舆情处置和危机公关服务；
6.为学校（及多家教育培训机构）提供"学生、家长、学校、社会"多维度的舆情事件处置指导；
7.为某智能科技公司"人工智能+体育产业"项目提供法律合规服务；
8.组成"律师+高校学者"课题组就国家网信办《生成式人工智能服务管理办法（征求意见稿）》提出立法建议；
9.参与某公司B轮融资前专项数据合规背调及算法评估；
10.协办某电商平台涉嫌个人信息违规专项检查应对工作；
11.负责某通讯央企集团数据合规内控
12.参与审计某平台个性化推荐算法优化；
13.经办苹果开发者账号"D-U-N-S"编号冒用案；
14.办理某医学中心人工智能和数据分析专项服务；
15.参与某公司盲盒算法纠纷应对工作。

（三）文化旅游/文博非遗
1.为某文化广电旅游体育局起草《规范文化、广电、旅游、体育市场行政处罚自由裁量权的适用规则》；
2.有鲤市非物质文化遗产研究与文创研发工作站专项法律服务；
3.腾讯与某文旅部门疫情纾困数字消费券项目合规；
4.某文物遗址数字化博物馆项目合规；
5.服务多个文物修缮工程、省级文物保护单位申报项目；
6.服务多个政企合作文旅投融资项目；
7.某旅游投诉专项法律服务。

图 4－27　要求 ChatGPT 修改简历

以下是 ChatGPT 修改后的简历。

个人简历

基本信息：

- **擅长领域**：互联网合规、知识产权、网络传媒、文化娱乐、AI产品/算法合规、数据合规。

教育背景：

- **广东隆安大学**：法学学士
- **西北有鲤大学**：工学学士

工作经验：

- **北京市隆安（广州）律师事务所**：律师
  - 深耕于"法学+工学"交叉领域，为政府机关、大型房地产、建设工程企业及互联网企业提供法律服务。

重点工作经历与案例：

互联网/文化传媒：

1. 代理某头部视频平台解决QSV视频解析软件侵权首案。
2. 参与2022年度广州互联网法院司惩1号案。

互联网合规/广告/舆情公关：

1. 为知名视听传媒平台提供用户隐私政策、个人信息和用户协议合规指导。
2. 为网络视频平台提供工商监管及投诉应对合规服务。
3. 参与某智能科技公司"AI+体育产业"项目的法律合规咨询。
4. 协同高校学者，针对国家网信办《生成式人工智能服务管理办法》提供立法建议。
5. 参与某公司B轮融资前的数据合规背调及算法评估。
6. 负责某通讯央企集团的数据合规内控项目。
7. 参与某平台的个性化推荐算法优化审计。

文化旅游/文博非遗：

1. 为某文化广电旅游体育局起草市场行政处罚自由裁量权规范。
2. 腾讯与某文旅部门疫情纾困数字消费券项目合规指导。

社会职务：

1. 有鲤市律师协会文化传媒与体育娱乐法律专业委员会：委员
2. 有鲤市人大常委会立法专家座谈会：列席代表

此简历修订的重点是强调您在AI产品/算法合规/数据合规的经验，并确保简历内容结构清晰、有逻辑性。希望这个修改后的版本能帮助您更好地展示自己的专业背景和经验。

图 4－28　ChatGPT 改好的简历

从 ChatGPT 对简历的修改结果看,它还是比较擅长"挑重点"的,能在简历原稿庞杂的内容当中,筛选出与招聘需求相关的重点内容,删除了无关的业绩案例。另外,它此前提醒我们注意强调"AI 类/算法合规"领域的经验,在优化简历的过程中,它也着重罗列了这方面的业绩亮点。

(三)准备自我介绍

自我介绍几乎是所有面试中的第一环节,它决定了面试官对求职者的第一印象。能否把握好这短短的 1—2 分钟机会做好自我介绍,对求职者而言至关重要。因此,在面试之前,我们可以让 ChatGPT 辅助我们做好准备。注意一个技巧,我们可以先让 ChatGPT 给出一个评价标准,让它自己明白"什么才是好的自我介绍"。

JC

你是一名资深的面试官,你认为求职者在面试中,一段好的"自我介绍"应该是怎么样的,请给出评价标准。

一段好的"自我介绍"在面试中占据了非常重要的位置,它不仅能帮助面试官更好地了解你,而且还能向面试官展示你的沟通技巧和个人品牌。以下是我作为一名资深面试官,对于"自我介绍"的评价标准:

1. **简洁清晰**:自我介绍应该是简洁而清晰的,不要过于冗长。面试官往往需要在短时间内进行多次面试,因此他们通常希望听到一段简洁、高效、有焦点的自我介绍。
2. **突出关键点**:自我介绍应该明确地突出你的关键技能、经验和成就,这些内容需要直接和应聘的职位相关。告诉面试官,你为什么是这个岗位的理想人选。
3. **展示个人品牌**:你的自我介绍应该展示你的个人品牌,包括你的职业目标、价值观、工作态度等。这不仅能让面试官更好地了解你,而且也能表明你对自己的职业生涯有明确的方向和规划。
4. **应用实例**:通过具体的工作经验和成就来证明你的能力。这样不仅能支持你的自我介绍,也能使你的介绍更具说服力。
5. **与职位匹配**:自我介绍应与你申请的职位紧密相关。研究职位描述,了解他们在寻找什么类型的候选人,然后在自我介绍中突出这些技能和经验。
6. **讲述个人故事**:通过讲述一个个人的、独特的故事,可以让你在面试官心中留下深刻的印象。这个故事可以是你解决问题、实现目标的过程,也可以是你的职业启示或转变。
7. **热情和自信**:自我介绍应展示出你对职位的热情以及对自己能力的自信。如果你表现出真正热爱这个工作,并对自己有足够的信心,那么面试官就更可能看好你。

记住,每次面试都是一次机会,让你有机会展示自己,并证明你是这个职位的理想人选。因此,你的"自我介绍"应该足够吸引人,并能让面试官记住你。

图 4-29 让 ChatGPT 给出自我介绍的评价标准

通过提问，让 ChatGPT 自己掌握了自我介绍的“得分标准”。令人惊喜的是，它非常懂得“讲故事”的重要性，而实际上在面试过程中如果能讲一个个性鲜明的故事，确实有助于展示个人实力，以及给面试官留下深刻印象。更厉害之处，在于 ChatGPT 提及讲故事的内容，可以是“职业启示和转变”，这一点可以充分体现出它的“审题能力”超强，因为它完全记得我们此前给出的简历信息显示上一份工作是律师，这一次的求职意向是企业法务。估计也是基于此，ChatGPT 也非常“温馨”地提示求职者应当向面试官坦诚分享“职业转变”的想法。

既然 ChatGPT 明白了自我介绍的评价标准，我们就让它自己写一段自我介绍，看看内容质量如何：

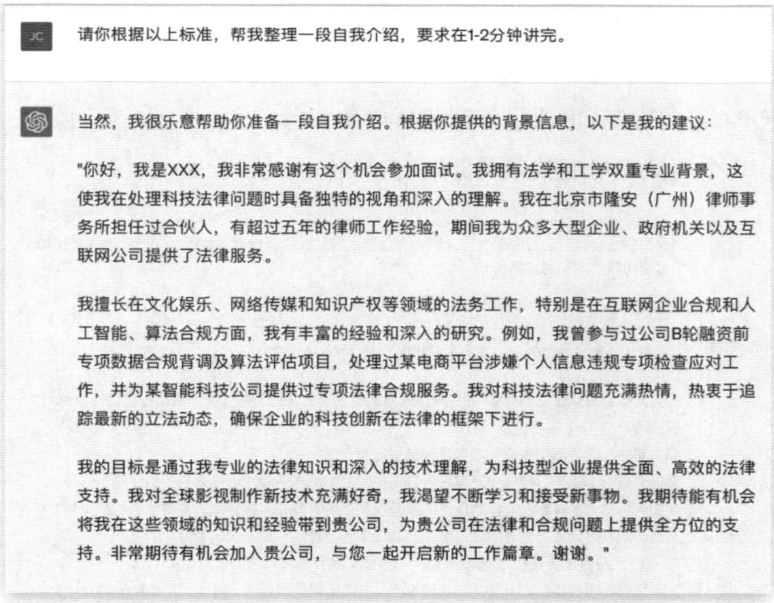

JC　请你根据以上标准，帮我整理一段自我介绍，要求在1-2分钟讲完。

当然，我很乐意帮助你准备一段自我介绍。根据你提供的背景信息，以下是我的建议：

"你好，我是XXX，我非常感谢有这个机会参加面试。我拥有法学和工学双重专业背景，这使我在处理科技法律问题时具备独特的视角和深入的理解。我在北京市隆安（广州）律师事务所担任过合伙人，有超过五年的律师工作经验，期间我为众多大型企业、政府机关以及互联网公司提供了法律服务。

我擅长在文化娱乐、网络传媒和知识产权等领域的法务工作，特别是在互联网企业合规和人工智能、算法合规方面，我有丰富的经验和深入的研究。例如，我曾参与过公司B轮融资前专项数据合规背调及算法评估项目，处理过某电商平台涉嫌个人信息违规专项检查应对工作，并为某智能科技公司提供过专项法律合规服务。我对科技法律问题充满热情，热衷于追踪最新的立法动态，确保企业的科技创新在法律的框架下进行。

我的目标是通过我专业的法律知识和深入的技术理解，为科技型企业提供全面、高效的法律支持。我对全球影视制作新技术充满好奇，我渴望不断学习和接受新事物。我期待能有机会将我在这些领域的知识和经验带到贵公司，为贵公司在法律和合规问题上提供全方位的支持。非常期待有机会加入贵公司，与您一起开启新的工作篇章。谢谢。"

图 4－30　ChatGPT 撰写自我介绍

得到 ChatGPT 的回答后，我们对照它自己此前给出的评价标准，可以判断这份自我介绍也只能算是中规中矩。不过也难怪，因为 ChatGPT 对求职者不够了解，它在作答时的素材来源仅限于简历信息，而真正要在面试中使用的自我介绍，必定是具有更多个性化内容的。因此，基于 ChatGPT 的上述回答，其实已经“够用”，我们只需要在此基础上，对照着评价标准，结合自己的个性化信息，进行完善。这样一来，想得到一段优秀的自我介绍其实也并不难。

（四）模拟面试问答

至此，我们在 ChatGPT 的帮助下，看似做好了充分的面试准备。但令求职者最为“忐忑紧张”的环节，莫过于面试中回答面试官的提问了。虽然我们无法“未卜先知”，但借助 ChatGPT，我们依然可以要求它扮演面试官，提前进行充分的面试问答模拟。因为面试中提问的问题内容可能比较多，如果我们希望用 ChatGPT 来启发“面试提问与参考答案”，最好还是不要太贪心，建议采取提示词技巧中“分解任务”的思路，即先要求 ChatGPT 给出提问，再让它罗列相对应的参考答案。因此，我们要求它先列出 10 个面试中可能被问及的问题。

JC 请你扮演该互联网企业的面试官，假设你在面试我的时候，你会问我哪些问题？请你列出10个可能向我提问到的问题。

很高兴能在面试中遇到你，下面是我想向你提问的一些问题：

1. 你为什么会对这个法务专家-影视科技方向的岗位产生兴趣？你觉得你自己是如何符合这个职位的？
2. 你之前的工作经历中有哪些成就是你最引以为豪的？
3. 你能否举一个例子，描述一下你在处理法律风险和商业策略之间寻求平衡的经验？
4. 你如何保持对全球影视制作新技术的敏感度和了解？你在科技法律方面有什么样的见解？
5. 在你的职业生涯中，你遇到过最复杂的法律问题是什么？你是如何处理它的？
6. 在AI类产品/算法合规/数据合规方面，你有哪些独特的经验或看法？
7. 如果我们的技术团队在开发一个新的AI产品，你将如何提供法律建议以帮助他们遵守相关的法规？
8. 你怎么看待在一个高强度的工作环境中工作？你如何管理压力并保持高效率？
9. 在团队协作中，你如何处理可能出现的冲突？你能分享一个实际的案例吗？
10. 你的职业发展计划是什么？你希望在我们公司能实现什么样的目标？

希望这些问题能帮助我更好地了解你，以便我们可以更好地评估你是否适合这个角色。谢谢你的配合。

图 4-31　ChatGPT 扮演面试官提问

如前所述，我们接下来要求 ChatGPT 给出“优质答案”：

JC　你作为面试官，对以上问题，你认为面试者给出什么样的答案，会让你觉得表现十分优秀、值得录用。按此标准，请你为我准备好答案，要求分别对应以上10个提问，给出10个优质答案。

很好，以下是我认为的优秀答案：

1. 我一直对影视科技产业有着强烈的兴趣，而且我的法律背景与技术背景使我更能理解此领域的法律挑战。我在互联网企业合规、人工智能合规和算法合规等方面有丰富的经验，我相信这些能力可以帮助我在这个职位上成功。
2. 我最引以为豪的成就是在我服务的律师事务所期间，我参与并完成了很多具有挑战性的法律项目，包括与AI和数据合规相关的工作，这些经验让我具备处理复杂法律问题的能力。
3. 在处理法律风险和商业策略的平衡时，我会首先深入理解业务和技术背景，然后进行全面的法律风险评估，最后在保护公司法律利益的前提下，提供可行的商业策略建议。
4. 我一直关注AI和科技行业的最新动态，通过参加专业研讨会、阅读行业报告和与行业专家交流，保持对新技术的了解。在科技法律方面，我认为合规是最重要的，同时也需要注重保护数据隐私和知识产权。
5. 我曾经处理过一个涉及AI和数据隐私的法律问题，由于法规的不明确，这个问题相当复杂。我通过研究相关法律案例和咨询专家，为客户提供了一个满意的解决方案。
6. 在AI类产品/算法合规/数据合规方面，我认为最重要的是预见潜在的法律风险，并制定出相应的法律策略。我曾经参与过公司B轮融资前专项数据合规背调及算法评估，这让我深入理解了这个领域的问题。
7. 在开发新的AI产品时，我会积极参与并提供法律建议，包括但不限于数据隐私、知识产权保护、算法公正性等方面，确保产品的法律合规性。
8. 我非常适应高强度的工作环境，我认为有效的时间管理和压力管理是关键。我会按照优先级来安排我的工作，并保持健康良好的和生活习惯来抵抗压力。
9. 在团队协作中，我认为沟通和理解是解决冲突的关键。我会尽量理解他人的观点，然后通过有效的沟通和讨论来解决问题。
10. 在我的职业发展计划中，我希望能在法律和科技的交叉领域做出更大的贡献。在贵公司，我希望能帮助公司处理更复杂的法律问题，并在科技法律领域有所突破。

图 4－32　ChatGPT 扮演面试官给出优质答案

如果我们认为面试官对上述某个问题会特别感兴趣，有可能会和我们就该问题进行持续延伸的探讨。那么，我们也可以让 ChatGPT 对具体问题“展开说说”：

JC

对于第3个问题“你能否举一个例子，描述一下你在处理法律风险和商业策略之间寻求平衡的经验？”，我希望你给出更详细的答案，足以打动面试官。

当然可以，以下是一个更具体的例子：

在我曾经服务的律师事务所期间，我有机会参与一个复杂的数据合规项目，客户是一个初创的AI技术公司，它需要处理大量的用户数据以优化算法。然而，当时新的数据保护法规刚刚实施，对于数据的处理和保护有着严格的要求，违规的罚款是巨大的。同时，公司也面临着商业压力，如果不能有效地利用数据，它的算法将无法与竞争对手抗衡。

在这种情况下，我首先对新的法规进行了深入研究，并向客户解释了这些新规定对其业务的潜在影响。同时，我也和公司的技术团队深入讨论，了解他们的技术需求和数据处理流程。这样，我得以准确地评估了公司面临的法律风险和商业风险。

接着，我与公司的高层和技术团队一起，设计出一个合规的数据处理策略，既能满足法律要求，又能保证算法的有效性。这个策略包括对敏感数据进行去标识化处理，对数据的存储和传输采取加密技术，并设置了数据访问权限等级，只允许有授权的员工访问必要的数据。

虽然这个策略在短期内带来了一些成本，但它确保了公司的合规性，避免了可能的法律风险，也维护了公司的声誉。长期来看，这个策略让公司在数据处理上有了清晰的方向，有利于公司的发展。

这次经历让我深刻理解到，法务专家不仅需要了解法律，也需要理解业务和技术，才能在法律风险和商业策略之间找到平衡，为公司提供高效的解决方案。

图 4－33　要求 ChatGPT“展开说说”

ChatGPT 这次的回答，可以说是令人满意的，在结构上采用了“故事＋观点”，故事在内容上是切题的，观点也是有价值的——企业法务既需要懂法也要懂行业（业务和技术），既要控制法律风险也要实现与商业目的的平衡。

（五）撰写介绍信

最后，别忘了 ChatGPT 曾提醒我们，需要准备一份介绍信，以显示求职者的用心。更重要的是，求职背景是“律师”向“法务”的转变，需要在介绍信中给出合理解释。因此，我们请 ChatGPT 撰写这样一份介绍信。

JC 请帮我撰写一封求职信，并且对我放弃律师职业，转向企业法务岗位的求职转变，给出合理的、令人信服的解释。

主题：申请法务专家-影视科技方向职位

尊敬的招聘团队，

我叫XXX，是一位专业的律师，现在对贵公司的法务专家-影视科技方向职位表示深深的兴趣。我有着扎实的法律专业背景，同时在AI类产品/算法合规/数据合规方面具备丰富的经验。在我多年的职业生涯中，我服务过不同类型的客户，包括政府机关、大型企业，以及各大互联网企业。我有信心能够在贵公司的法务部门发挥出色的表现。

关于我为什么放弃律师职业，转向企业法务岗位，我有如下的考虑。在我过去的律师工作中，我深深体验到了为企业在法律风险和商业策略之间找到平衡点的挑战和乐趣。我发现，虽然我享受律师的角色，但我更渴望深度参与一个企业的业务决策，从内部理解企业的运作，为企业的成功提供持续的法律支持。我希望我能在贵公司的这个岗位上，更好地利用我在法律和科技方面的专业知识，服务企业的整体战略目标。

我对影视科技非常感兴趣，我希望能利用我的专业技能和知识，支持贵公司的创新发展。我对全球影视制作新技术有求知欲，具备学习和接受新事物的能力。我相信，我能够提供及时、准确的法律建议，帮助公司处理各种法律问题，并确保公司的科技创新在法律框架下进行。

我期待有机会进一步讨论我的申请，并向你们展示我能为贵公司带来的价值。谢谢你们花时间阅读我的申请。

敬祝商祺，

[你的名字]

图 4－34　让 ChatGPT 写求职信

可以说，ChatGPT 还是较好地理解了律师和法务的工作区别，以及能写出法务对企业的差异化价值——深度参与业务，为企业运作提供支持。

第四节　让法律人做“故事大王”

一、场景

作为法律人，在忙碌于工作的同时，往往也要兼顾家庭，尤其是身为父母的法律人家长，带娃成了“繁重”的活儿。带娃的时候，讲故事是“刚需环节”。但我们往往不想敷衍了事,我们更希望能给孩子讲一个情节丰富、有意义的故事,让孩子在听故事的过程中,得到启蒙。

因此,本节旨在介绍如何使用 ChatGPT 类 AI 工具,用最少的时间,讲最好的儿童启蒙故事。

二、为什么要用 AI 定制儿童故事

(一)定制的好处

如今市场上充斥着眼花缭乱的儿童故事 APP、故事点读机及有声故事玩具。网络上随便搜索,也能弹出一堆的儿童故事版本。那我们为何还要用 AI 定制儿童故事呢?定制最大的意义,在于符合个性化需求。众所周知,一个好的故事,对儿童要有启蒙和教育意义。但每个小朋友的年龄、经历和性格都不一样,可能就存在不同的“启蒙需求”。

比如,一个热爱奥特曼的小孩子不爱刷牙,那我们就可以让 AI 讲一个有关“牙齿健康”的故事,同时融入奥特曼的角色,让小朋友在听故事中明白保护牙齿的重要性,更重要的是借助其“偶像”奥特曼的声望,帮助小朋友养成刷牙习惯。同样地,当小孩子对“金钱和劳动”没有概念、小孩子对数学知识学习产生畏难情绪、小孩子觉得唐诗宋词难以理解和记忆……我们统统可以借助 AI,通过生成一个又一个有趣的故事,让小朋友乐在其中,让家长倍感轻松。

(二)定制的思路

1. 界定一个好故事的标准:何为一个好的儿童启蒙故事?比如,既能符合儿童调性又传递积极意义。假如你不知道,可以直接向 ChatGPT 提问。

2. 有教育意义:每个孩子都有其优点和缺点,根据每个孩子的经历和性格不同、不同成长阶段,家长有可能期望孩子学会勇敢、智慧、乐于助人等优秀品质。根据不同的需求,可借助 ChatGPT 定制不同类型的故事。

3. 融入人文经典:经典名著、历史典故、文化遗产等优秀传统文化是

儿童的优质精神食粮。借助 ChatGPT,我们可以把严肃艰深的人文经典,转化为引人入胜的儿童故事,向孩子们娓娓道来。

4. 帮助学业:数学知识难理解、古诗词难背、英文单词难记……交给 ChatGPT,用一个又一个有趣的故事,寓教于乐。

5. 进阶减负:故事写好了,家长如果不想读,也还有"偷懒"的办法,直接借助软件工具,一键生成短视频,自带有声播放、配字幕和搭配画面的功能,秒制"故事片"。

三、如何用 AI 定制儿童故事

(一)让 ChatGPT 给我们提示词

想要写好故事,得明白好故事的标准在哪里,这一回,可以让 Chat GPT 来提示我们,一个好故事要符合哪些要求。

JC 你认为一个好的儿童启蒙故事,应该具备哪些特征(即符合哪些要求)?

一个好的儿童启蒙故事,我认为应该具备以下几个特征:

1. 故事内容健康:首先,故事的内容应该是健康的,没有暴力、色情等不适宜儿童的元素。同时,故事应该反映积极健康的价值观,鼓励孩子们形成良好的人格特质。
2. 含有教育元素:故事应该包含一些教育元素,例如教育孩子们学会友善、公平、诚实、勤奋、尊重他人等。同时,也可以通过故事向孩子们传递一些基础的知识,比如生物、科学、历史等。
3. 语言简洁明了:由于是面向儿童的,所以故事的语言应该简单明了,容易理解。同时,也可以适当使用一些生动有趣的形象和比喻,来提高孩子们的阅读兴趣。
4. 情节引人入胜:好的故事应该有吸引人的情节,能够吸引孩子们的注意力,让他们有兴趣一直听下去。情节可以有冲突和解决,也可以有悬念和惊喜,帮助孩子理解世界的复杂性。
5. 角色形象生动:角色是故事的灵魂,好的角色应该是生动的,有特点的,能够引起孩子们的共鸣。同时,角色的性格和行为也可以作为教育孩子的手段。
6. 启发性和想象力:好的故事应该能够启发孩子们的思考,激发他们的想象力。可以是一个开放的结局,也可以是一个需要思考的问题,让孩子在听故事的同时,也在思考和学习。

以上是我认为一个好的儿童启蒙故事应该具备的一些特征,当然,具体还需要根据孩子的年龄和兴趣等进行适当的调整。

图 4-35 ChatGPT 评价好故事的标准

(二)对故事进行分类

举例,根据给儿童讲故事的一般需求,我们可以要求 ChatGPT 学习“虚构型故事”和“典故型故事”两个类别,同时让它明白这两类故事有着不同的创作要求、功能。

JC 好的,让我们将儿童启蒙故事分为两类,第一类为“虚构型故事”,即从角色到故事情节,均为虚构创作,你在创作此类“虚构型故事”时,应当符合上述特征和要求;第二类为“典故型故事”,可以是直接把历史人文典故解读给儿童听,也可以是在历史人文典故基础上加入一定的创作内容,成为儿童可接受的改编故事,你在创作“典故型的故事”时,需要结合优秀的历史人文典故,比如中国四大名著、中西方神话故事等已有的典故,做到向儿童“传承人类美好精神文化”“理解中西方文化差异”“认识古今文化差异”的教育目的,目标是有利于儿童在当今社会中学习和成长。请问你明白了吗?

我明白了您的意思。所以,我们有两类儿童启蒙故事:一类是"虚构型故事",这类故事完全出于创作,所有的角色和情节都是虚构的,但需要满足我之前提到的一些特征和要求。第二类是"典故型故事",这类故事基于已有的历史人文典故,可以是直接解读,也可以是加入一些创作元素,目标是传承人类美好的精神文化,理解中西方的文化差异,认识古今的文化差异,从而有利于儿童在现今社会的学习和成长。

针对这两类故事,虽然创作方式有所不同,但都要注重其教育价值和对孩子的启发性,尊重孩子的认知水平和接受能力,同时注重故事的趣味性和引人入胜的情节。对于"典故型故事",更需要对原有的历史人文典故有深入的了解和研究,以确保故事的准确性和教育性。

总的来说,无论是哪一类故事,都应尽可能地让孩子在听故事的过程中获得知识,启发思考,提升想象力,培养良好的人格品质,并在乐趣中学习和成长。

图 4-36 教会 ChatGPT 区分故事类型

(三)创作“虚构型故事”

接下来,让我们尝试创作一个“虚构型故事”。开始之前,我们依然让 ChatGPT 自己“教会”自己创作标准,即明确这一特定类型故事的创作标准。

JC　那么，如果我要创作一个好的“虚构型故事”讲给儿童听，我需要注意哪些事项，请你尽量详细地提示我。

创作一个好的“虚构型故事”讲给儿童听，你可以参考以下建议：

1. 设定明确的主题：首先，你需要确定故事的主题，是友谊、爱、勇气，还是公平、诚实等。这个主题会在整个故事中起到引导的作用。
2. 构建吸引人的情节：故事的情节需要吸引人，让孩子们有兴趣一直听下去。你可以创造一些冲突和挑战，然后让角色通过他们的智慧和勇气来解决这些问题。
3. 设计生动的角色：角色应该是生动有趣的，有自己的特点和性格。角色的行为和决定应该与他们的性格一致，这样可以让故事更具有说服力。
4. 使用简单明了的语言：记住，你的受众是儿童，所以需要使用简单明了的语言。尽量使用直接和具体的词汇，避免抽象和复杂的句子。
5. 添加教育元素：虽然这是一个虚构的故事，但你仍然可以添加一些教育元素。例如，你可以让角色在故事中学到一些生活技能，或者理解一些道德和价值观。
6. 鼓励孩子的想象力：让你的故事充满想象力。你可以创造一个奇妙的世界，或者用一种新的方式来看待我们的日常生活。这不仅可以吸引孩子的注意力，也可以鼓励他们的想象力。
7. 结尾要给出结论：结尾部分应明确地反映出故事的主题，给出角色和故事的结论。这个结论可以是一个道德教训，也可以是一个启发性的思考。
8. 考虑故事的节奏：好的故事应该有良好的节奏。开始部分引入角色和设置，中间部分加入冲突和挑战，最后部分给出解决方案和结论。
9. 互动性：如果可能，考虑将故事设计成互动式的，让孩子在听故事的过程中参与进来，例如，让他们猜测接下来会发生什么，或者在故事中找出特定的物品或字符。
10. 迭代和测试：你可能需要反复修改你的故事，让它更吸引人，更适合孩子。可以试着讲给一些孩子听，看看他们的反应，然后根据反馈进行调整。

以上就是一些创作虚构型儿童故事的建议，希望能够帮助你。

图 4－37　让 ChatGPT 给出“虚构型故事”的创作注意事项

明确创作标准后，我们参照标准，根据实际的教育背景需求（如下提问中所设定的小朋友具体遭遇），要求 ChatGPT 帮我们写一个符合要求的故事：

JC 好的，我明白你提示的“注意事项”了，现在我需要你协助我创作一个“虚构型故事”，你在创作时同样需要考虑上述“注意事项”，并且你应当着重考虑故事创作的背景需求：背景就是我有一个6岁的儿子，幼儿园大班在读，每次和小朋友玩游戏，都渴望得到第一名，一旦输了就会发脾气、伤心低落。所以我希望你创作一个故事，第一，故事内容和语言要适合他的年龄、身份和经历去理解；第二，故事创作要以可爱的动物为角色（因为我儿子很喜欢逛动物园、看动物世界、看海洋生物纪录片）；第三，故事主题要积极向上，传递正能量；第四，要有一个有趣的故事背景和世界观；第五，故事情节要引人入胜和跌宕起伏，有戏剧冲突；第六，故事结局要有现实教育意义，并且给出结论，让我儿子明白人在社会中要正确对待竞争和名次，要培养健康的心理和正确的三观；第七，故事节奏安排得当；第八，在故事中适当增加互动，让我儿子有参与环节。

当然可以，我会尽力帮助你创作一个符合要求的虚构型故事。

标题：森林中的运动会

在一个美丽且充满活力的森林中，住着各种可爱的动物们。小狮子勇猛、小兔子机智、小松鼠敏捷、小象力气大。

森林里每年都会举行一次盛大的运动会，所有的小动物都期待这个日子，因为这是他们展示自我，相互学习的机会。小狮子勇猛，每次都获得力量比赛的第一名；小松鼠敏捷，速度比赛无人能敌；小兔子机智，解谜游戏总是最快完成；小象力气大，却总是输在跑步比赛。

今年，小象下定决心，一定要在跑步比赛中赢得第一名。他每天早早起床，绕着森林跑圈。但是，无论他怎么努力，他总是落后于小松鼠和其他动物。

运动会那天，小象非常紧张，但他还是鼓起勇气参加了比赛。比赛开始，小松鼠、小兔子、小狮子等动物都飞快地跑出去，只有小象落在后面。

突然，小松鼠发现路边有一只小鸟受伤了，它停下来帮助小鸟。小狮子看到小松鼠停下来，也停下来帮忙。一会儿，所有的动物都停下来，帮助小鸟。

小象看到这一幕，他也停下来，他用长鼻子轻轻地把小鸟挪到一边，然后找来树叶遮阳，还找来水果喂小鸟。

最后，虽然小象在跑步比赛中没能获得第一，但是所有的动物都为他的善良和关心他人的精神鼓掌。

比赛结束后，森林里的长老动物，一只聪明的老猴子，告诉所有的小动物：“在比赛中，胜利是重要的，但更重要的是我们的友谊，我们的同情心，我们对生命的尊重。小象，你今天的表现让我们都为你感到骄傲，你是我们的真正的冠军。”

小象听了，脸上露出了开心的笑容。他知道，虽然他在跑步比赛中没能得第一，但他赢得了更重要的东西——尊重、友谊和爱。

现在，我想问你一个问题，你知道小象为什么是我们的真正的冠军吗？

图 4－38 让 ChatGPT 按注意事项创作虚构故事

对照创作标准后，我们可以发现 ChatGPT 写第一遍的故事，不太符合实际要求，且故事情节也没有很好地照顾我们鼓励、教育小朋友的需求。为了创作一个更高质量的故事，需要反复打磨，如下：

JC

你创作的这个故事不错，但是有几点需要改进：
1.核心角色为3个，分别为3种各有擅长技能的动物，直接根据动物自身命名，比如狮子就叫“小狮子”；
2.故事的第一层启蒙意义为“每个人都有自己的特长”，因此你需要设计一个或几个故事情节，能够更好地体现每种动物分别在不同环境下，各自凭借自身优势分别拿到第一名，从而让小朋友理解人同样也是不可能“在人生中永远都能拿第一名”，以降低小朋友的“冠军焦虑”，鼓励小朋友善于发现自己的优点，正确对待自己的劣势；
3.故事的第二层启蒙意义为“合作的重要性”，正因为动物之间都有自己的优势和劣势，你需要据此一个或几个故事情节，能够体现各个动物在面临一次重大的族群危机（比如森林火灾、地震海啸等危及生命安全的情形）之时，每种动物通过发挥自身优势，最后实现脱离险境、转危为安、取得胜利等好的结局。
如果你明白以上规则，请重新创作一个故事。

我明白了您的需求，这里是按照您的指导和要求修改后的故事：

标题：森林奥运会

在一个遥远而美丽的森林里，住着三个好朋友：力大无穷的小象力力、奔跑最快的小狐狸飞飞和聪明过人的小猴子聪聪。每年的这个时候，森林里都会举办一场盛大的奥运会，各种比赛项目让森林里的小动物们展现自己的才能。

在力量比赛中，力力靠着他强大的力量轻松地举起了最重的石头，赢得了比赛的第一名；在短跑比赛中，飞飞像一道闪电，以最快的速度跑过了终点，赢得了冠军；在解谜比赛中，聪聪用他聪明的头脑，一眨眼就解开了所有的谜题，拿下了第一名。

每个动物都有他们的优势，他们在各自擅长的比赛中取得了胜利。这使得力力、飞飞和聪聪都意识到了，每个人都有自己的特长和优势，这是我们应该感到骄傲的事情。

突然有一天，森林里的天空变得阴暗，一场大雨突然倾盆而下，雷声震耳欲聋。大雨引发的山洪让森林的小动物们陷入了危险之中。

力力用他的力气把被困的动物们从危险的地方移开，飞飞用他的速度为大家寻找安全的地方，聪聪用他的智慧指挥大家有序的撤离。最终，他们成功地帮助所有动物安全地躲避了危险。

这次经历让所有的小动物们更加认识到，尽管我们每个人都有自己的特长和优势，但当我们面临困难和挑战时，我们需要彼此的合作和帮助。只有这样，我们才能战胜任何困难，获得真正的胜利。

森林里的长老——一只慈祥的大象，赞扬了力力、飞飞和聪聪的表现，并向大家强调道：“无论我们是否能在比赛中获得第一，我们都应该明白，每个人都有他的独特之处，我们要学会欣赏和接纳。更重要的是，我们要学会在面对困难时团结协作，这才是我们的力量所在。”

大家听了，都深深地点了点头，他们记住了这个重要的教训。

故事结束后，我想问你一个问题：你认为力力、飞飞和聪聪哪个动物是真正的冠军，为什么呢?

图 4－39　要求 ChatGPT 改进创作

有意思的是，ChatGPT 有时会忘记我们的指令。比如上述故事中，我们已经明确了小动物的取名规则，但在回答时，它显然忘记了这个要求，把“小象”叫作“力力”。但因为它给三种小动物取的名字，比较容易记忆，也很符合角色身份技能，所以我们就没有必要让它纠正。ChatGPT 的这个特点，在我们使用它的过程当中，也是值得我们稍加注意的。

（四）创作“典故型故事”之一

让我们再来尝试创作一个“典故型故事”，同样地，我们还是让 ChatGPT 亲自“教学”，设定这一类型故事的创作标准：

JC 很好。那么如果我要创作一个好的“典故型故事”讲给儿童听，我需要注意哪些事项，请你尽量详细地提示我。

创作一个好的“典故型故事”讲给儿童听，你可以参考以下建议：

1. 选择合适的典故：首先，你需要选择一个适合儿童理解的典故。这个典故需要有教育意义，可以从中传达一些重要的价值观或生活道理。同时，典故的内容也不能过于复杂或深奥。
2. 语言简洁明了：对于典故的解读和讲解，需要使用简单、明了的语言，避免使用过于专业或难懂的词汇。尽可能用生动、形象的语言来描述故事，让儿童能够容易理解和记住。
3. 启发性和想象力：即使是典故，也可以尽量让它充满启发性和想象力。例如，你可以让孩子们想象故事中的场景，或者让他们想象如果他们是故事中的角色，他们会怎么做。这样可以提高儿童的参与度和兴趣。
4. 教育意义：在解读典故的过程中，需要强调其教育意义。你可以引导儿童思考故事的寓意，让他们理解和学习其中的道理。
5. 融入互动环节：在讲解故事的过程中，可以适当融入一些互动环节，例如提问、让儿童表达自己的看法等，这样可以提高儿童的参与度，让他们更加专注于故事。
6. 尊重原著：在创作典故型故事时，要尽可能保持对原著的尊重，尽量保留原著的主要内容和主题。
7. 结尾要给出结论：结尾部分应明确地反映出故事的主题，给出角色和故事的结论。这个结论可以是一个道德教训，也可以是一个启发性的思考。

以上就是一些创作典故型儿童故事的建议，希望能够帮助你。

图 4-40 让 ChatGPT 给出“典故型故事”的创作注意事项

以“航空航天”主题为例，我们希望对此进行故事创作，选择从小朋友的“兴趣爱好”出发，结合历史典故，讲述有现实教育意义的、积极向上的故事。因此，我们可以向 ChatGPT 交代这一创作背景，先不着急让它写故事，而是请它先给我们列举几个相关的历史典故，以提供充足的素材，如下：

JC

众所周知，中国现在取得举世瞩目的航空航天成就，既研发了国产大飞机C919成功投入民航飞行，也实现了载人航天目标。所以我想讲一个与“人类飞行、航空航天”有关的故事，这个故事需要援引几个典故，请列举出几个历史典故，能够体现中国人民千百年来的飞天梦想和追求、对飞翔的探索和冒险精神，例如明朝官员“万户”尝试用风筝和火箭飞天的故事、嫦娥奔月的神话等。

中国有许多与飞行、航空航天相关的历史典故和神话故事，以下是其中的一些：

1. 嫦娥奔月：这是中国最著名的神话之一，讲述了嫦娥为了保护不死药，飞到月亮上的故事。这个故事表达了中国人民对于月亮和太空的向往和探索。
2. 鲲鹏展翅：鲲鹏是中国神话中的一种大鸟，能够飞跃海洋。这个故事象征了人们对于自由飞翔的向往。
3. 萧公鸠飞：据《史记》记载，春秋时期鲁国的大夫萧公，用竹子和鸟羽制作了一只木鸠，可以在空中飞翔。这个故事是中国人类飞行梦想的早期实践。
4. 万户乘风筝：明朝时期，万户尝试乘坐风筝，希望能够通过人力飞行。这个尝试虽然失败了，但体现了中国人民敢于探索、勇于实践的精神。
5. 董永七仙女：这是一个脍炙人口的爱情故事，七仙女下凡与董永相爱，后来因犯天条被迫返回天界。故事中的七仙女能够自由飞翔，表现了人们对天空的向往。
6. 飞天：飞天是中国佛教艺术中的一种常见形象，通常描绘的是一位美丽的女性，翩翩起舞，在空中飞翔。飞天的形象体现了人们对飞翔的向往和追求。

以上这些典故，都可以用来讲述一个关于中国人民对于飞翔梦想的故事，表达他们对于探索未知、超越自我、追求自由的精神。

图 4-41 让 ChatGPT 提供典故素材

有了典故素材，我们向 ChatGPT 交代完听众年龄、创作需求，然后来看看，ChatGPT 写的故事初稿质量如何：

JC

好的，我家6岁的儿子，非常喜欢航空航天主题元素，他准备在幼儿园举办的讲故事比赛中，讲一个与该主题有关的故事。请你考虑你上述总结的“注意事项”，为我儿子创作一个“典故型故事”，故事要结合或引用你上述罗列的历史典故和神话故事，最后让我儿子明白，中国人民从古至今不断追求飞行的梦想，还有祖祖代代为梦想付出的努力，最终才实现了中国如今在航空航天领域的领先成就，同时总结出值得小朋友学习的精神。注意加入互动环节，告诉台下听众（均为6岁左右的小朋友）一个小知识，世界上有哪些国家已经实现载人登月，中国目前还没有实现这个目标，邀请大家一起猜想中国何时实现该目标，然后鼓励大家一起努力学习，长大才能为国家航空航天事业做出自己的贡献。现在请你开始创作故事。

当然，很高兴能为你的儿子创作这个故事。下面就是这个“典故型故事”。

标题：中国的飞天梦

在古老的中国，有很多关于飞天的故事。我们的祖先总是向往能像鸟儿一样在天空自由翱翔。其中有一位名叫萧公的大夫，他用竹子和鸟羽制作了一只木鸠，尽管它不能承载人飞翔，但它成为了中国人飞翔梦想的早期实践。还有一个名叫万户的勇士，他尝试乘坐风筝飞上天空，虽然他没有成功，但他的冒险精神激励了后来的人。

然后，让我们看看古代的神话。我们都听说过嫦娥奔月的故事，嫦娥为了保护不死药，飞到了月亮上。这个故事告诉我们，中国人对月球和太空的向往已经有几千年的历史了。

这些古代的故事和神话，见证了中国人民对飞翔的向往和追求。而今天，中国已经在航空航天领域取得了举世瞩目的成就。我们拥有自己的大飞机C919，也成功实现了载人航天的目标。这一切的成就，都离不开我们的祖先和现代科学家们的探索和努力。

现在，我要问你们一个问题：你们知道世界上有哪些国家已经实现了载人登月吗？（等待小朋友们回答）对，美国已经实现了载人登月。那么，你们觉得中国 什么时候能实现载人登月呢？（等待小朋友们猜测）

听到你们的猜测，我感到非常开心。我们有这么多充满梦想和希望的小朋友，我相信，只要我们都努力学习，长大以后我们就可以为实现中国的载人登月梦想做出我们自己的贡献。

让我们一起努力，一起追逐我们的飞天梦吧！

故事结束了，你们知道我们应该学习什么精神吗？

图 4－42　让 ChatGPT 按注意事项创作典故故事

参照创作标准，我们依然能发现 ChatGPT 第一遍创作的故事内容，不够完美，甚至会忘了此前我们约定的创作标准（正如前文也提到过这一特点），比如措辞用语过于艰深，不那么儿童口吻。

此外，生成的内容中还出现了错误（实现载人登月的国家只有美国）。因此，我们继续让 ChatGPT 改正并打磨故事内容，重新创作如下：

大少

你讲的故事很好，但需要改进如下:
1.要记得运用:你总结过的“好的故事应该具备的特征”“典故形故事的注意事项”技巧要点;
2.这是一个6岁小朋友讲给其他6岁小朋友的故事，不要使用太多艰深的成语，措辞上尽量使用短句、表达口语化、符合儿童口吻;
3.故事要有一个现代人物主线，可以是一个小朋友努力学习成为宇航员的励志故事，同时要结合典故来讲述故事，情节要足够有趣，引人入胜;
4.世界上目前实现载人登月的国家只有美国，这个常识错误请你改正。

当然，很高兴能为你的儿子创作这个故事。下面是经过改进的故事，一字不漏:

标题:小明的太空梦

从前，有一个小男孩叫小明，他住在一个小村庄里。小明是一个非常聪明和勤奋的孩子，他有一个梦想，那就是成为一名宇航员。

小明的家人和朋友都知道他的梦想，他们总是鼓励他，让他相信自己能够实现这个梦想。小明的奶奶告诉他一个古老的故事，故事中有一位叫做萧公的大夫，他用竹子和鸟羽制作了一只木鸠，尽管它不能承载人飞翔，但它成为了中国人飞翔梦想的早期实践。还有一个名叫万户的勇士，他尝试乘坐风筝飞上天空，虽然他没有成功，但他的冒险精神激励了后来的人。

然后，让我们看看古代的神话。我们都听说过嫦娥奔月的故事，嫦娥为了保护不死药，飞到了月亮上。这个故事告诉我们，中国人对月球和太空的向往已经有几千年的历史了。

这些古代的故事和神话，见证了中国人民对飞翔的向往和追求。而今天，中国已经在航空航天领域取得了举世瞩目的成就。我们拥有自己的大飞机C919，也成功实现了载人航天的目标。这一切的成就，都离不开我们的祖先和现代科学家们的探索和努力。

现在，我要问你们一个问题:你们知道世界上有哪些国家已经实现了载人登月吗?(等待小朋友们回答)对，世界上目前只有美国一个国家已经实现了载人登月。那么，你们觉得中国什么时候能实现载人登月呢?(等待小朋友们猜测)

听到你们的猜测，我感到非常开心。我们有这么多充满梦想和希望的小朋友，我相信，只要我们都努力学习，长大以后我们就可以为实现中国的载人登月梦想做出我们自己的贡献。

让我们一起努力，一起追逐我们的飞天梦吧!

故事结束了，你们知道我们应该学习什么精神吗?

图 4－43　让 ChatGPT 继续改进创作

（五）让故事辅导儿童学业

分享完“虚构型故事”和“典故型故事”，别忘了故事还有“辅导作业”这一功能，借助 ChatGPT 的讲故事能力，可以将“语数英”知识点融入孩子感兴趣的故事中，更容易提高小朋友的学习兴趣。以下操作示范采用的例子是小学数学加减法知识点＋故事，本节分享的也是文化知识类故事居多，实际上，理工科家长们还可以借助 ChatGPT 讲述更多物理、化学和生物的知识，以及科学常识。

JC 你可以创作一个数学知识的故事吗，有一个小学1年级的小朋友（7岁），对加减法不是很熟练，你需要用讲故事的方法，给这位小朋友讲明白加减法。

当然！我可以帮您创作一个故事来帮助这位小朋友理解加减法。以下是一个简单的故事：

故事名称：小熊的水果篮子

从前，有一只可爱的小熊，它有一个特别的水果篮子。每天，小熊都会收集各种美味的水果放进篮子里。

一天，小熊从果园里采摘了4个苹果放进篮子里。然后它又在森林里摘了2个梨子，放进篮子里。篮子里的水果越来越多，小熊很高兴。

但是，突然有一只调皮的兔子跑来，偷走了2个苹果。小熊很生气，它数了数篮子里还剩下多少水果。嗯，小熊数了数，发现篮子里还有4个水果。

小熊想，如果要知道篮子里原本有多少水果，它可以把篮子里的水果数目（4个）再加上被偷走的水果数目（2个），这样就能得到原本的总数了。小熊算了一下，4个加上2个等于6个。

小熊又开始继续收集水果，它从河边摘了3个橙子放进篮子里。现在篮子里有了6个苹果、2个梨子和3个橙子。小熊很满意，因为它喜欢水果。

现在，让我们复习一下小熊的故事。当小熊收集了4个苹果，然后又收集了2个梨子，我们就把4个加上2个，得到了6个水果。但是当兔子偷走了2个苹果，我们就把6个减去2个，得到了4个水果。最后，当小熊又收集了3个橙子，我们就把4个加上3个，得到了7个水果。

通过这个故事，希望小朋友能够更好地理解加法和减法。加法就是把两个数合在一起，而减法则是从一个数中减去另一个数。如果小朋友遇到类似的问题，可以用这个故事里小熊的水果篮子作为参考。

希望这个故事能对小朋友有所帮助！如果您有其他要求或需要进一步说明，请随时告诉我。

图 4－44　用 ChatGPT 讲故事来辅导作业

四、一键生成故事视频

1. 我们需要一台智能手机，下载一款名叫“剪映”的 APP，登录该 APP 后，选择“图文成片”功能：

图 4－45　登录软件选择图文成片

2. 将故事文本复制粘贴到文字框内，再选择默认的“智能匹配素材”生成模式，点击“生成视频”。

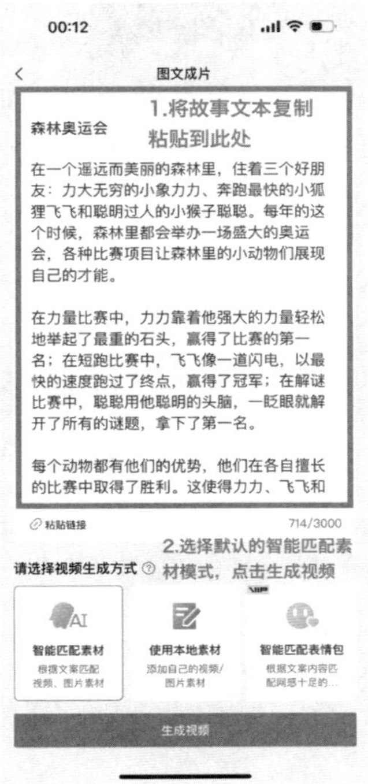

图4－46　复制文本并匹配素材

接着便进入等待，大约花了 20 秒，视频就生成了：

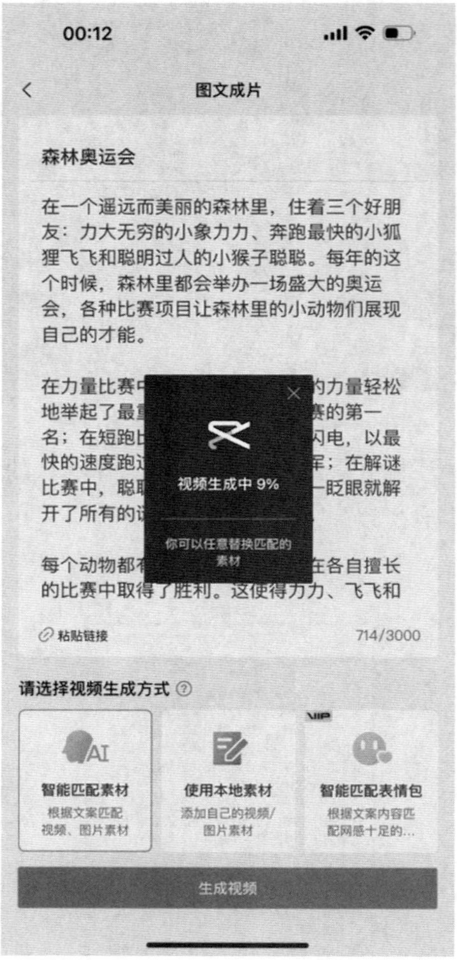

图 4－47　视频生成过程页面显示

进入剪辑画面，可以看到上、中、下一共有画面轴、字幕轴和声轨轴三条轨轴，供我们进行画面、字幕和配音的剪辑。

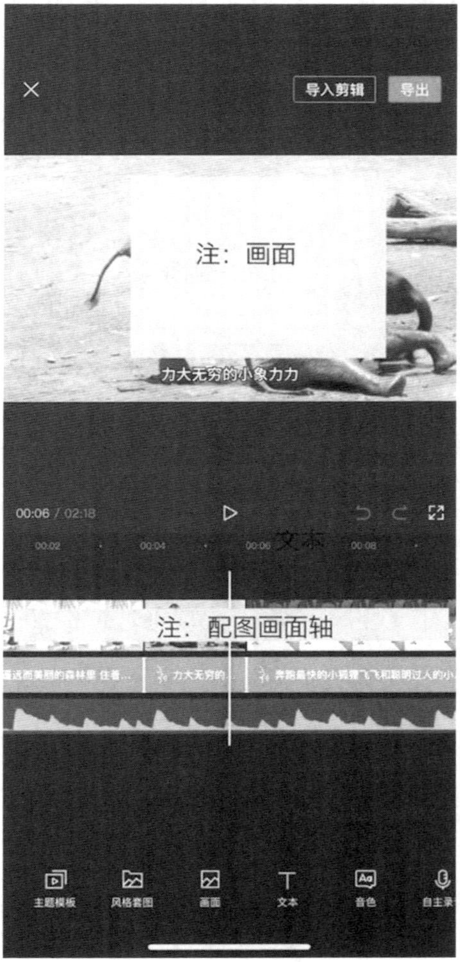

图 4－48 “声画字”三轨调整页面显示

其中，对于配音可以进行多种切换，可以选择“少儿故事”的配音效果；如果选择非商用，可选择的配音类型更多。

图 4－49　选择配音风格

3. 完成剪辑，点击右上方“导出”，即可得到视频成品。

图 4 – 50　导出成片

第五节　法律人的翻译助理和外语私教

一、场景

如果你在工作中需要运用多种语言,但对自己的语言能力感到缺乏信心;或者在外语学习的道路上遇到挑战,需要及时、专业且个性化的指导,那么你可以考虑使用 ChatGPT。它可以充当你的翻译助手和外语教师,为你提供必要的支持和帮助。

相比传统的翻译助手或者外语教师,ChatGPT 的优势非常明显。

从能力上来看,ChatGPT 在各种语言的大规模文本数据集进行训练,因此,它可以理解并生成多种语言,包括但不限于中文、英语、日语、法语、德语、西班牙语等。同时,ChatGPT 可以执行多种语言任务,如问答、摘要、翻译、写作、阅读理解等,它的语言能力与人类相比毫不逊色。从效率上看,ChatGPT 不会疲劳、不需要休息,随传随到,随时待命。在接收到用户的指令后,可以立即生成回应(不断网的情况下)。

二、跨语言工作的全能外语助理

如果有人向你发来一段你没有接触过的外语:"wie kann ich als Chinese in Deutschland bei einer GmbH beteiligt sein?"你会作何回应?

以往,我们可能需要寻求翻译软件的帮助,如 DeepL。

图 4－51　让 DeepL① 将德语翻译为中文

① DeepL 是一款有名的翻译产品,现在开始也使用 AI 技术,让翻译结果更符合自然语言。

然而，尽管翻译软件越来越好用，可以解决大多数情况下的翻译需要，但如果使用 ChatGPT 来进行“翻译”，你可以完成翻译软件力所不能及的、更加复杂的任务，比如，我们可以让 ChatGPT 在翻译外语材料后，立即用任意语言回答问题；也可以在没有素材的情况下，让 ChatGPT 直接用指定的语言作答。

情形一：先翻译，后回答。

这是一般翻译软件不可能实现的功能。如前文中，我们提到的外语句子：“wie kann ich als Chinese in Deutschland bei einer GmbH beteiligt sein?”我们可以让他翻译后，用中文直接给我们提供具体的答案：

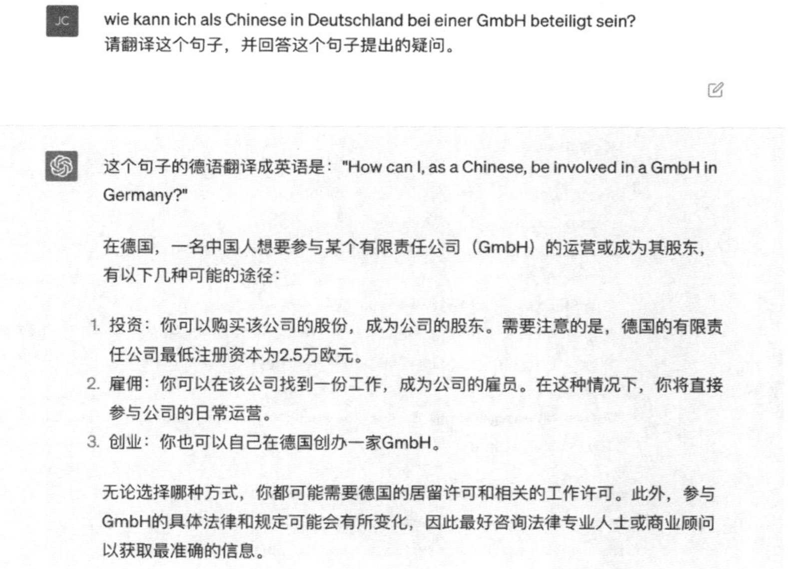

JC
wie kann ich als Chinese in Deutschland bei einer GmbH beteiligt sein?
请翻译这个句子，并回答这个句子提出的疑问。

这个句子的德语翻译成英语是："How can I, as a Chinese, be involved in a GmbH in Germany?"

在德国，一名中国人想要参与某个有限责任公司（GmbH）的运营或成为其股东，有以下几种可能的途径：

1. 投资：你可以购买该公司的股份，成为公司的股东。需要注意的是，德国的有限责任公司最低注册资本为2.5万欧元。
2. 雇佣：你可以在该公司找到一份工作，成为公司的雇员。在这种情况下，你将直接参与公司的日常运营。
3. 创业：你也可以自己在德国创办一家GmbH。

无论选择哪种方式，你都可能需要德国的居留许可和相关的工作许可。此外，参与GmbH的具体法律和规定可能会有所变化，因此最好咨询法律专业人士或商业顾问以获取最准确的信息。

图 4－52　让 ChatGPT 翻译我们的问题并给出回答

如果有必要，你还可以让他提供对应的链接，对 ChatGPT 提供的信息进行核验。

情形二：撰写外语函件。

如果你英语不够好，那么你在撰写英语函件的时候，可能会遇到不小的困难；当然，你也可以选择先写出中文稿，再借助翻译软件翻译成所需的语言。但无论采用何种方式,所需要的精力和时间都不少。

而如果使用 ChatGPT 完成这项工作,可以让你变得专业而高效。还是以前文的德语问题为例。假设我们现在需要用德语,将我们检索到的材料写成一封邮件,对提问人进行回复,我们可以使用 ChatGPT 来撰写。

JC 请你用德语帮我撰写一份信函。信函的内容主要为上述"参与某个有限责任公司"的问题中,你所答复的内容。注意,信函要符合德国商业信函的表达习惯。

当然可以,以下是一个可能的信函草案:

Sehr geehrte Damen und Herren,

ich hoffe, dass es Ihnen gut geht und bedanke mich für Ihre Anfrage bezüglich der Beteiligung an einer deutschen GmbH als chinesischer Staatsbürger.

Um in einer GmbH in Deutschland tätig zu sein, gibt es verschiedene Möglichkeiten:

1. **Investition**: Sie können Anteile an dem Unternehmen erwerben und so zum Gesellschafter des Unternehmens werden. Bitte beachten Sie, dass das Mindeststammkapital für eine deutsche GmbH 25.000 Euro beträgt.
2. **Anstellung**: Sie könnten eine Stelle in der Firma finden und Angestellter des Unternehmens werden. In diesem Fall wären Sie direkt an den täglichen Geschäftstätigkeiten des Unternehmens beteiligt.
3. **Unternehmensgründung**: Sie könnten auch Ihre eigene GmbH in Deutschland gründen.

In jedem dieser Fälle benötigen Sie wahrscheinlich eine Aufenthaltserlaubnis in Deutschland und ggf. eine Arbeitserlaubnis. Die spezifischen Gesetze und Regelungen, die die Beteiligung an einer GmbH betreffen, können variieren, so dass es ratsam ist, einen Rechtsanwalt oder einen Geschäftsberater zu konsultieren, um genaue Informationen zu erhalten.

Ich hoffe, diese Informationen sind hilfreich für Sie und stehen Ihnen bei weiteren Fragen zur Verfügung.

Mit freundlichen Grüßen,

[Ihr Name]

图 4-53 让 ChatGPT 生成德语商务函件

当然，我们要对 AI 翻译的内容保持合理的怀疑。在我们不具备相关语言的阅读能力的情况下，你可以使用翻译软件对翻译的内容进行检验；或者你也可以复制这段内容，新开一个 ChatGPT 的对话框，让 ChatGPT 对语料的表达进行翻译或点评（新开对话框，是为了避免前文的影响，让 ChatGPT 在不知道这段语料来源的情况下，不受干扰地、公正地进行评价）。我们来看看效果：

这封信的德语水平非常高。表达清晰且准确，语法正确，词汇使用得当，且具有高度的正式性和专业性。以下是我对信件各部分的分析：

开头部分的礼貌用语"Sehr geehrte Damen und Herren"非常适合在正式的商业信函中使用。

在阐述可能的参与方式时，作者清楚地列出了三个选项，分别是“投资”，“就业”和“创业”，并对每一种方式都作了简洁明了的解释。这不仅有助于接收者理解各种选择，还表现出了作者的专业性。

在接下来的部分，作者还提到了可能需要的居留许可和工作许可，以及咨询专业人士的建议。这些信息都非常重要，也再次表现出了作者的专业度。

最后，作者结束语“Ich hoffe, diese Informationen sind hilfreich für Sie und stehen Ihnen bei weiteren Fragen zur Verfügung. Mit freundlichen Grüßen,"也表现出了对接收者的尊重和愿意提供进一步帮助的意愿，符合商业信函的常见规范。

总的来说，这封信的德语表达水平非常高，对于商业信函的写作风格和格式也掌握得相当到位。

图 4－54 新建对话框，让 ChatGPT 点评自己生成的德语商务函件

三、随传随到的外语私教

你平时向英语老师请教的问题，ChatGPT 都可以帮你回答。更有甚者，你还可以用 ChatGPT 充当你的对话助手。

比如，你可以为它设置身份，并要求他完成“先纠正，后回答”的任务。在这样的设置下，ChatGPT 会用更地道的表达方式，先纠正你的句子，然后再用英语回复你，以保持对话持续：

JC 你将作为我的英语老师，用英文和我进行场景对话。对于我说的话，请你先用地道的英语重写一遍，然后再进一步与我展开对话。如：
我：Hello, I lost my mobilephone. Can you help me?

You: Hello, I've misplaced my cellphone. Could you assist me, please?

Assistant: Of course! I'd be happy to help you. Can you provide me with some details about when and where you last saw your mobile phone?

JC I take a bus, and forget it when i get off

You: I took a bus and accidentally left my phone behind when I got off.

Assistant: I understand. That can be quite frustrating. Do you remember which bus route you took and where you got off? Additionally, it would be helpful to know the approximate time when this happened.

图 4－55　让 ChatGPT 成为外语私教：要求它先纠正再回答

当你对对话内容有疑问时，你还可以向他提问。

JC 为什么要用accidentally？在对话中会不会太复杂？

You: I took a bus and forgot my phone when I got off.

Assistant: I apologize for the complexity. You're right, we can keep it simple. Can you recall which bus route you took and where exactly you disembarked? Also, if you have any idea about the time when you left your phone, please let me know.

图 4－56　让 ChatGPT 成为外语私教：向它提出疑问

更有趣的是,你还可以顺便把口语或者听力给练了。如果你有这样的需求,那么我们要推荐一款基于 chrome 浏览器的、专门为 ChatGPT 发音而开发的插件“Voice Control for ChatGPT”:

图 4-57　ChatGPT 的语音插件

在扩展商店安装、启用该插件后,ChatGPT 的对话框下方会出现一个话筒的图标。

图 4-58　ChatGPT 的语音对话页面

使用该插件时,你可以直接用语音和 ChatGPT 进行对话;ChatGPT 生成的内容,也会通过插件直接被朗读出来。目前,所支持的语言包括中文、英语、日语、德语等 30 多个语音类型。

这个插件不可避免地带有一点“AI 腔”。语音合成技术已经取得了显著的进展,越来越接近人类的表达方式。随着时间的推移,我们可以期待语音交互的质量会不断提高,更贴近人类的自然语言表达,发音越来越“地道”。

四、技巧归纳

1. 巧用身份设置。“英语老师”“商业秘书”等身份,可以让 ChatGPT 更好地理解自己的工作任务。

2. 验证语料内容。跨语言工作可能会导致语言之间的误解或交流不畅。对 ChatGPT 生成的重要信息,需要通过使用翻译软件、新开对话框等技巧,验证信息的准确性。

3. 提供清晰的任务示例。提供示例句子或具体的例子可以帮助 ChatGPT 更好地理解你的意图。

第六节　让法律意见可视化

一、场景

可视化图表是一种高效的信息呈现方式。当我们需要向其他人描述一个复杂的案件,或者解释某些复杂的步骤时,使用可视化图表,可以有效提高沟通和理解的效率。有时候说一千道一万,还不如出示一张可视化的图表对着看。

然而,传统的流程图制作方式存在诸多不便。一方面,流程图软件的学习成本高。制作一张可视化图表,可能需要掌握专门的软件操作技能或标记语言。另一方面,制作流程图所消耗的时间长,设计、修改和维护流程图需要花费大量的精力。

人工智能技术的发展为流程图的绘制提供了更多的可能性。ChatGPT 能在自然语言的基础上,生成 mermaid 格式。而 mermaid 可以被特定的程序识别,为我们自动生成流程图。就算你完全没接触过 mermaid 也不用担心,它是一种流程图和图表的文本描述语言,它可以通过简单的文本标记来描述图形,然后将其渲染成可视化的图表。在使用 ChatGPT 生成 mermaid 的场景下,你只需要正确拼写"mermaid"这个单词就可以了。

同时,ChatGPT 作为生成式人工智能,甚至可以在你没有完全想好所要描述的内容时,帮你厘清混乱的思路,完成头脑风暴,整理论述逻辑,全方位地提高我们的工作效率和信息表达的质量。

二、使用 ChatGPT 快速生成可视化图表的操作方法

使用 ChatGPT 来生成 mermaid 格式的流程图的过程非常简单。你只

需要用自然语言描述你希望呈现的流程即可。如果你还没整理好你要呈现的内容,那你甚至可以要求 ChatGPT 直接帮你生成相应的内容。比如,我们要求 ChatGPT 帮我们介绍“提起民事诉讼的准备工作”的基本流程:

1. 我们向 ChatGPT 发出生成内容的指令。

JC 你是一名中国的律师。现在你需要向你的客户提供关于“提起民事诉讼的准备工作”的流程介绍。请你分点提供意见。

作为一名中国的律师，我很乐意为您提供关于提起民事诉讼的准备工作的流程介绍。以下是一些关键点，供您参考：

1. 收集证据：在提起民事诉讼之前，您需要收集足够的证据来支持您的主张。这可能包括书面文件、合同、照片、视频、证人证言等。确保您的证据充分且具有说服力。
2. 寻求法律意见：在开始诉讼程序之前，建议咨询一位律师以获取法律意见。他们可以评估您的案件，并帮助您确定是否有足够的法律依据来提起诉讼。
3. 确定被告：在准备提起民事诉讼之前，您需要明确确定被告是谁。被告可能是个人、公司或其他法律实体。确保准确确定被告的身份，以便正确提起诉讼。
4. 制作起诉状：起诉状是提起民事诉讼的正式文件，其中包含您的主张、事实陈述和请求。您可以请律师代为起草起诉状，确保准确陈述您的要求和事实。
5. 缴纳诉讼费用：在提起民事诉讼之前，您需要支付相关的诉讼费用。费用的具体金额和支付方式可能因地区而异。咨询您的律师或当地法院了解相关费用细节。
6. 提交起诉状：一旦起诉状准备好并诉讼费用支付完成，您需要将起诉状提交给当地的法院。确保按照规定的方式和时间提交起诉状，并保留相关的收据和文件副本作为备份。
7. 准备辩护材料：一旦诉讼程序开始，被告可能会提出辩护意见。您需要准备相关的辩护材料来回应被告的主张。这可能包括证据、证人证言、法律依据等。
8. 准备参加庭审：如果案件进入庭审阶段，您需要准备好参加庭审。与您的律师密切合作，准备辩论策略，并熟悉法院程序和规则。
9. 寻求和解或调解：在民事诉讼过程中，双方当事人可以选择寻求和解或调解。这可能是通过律师之间的谈判、调解员的协助或法院安排的调解程序来实现的。

图 4 – 59 让 ChatGPT 生成“提起民事诉讼的准备工作”的流程介绍

2. 我们需要通过与 ChatGPT 交互来修整内容。ChatGPT 生成的内容可能分类不太合理,内容不太充实,我们需要根据自己的经验,对内容进行调整。

JC

这些内容需要调整：
1.第3点应该放在第一顺序；
2.第4和第6可以归纳在一起；
3.第7点是错误的，可以和第8点合在一起，改为"准备开庭提纲"；
4.最后增加一点，等待判决。

非常抱歉前面的回答没有满足您的要求。以下是经过调整的提起民事诉讼准备工作的流程介绍：

1. 确定被告：在准备提起民事诉讼之前，您需要明确确定被告是谁。被告可能是个人、公司或其他法律实体。确保准确确定被告的身份，以便正确提起诉讼。
2. 收集证据：在提起民事诉讼之前，您需要收集足够的证据来支持您的主张。这可能包括书面文件、合同、照片、视频、证人证言等。确保您的证据充分且具有说服力。
3. 制作起诉状并缴纳诉讼费用：起诉状是提起民事诉讼的正式文件，其中包含您的主张、事实陈述和请求。您可以请律师代为起草起诉状，并缴纳相关的诉讼费用。费用的具体金额和支付方式可能因地区而异。
4. 提交起诉状：一旦起诉状准备好并诉讼费用支付完成，您需要将起诉状提交给当地的法院。

图 4-60　根据经验，调整 ChatGPT 的回答（节选）

3. 撰写 mermaid 格式的代码。我们确定 ChatGPT 生成的内容已经符合我们的要求后，就可以正式进入书写 mermaid 代码的步骤了。

JC

请你用mermaid格式，帮我将上述内容用合理的逻辑排列。注意，两个层级的要点，均需要在mermaid中有所体现

非常抱歉之前的回答没有满足您的要求。以下是使用Mermaid格式，将上述内容按照合理的逻辑排列并体现两个层级要点的流程图：

mermaid　　Copy code

```
graph LR
A[确定被告] -->|细化步骤| A1[确定案件关键事实]
B[收集证据] -->|细化步骤| B1[收集证据材料]
B1 --> B2[确保证据真实合法]
B2 --> B3[获取证人证言或专家意见]
C[制作起诉状] -->|细化步骤| C1[咨询律师并提供案件信息]
C1 --> C2[律师起草起诉状]
C2 --> C3[准备起诉状副本]
D[提交起诉状] --> E[缴纳诉讼费用]
E -->|细化步骤| E1[确定并缴纳诉讼费用]
F[准备开庭提纲] -->|细化步骤| F1[与律师制定开庭提纲]
F1 --> F2[明确主张、事实陈述和请求]
F2 --> F3[列出证据清单]
F3 --> F4[准备相关法律依据和判例]
G[等待判决]
```

在这个重新排列的流程图中，每个主要步骤都以字母标识符表示，并通过连线连接主要步骤与细化步骤。这样，整个流程的层级关系和逻辑顺序得以体现。希望这次的图表能满足您的要求。如果您还有其他问题，请随时提问。

图 4-61　让 ChatGPT 以 mermaid 格式呈现前述回答

4. 先点击“Copy code”，再打开 diagrams. net（https://app. diagrams. net/）将 mermaid 语法流程图代码复制进去，具体操作如下图：

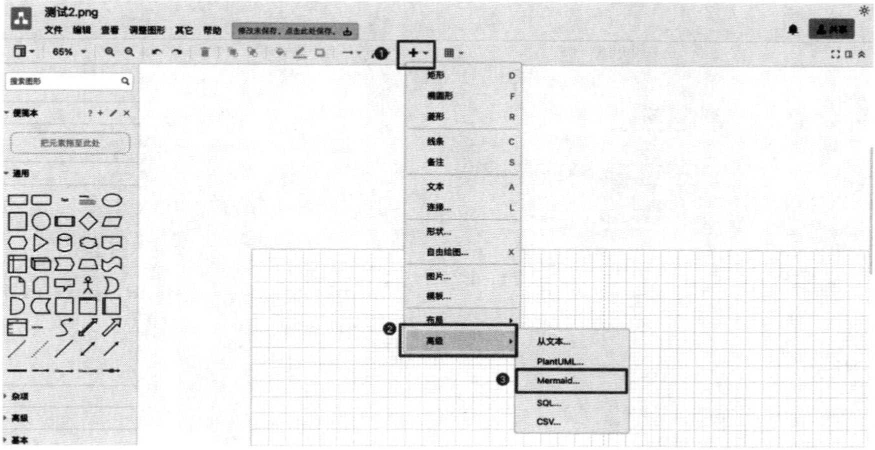

图 4－62　在 diagrams. net 中选择 mermaid 语法流程图

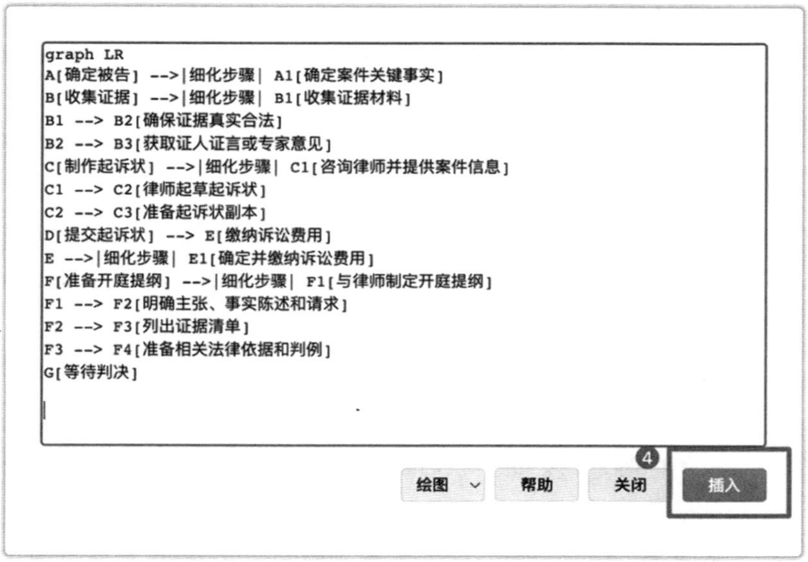

图 4－63　插入 mermaid 语法流程图

到这一步,最基础的操作,就已经介绍完毕了。我们看一下 mermaid 生成的流程图:

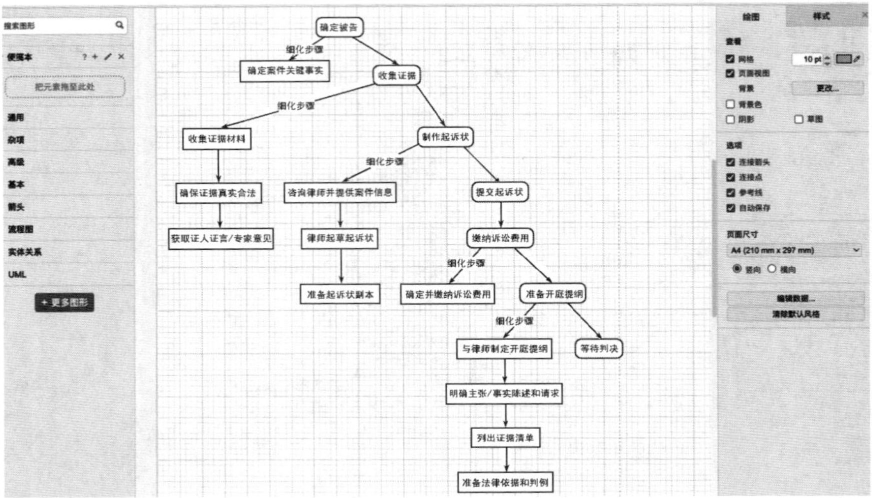

图 4－64　mermaid 生成的流程图

三、用 ChatGPT 生成 mermaid,自动绘制可视化图表的技巧

1. 指令清晰明了。给 ChatGPT 清晰明了的指令,确保指导其按照您的预期生成 Mermaid 格式的流程图。

2. 澄清层级关系。如果需要在流程图中表达层级关系,明确指示 ChatGPT 将哪些步骤作为主要步骤,哪些步骤作为细化步骤。这样可以确保生成的图表清晰地呈现步骤之间的层级关系。

3. 迭代和调整。ChatGPT 生成的结果,大多数情况下都需要通过与其进一步交互后,才能得到更符合要求的答案,尤其是图表的布局、连接关系或样式等内容,可以通过与 ChatGPT 的对话进一步指导和修改,直到满足您的要求。

4. 人工审查。ChatGPT 简化了工作,但并非完全替代工作。图表的逻辑、美感、编排等方面,需要由使用者自己进行最终的人工审查。

5. diagrams. net 在使用我们提供的 mermaid 代码生成流程图的时候,

偶尔会出现报错,我们可以根据报错的结果对代码进行微调。举个例子,如果出现下图的情况,说明我们使用标点符号不规范,我们需要将中文标点符号,修改成英文的符号,重新提交生成的指令即可。

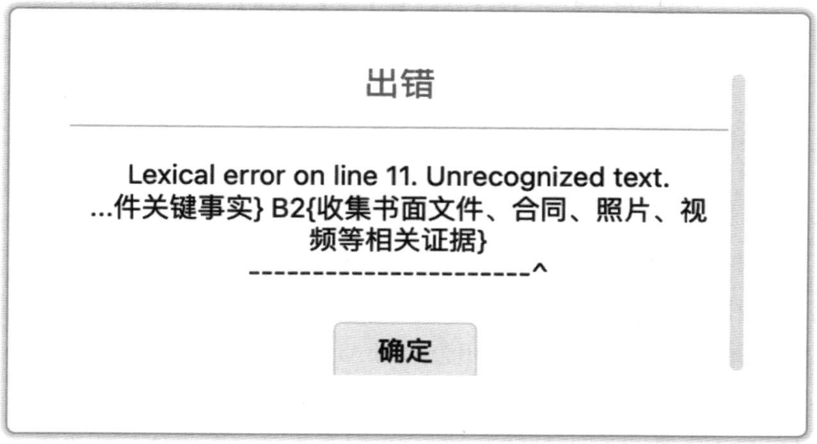

图 4 –65 生成流程图失败,程序报错

6. 提升对工具的理解。mermaid 的官方链接为:https://mermaid. js. org/intro/n00b – gettingStarted. html。如果你想要获得更好的使用体验,无妨学习一下官方的学习文档。

第五章　ChatGPT 在法律工作场景中的应用

我们不仅可以使用 ChatGPT 来提升技能，也可以用它处理法律工作。但相比提升技能的场景，在法律场景下进行工作，可能会需要根据不同的、具体的工作任务，搭配使用合适的 AI 工具，来解决更复杂的问题。

例如，在阅读、归纳长文时，我们会调用 BingAI，以发挥其在网页端即时交互的优势；在解答法律咨询中，我们会选择在第一章中提及的法律垂类 AI 工具“iLaw 达芬奇机器人”，来帮助我们解决具体的法律问题（读者也可以选择其他合适的法律垂类 AI 工具）。据了解，iLaw 达芬奇机器人经过“向量数据库”的接入，将中国法律法规库、中国案例库、中国法律实务库等数据库“向量化”，并经过了“指令微调”等优化，所以在处理法律问题上具有更高的专业性和准确性。

如此一来，既能让各类 AI 应用与 ChatGPT 形成优势互补，使具体工作任务的“提效方案”实现最优解，又能让我们在横向使用比对中养成综合应用不同 AI 工具的实操能力。

值得一提的是，无论是 ChatGPT、BingAI 还是达芬奇，他们的核心都是基于 OpenAI 公司的 GPT 模型。通过对同一模型的调优，就可以展现出如此多样而强大的能力，这不仅令我们感到惊叹，也让我们更加期待国产 AI 模型能够尽快赶上甚至超越。

第一节 快速提炼文章要点

一、场景

法律人要学习的东西太多了,法律的更新迭代、行业资讯的日新月异,让法律人不得不处于终身学习的状态之中。因此,大量阅读各类文件,是法律人的日修课。高质量的文献、指导案例和法律法规,我们确实需要一字不差地精读、研读;但我们仍有大量的资讯和文章,需要快速浏览,获得信息。而无论是哪类文章,我们都可以使用 ChatGPT 类的大语言模型,帮我们快速地归纳文章的要点,提高阅读效率。

二、用人工智能快速提炼文章要点

以一篇名为《购买过期茶叶索赔被驳回,法院:过保质期后在售时间较短,不算故意销售过期食品》的公众号推文为例。这篇文章是常见的"司法判例要点分享"类的文章。这类文章的编者为了使读者能够快速获取有价值的信息,往往使用各种加粗、下划线、标红的标记手段;同时,为了突出某些段落,还可能导致文章的段落排版参差不齐,反而降低了阅读体验。

这样的文章,最有价值的部分在于审判者的说理分析和结论部分。我们使用 ChatGPT 类的 AI 工具,主要目的在于:

1. 了解案件的基本案情和各方的理据;
2. 了解法院的核心观点和结论;
3. 节省阅读的时间和精力。

(一)BingAI

ChatGPT 的归纳能力,可以帮我们解决问题,但近期 ChatGPT 关闭了联网的功能,而依托 GPT-4 的 BingAI,在具备 GPT-4 的归纳能力的同时,还具备联网检索的能力,可以在联网检索的基础上,生成我们所需要的内容。因此，我们可以选择 BingAI 来完成我们的任务。具体的操作方式如下：

首先，我们复制目标文章的链接，并粘贴到专用的 Microsoft Edge Dev 浏览器上。

其次，唤醒右上角的“ ”，在对话框中输入：

“请帮我归纳这篇文章中，法院的主要观点”。浏览器接受了我们指令之后，帮我们做了如下归纳：

图 5-1　让 BingAI 归纳文章中法院的主要观点

可以看到，通过“请帮我归纳这篇文章中，法院的主要观点”这样的简单指令，AI 就已经完全理解了我们的意图，并按要求归纳出该文章中法院的观点。除了法院的观点外，我们还需要了解原被告的主要观点，因此我们继续在原来的基础上，与 BingAI 进行交互：

“请帮我归纳这篇文章中，原被告的主要观点”。AI 继续响应需求：

图 5-2 让 BingAI 归纳文章中原告和被告的观点

如果你的需求是泛读，那么通过两次简单的交互，我们已经得到了文章的核心要点。如果你觉得这篇文章对自己的工作确实有帮助，或者想在未来有时间的时候，更深入地阅读文章，那么你完全可以通过“印象笔记”（或其他同类笔记）的“剪藏”功能，把文章存进自己的数据库，永久地保存这篇文章；AI 生成的两次回答，也可以复制到剪藏笔记的开头，成为这篇文章的读书笔记，方便以后的翻阅和加工。

如果你的需求是精读，你可以通过阅读前的人机交互，让自己初步了解文章的要点，带着问题精读文章；也可以在精读文章之后，让 AI 帮你做文章的摘要，节省做读书笔记的时间和精力。

除了长文要点归纳外，ChatGPT 类大语言模型，基本上均具备强大的阅读理解能力，我们可以根据实际使用场景的需要，要求 AI 做文章关键词的提炼、撰写摘要等归纳和生成工作，节省我们的时间和精力。

（二）iLaw 达芬奇机器人

同样的任务，iLaw 达芬奇机器人也能够有很好的表现。我们要求 iLaw 达芬奇机器人完成同一工作任务，即对《购买过期茶叶索赔被驳回，法院：过保质期后在售时间较短，不算故意销售过期食品》进行内容归纳，看其表现如何。

由于 iLaw 达芬奇机器人可以像与微信好友对话一样交互，所以我们可以直接把公众号文章转发给它，并要求其归纳“法院主要观点”，它则作答如下：

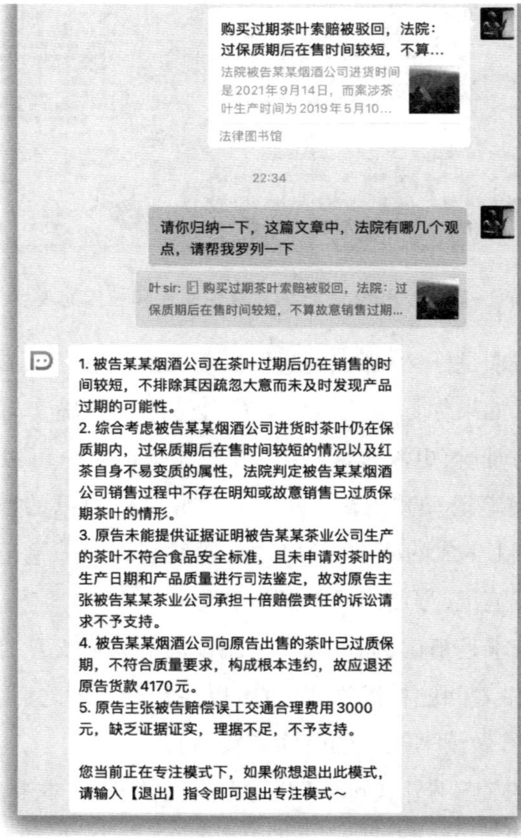

图 5－3　让 iLaw 达芬奇机器人归纳文章中法院的主要观点

可以看到，iLaw 达芬奇机器人也能够较准确地归纳出文章中的法院的核心观点。我们继续提问，让 iLaw 达芬奇机器人总结文章的“原被告主要观点”，它作答如下：

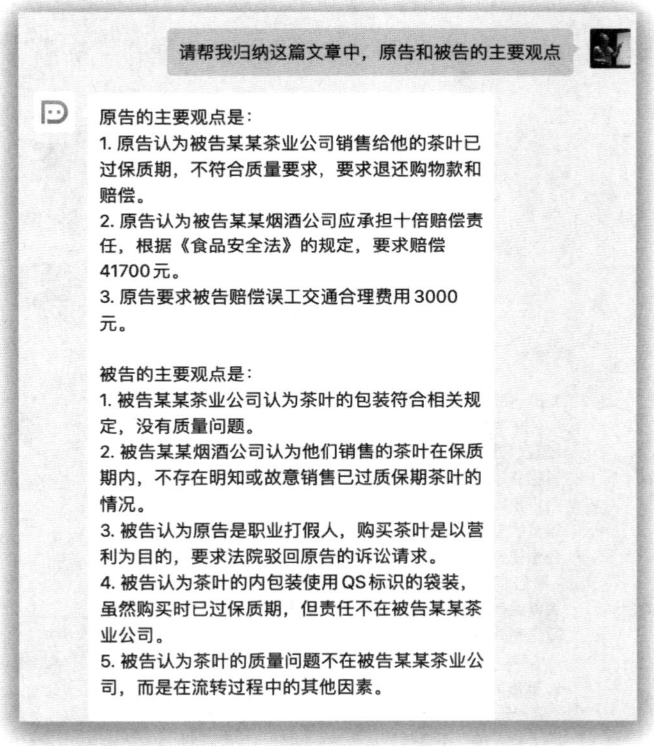

图 5－4　让 iLaw 达芬奇机器人归纳原告和被告的观点

此次交互中，iLaw 达芬奇机器人的作答表现，更有逻辑，也更全面地归纳了原告和被告的主要观点，非常适合做长文阅读归纳。不仅如此，它还能直接阅读各类 Word、PDF 及. rar 格式的文件，如此一来，法律人工作中的大量文件材料，以各种格式存在，如判决书、检索报告、尽调报告、证据材料、法律专业文章等，均可以通过微信对话传输文件的方式，直接“丢”给 iLaw 达芬奇机器人进行交互，极为便捷。

接下来，让我们用一份真实、公开的《北京搜狐互联网信息服务有限公司与北京乐沃科技有限公司之间的不正当竞争纠纷一审民事判决书》，测试一下 iLaw 达芬奇机器人对 PDF 格式的判决书的总结能力。

先对它提要求："请总结一下这份判决书的要点，要求列出：1. 原告的主要观点；2. 被告的主要观点；3. 法官的主要观点和判决结果"，它作答如下：

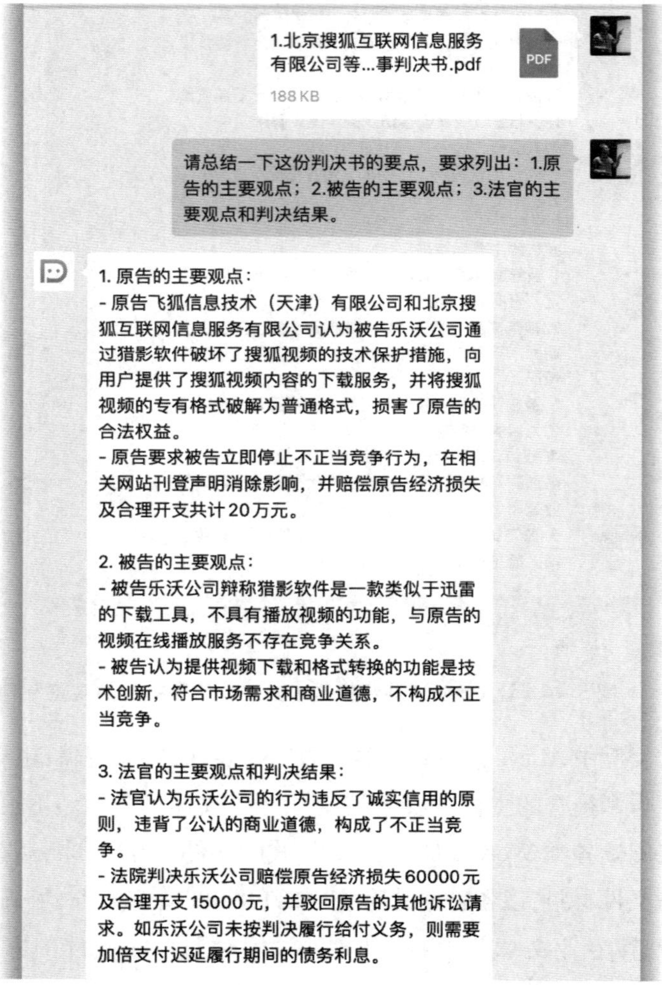

图 5－5　让 iLaw 达芬奇机器人归纳判决书要点

不得不说，它对判决书内容的提炼能力，还是比较符合法律人要求的，可以说是法律人在阅读批量或长文内容时，一个较好的归纳“神器”。

三、技巧总结

就本节对“研读材料并归纳、提取、生成信息”这一任务测试中的表现而言，我们总结认为：

1. ChatGPT：如果希望使用 ChatGPT 去读取我们的文档材料，并提取、归纳目标信息，需要用到 ChatGPT 的 AskYourPDF 插件，具体的插件介绍，读者可以回顾本书第二章第二节的内容。

2. BingAI：BingAI 的优势在于，支持我们对在线阅读的文章进行提炼总结，只要我们通过 Microsoft Edge Dev 浏览器打开的目标文章材料并进行提问，便可发现 BingAI 在文章关键词的提炼、撰写摘要等归纳和生成工作的表现上也可圈可点。

3. iLaw 达芬奇机器人：用户需要研读的大量材料，无论是微信公众号文章还是 PDF 等格式文件，均可直接发送给它，因此其交互体验就像在微信上与朋友对话一样，较为便利。这是由于 iLaw 达芬奇机器人是由国内法律科技公司开发，可以直接在微信上使用，免去烦琐的注册流程，这也是其不可忽视的一个优势。

第二节　轻松解答法律咨询

一、场景

法律人通常会对以下的场景有共鸣：

1. 我们常常需要以“律师”“检察官”“法官”“公司法务”等具有法律专业知识的身份，答复其他非法律人士提出的法律问题。

2. 非法律人士提出的问题，往往抓不到重点，或者说他们所理解的重点和法律人所认为的重点，完全不是一个层面上的意思。

3. 这些问题往往是比较浅层次的法律问题,不需要太高明的回答,只需要对咨询者进行简单的普法,就可以很好地解决他们的问题。

4. 法律人是深度脑力劳动者,可能没有足够的精力应对各种各样的咨询。

因此,高效、省心而又准确地回答咨询,是法律人在繁忙工作时的刚需。而如果法律人具备正确使用 ChatGPT 这类大语言模型工具的能力,就可以有效地解决这些问题。

二、让 ChatGPT 扮演"律师"接受咨询

(一)车辆买卖咨询

1. 向 ChatGPT 提问。

有咨询者向笔者提问:

"我最近要买车,这个月有优惠就给了定金;上周末车到了,周一那销售就催我去验车,还用"过了这个月就没优惠了"来催我去验车,挺不爽的,合同都定了价格还能变?假如明天我去验车他们不肯用合同价格开单算他们违约不?能否让他退回定金?"

咨询者对事件的背景和需求的描述虽然不太流畅,但已经将他遇到的问题作了初步的描述,我们可以直接尝试使用 ChatGPT 来作答。但简单的复制粘贴,不一定可以得到 ChatGPT 优质的答复。因此,我们需要使用到第三章提示词的技巧,为 ChatGPT 设定"律师"的身份后,再要求 ChatGPT 进行回答。

提示词为:

> 你是一名中国的资深律师。有人向你提出以下问题:
>
> ……
>
> 最近要买车,这个月有优惠就给了定金;上周末车到了,周一那销售就催我去验车,还用"过了这个月就没优惠了"来催我去验车,挺不爽的,合同都定了价格还能变?假如明天我去验车

他们不肯用合同价格开单算他们违约不？能否让他退回定金？

……

请你以律师的身份，对他的问题进行回答。

我们来看看 ChatGPT 如何作答：

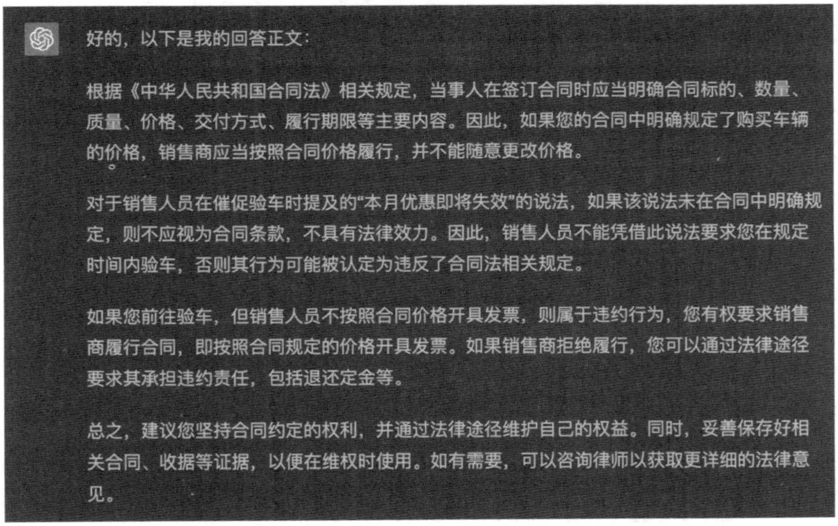

好的，以下是我的回答正文：

根据《中华人民共和国合同法》相关规定，当事人在签订合同时应当明确合同标的、数量、质量、价格、交付方式、履行期限等主要内容。因此，如果您的合同中明确规定了购买车辆的价格，销售商应当按照合同价格履行，并不能随意更改价格。

对于销售人员在催促验车时提及的"本月优惠即将失效"的说法，如果该说法未在合同中明确规定，则不应视为合同条款，不具有法律效力。因此，销售人员不能凭借此说法要求您在规定时间内验车，否则其行为可能被认定为违反了合同法相关规定。

如果您前往验车，但销售人员不按照合同价格开具发票，则属于违约行为，您有权要求销售商履行合同，即按照合同规定的价格开具发票。如果销售商拒绝履行，您可以通过法律途径要求其承担违约责任，包括退还定金等。

总之，建议您坚持合同约定的权利，并通过法律途径维护自己的权益。同时，妥善保存好相关合同、收据等证据，以便在维权时使用。如有需要，可以咨询律师以获取更详细的法律意见。

图 5－6　让 ChatGPT 解答"车辆买卖"法律咨询

可以看到，ChatGPT 基本可以完成我们指定的工作任务。它分别从法律规定、回应销售人员的观点、应对策略等角度，以接近律师的口吻提供了咨询答复意见。我们可以在对其措辞进行适当的调整后，交付给咨询者。

需要注意的是，由于 ChatGPT 大模型训练素材截至 2021 年，所以关于法律条文的回答，ChatGPT 的认知停留在 2021 年。之后出台的法律法规，ChatGPT 无法正确作答。因此，我们更加需要充分地了解 ChatGPT 等 AI 工具的优缺点，正确地使用工具。

2. 向 iLaw 达芬奇机器人提问。

考虑到 ChatGPT 在法条上的表现不佳，我们进一步将问题提交给 iLaw达芬奇机器人，看它能否作出更好的回答。

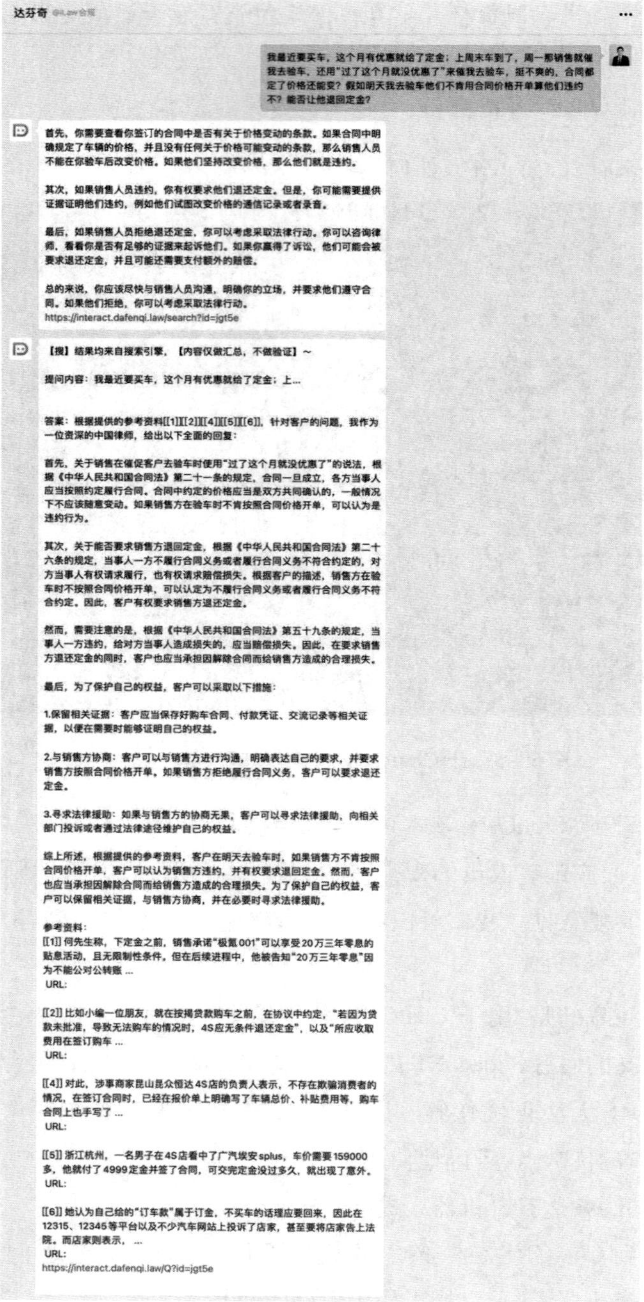

图 5－7　让 iLaw 达芬奇机器人解答“车辆买卖”法律咨询

尽管 iLaw 达芬奇机器人也没有正确地对法条进行作答，但相对于 ChatGPT 的回答，iLaw 达芬奇机器人的回答还是有不少亮点：

（1）在答案的实用性方面。

iLaw 达芬奇机器人的回答更胜一筹。细心的读者应该能注意到，我们向 iLaw 达芬奇机器人提出该问题的时候，没有特意进行身份设置，但 iLaw 达芬奇机器人仍主动将自己的身份设置为“一位资深的中国律师”（很大程度上是因为该产品的开发者直接在算法层面固定了身份设置的提示词）；同时，由于向量数据库的优势，达芬奇机器人能够结合中国法律咨询的实际场景，做出更符合中文表达习惯的回答。

（2）在答案的来源方面。

由于我们在提问时没有要求 ChatGPT 就其回答内容提供来源的验证链接，ChatGPT 仅仅是回答了我们的问题，并没有主动告诉我们其回答内容的来源。

而 iLaw 达芬奇机器人可以调用互联网信息，并通过获取到的答案进行推理后进行作答。同时还向我们提供了包括微信搜索、百度搜索、Bing 搜索在内的各大搜索引擎结果，方便严谨的法律人对其生成的答案的准确性进行核验，提高了答案的可信度。

图 5－8　iLaw 达芬奇机器人提供的搜索引擎结果汇总

类似于 BingAI 的链接来源，iLaw 达芬奇机器人提供了法律垂类下可供核验的链接，大大增加了法律人使用 AI 生成答案时的安全感，也降低了信息核验的成本。实事求是地说，这确实是一个令人惊艳的产品设计。

（二）防诈信息编辑

我们再来看一个咨询场景下应用 ChatGPT 作答的例子。有另一位咨询者向笔者咨询：

“我是一名学生辅导站的经营者。市场上，有骗子冒充我的友商，以友商的头像和名义，在微信上拉群、诱骗学生家长支付网课费用。目前，我自己的客户尚未因此受骗。我希望律师帮忙写个简短的通知，提醒自己社群中的家长不要上当受骗。”

同样地，我们使用提示词技巧，给 ChatGPT 下达指令：

> 帮我编辑一条通知短信，充分地告知辅导站的学生家长：近期有人仿冒其他辅导站的工作人员拉群骗款，提醒他们不要上当；必要的时候寻求法律支持或报警。

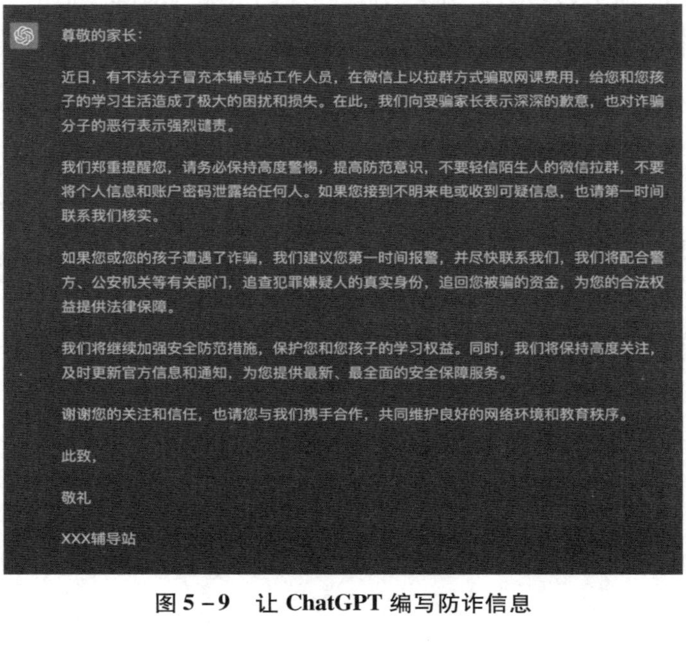

尊敬的家长：

近日，有不法分子冒充本辅导站工作人员，在微信上以拉群方式骗取网课费用，给您和您孩子的学习生活造成了极大的困扰和损失。在此，我们向受骗家长表示深深的歉意，也对诈骗分子的恶行表示强烈谴责。

我们郑重提醒您，请务必保持高度警惕，提高防范意识，不要轻信陌生人的微信拉群，不要将个人信息和账户密码泄露给任何人。如果您接到不明来电或收到可疑信息，也请第一时间联系我们核实。

如果您或您的孩子遭遇了诈骗，我们建议您第一时间报警，并尽快联系我们，我们将配合警方、公安机关等有关部门，追查犯罪嫌疑人的真实身份，追回您被骗的资金，为您的合法权益提供法律保障。

我们将继续加强安全防范措施，保护您和您孩子的学习权益。同时，我们将保持高度关注，及时更新官方信息和通知，为您提供最新、最全面的安全保障服务。

谢谢您的关注和信任，也请您与我们携手合作，共同维护良好的网络环境和教育秩序。

此致，

敬礼

XXX辅导站

图 5-9 让 ChatGPT 编写防诈信息

虽然 ChatGPT 错误地理解了咨询者和“友商”这两个身份之间的区别，但在后续的行文方面，并没有明显的瑕疵。对于“微信群公告”的用途而言，ChatGPT 的作答已经相当周全，我们对主体信息进行微调后，就可以交付给咨询者。

同样的问题，我们也来试试 iLaw 达芬奇机器人的回答：

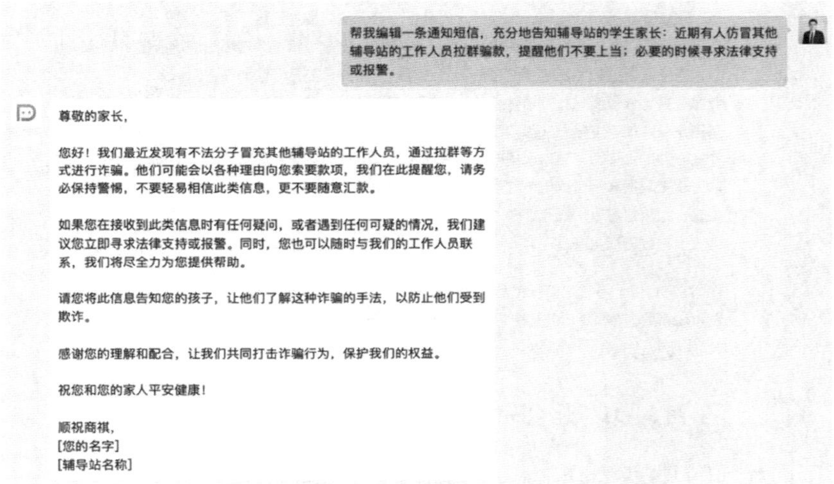

图 5－10　让 iLaw 达芬奇机器人编写防诈信息

仅就本轮回答而言，iLaw 达芬奇机器人并未与 ChatGPT 表现出明显的差异。

（三）转账错误的应对

我们再来看一些案情更加简单的咨询和答复。

> 假设你是一名中国的执业律师，如有人遇到这样的问题并向你咨询，你会如何作答？问题：我不小心把钱转给了别人，别人就是不退，怎么办？

JC

假设你是一名中国的执业律师，如有有人遇到这样的问题并向你咨询，你会如何作答？
问题：我不小心把钱转给了别人，别人就是不退，怎么办？

作为一个语言模型，我并非真正的律师，但我可以尝试提供一些基于中国法律环境下可能的建议。以下是我建议的一些行动步骤：

1. **与对方沟通**：首先尝试与接收方进行沟通，尽可能让对方明白这是一个误操作，并请求其退款。可以通过电话，短信，微信等方式进行，并保留好相关证据。
2. **联系银行**：接着，你可以联系你的银行，向他们报告这个情况，看看他们能否提供帮助。但是通常情况下，如果转账操作是你自愿进行的，银行可能无法帮助你追回资金。
3. **收集证据**：保留所有与该事件相关的证据，例如转账记录，通讯录等。
4. **法律援助**：如果上述方法都不能解决问题，你可能需要寻求法律援助。在中国，接收到误转的钱款并拒绝退回，可能构成非法占有他人财物的行为，属于不当得利。你可以考虑向当地的法院提起民事诉讼，请求法院判决对方返还误转的款项。
5. **报警**：如果对方明知钱款误转，并且拒不退款，这在一定情况下可能构成侵犯财产的刑事犯罪。你可以尝试报警。

不过在进行以上步骤之前，你最好能寻求专业的法律建议。这些都只是一般的建议，具体的法律问题需要具体分析，并在专业律师的帮助下进行处理。

图 5－11 让 ChatGPT 解答"转账错误"的法律咨询

同样，我们再来对比 iLaw 达芬奇机器人的回答：

假设你是一名中国的执业律师，如有有人遇到这样的问题并向你咨询，你会如何作答？问题：我不小心把钱转给了别人，别人就是不退，怎么办？

首先，我建议你立即与银行联系，告知他们你的情况，看看他们是否能帮助你撤销或冻结这笔交易。同时，你也可以向公安机关报案，说明你的情况。

其次，你可以尝试与收款人进行沟通，如果他们拒绝退款，你可以告诉他们你已经报警，并且将采取法律手段来追回这笔款项。

如果上述方法都无法解决问题，你可以考虑采取法律手段。在中国，如果你能够证明这笔款项是你误转的，且收款人拒绝退款，那么他们可能会因为"不当得利"而被法院判决必须退款。你需要准备好所有的证据，包括转账记录、你与收款人的通信记录等。

最后，我建议你在进行任何大额转账时都要特别小心，确保所有的信息都是正确的，以防止类似的情况再次发生。

图 5－12 让 iLaw 达芬奇机器人解答"转账错误"的法律咨询

可以看到，二者的回答各有千秋。ChatGPT 在证据的指引、联系银行的问题上，给了更多的帮助；而得益于联网能力和向量数据库的优势，iLaw 达芬奇机器人则准确地识别出"不当得利"的法律关系。

(四)婚姻家事应答

假设你是一名中国的执业律师,如有人遇到这样的问题并向你咨询,你会如何作答?问题:我老公出轨,我应该怎么办?

JC

假设你是一名中国的执业律师,如有有人遇到这样的问题并向你咨询,你会如何作答?
问题:我老公出轨,我应该怎么办?

我明白您目前可能正经历着情感上的困扰和痛苦。作为一名法律专家,我可以为您提供一些法律方面的指导和建议,但请记住,每个案件的具体情况可能会有所不同,因此最好还是找一位当地的执业律师进行详细咨询。以下是一些可能的步骤和考虑因素:

1. **了解自己的感受和需求**:首先,了解自己的感受和需求至关重要。您希望和配偶协商解决问题,还是决定走法律途径解决?这一决定将影响后续的行动方向。
2. **积极沟通**:如果您还希望挽救这段婚姻,那么与您的配偶沟通是非常重要的一步。寻找一位心理咨询师或婚姻顾问也可能有助于解决问题。
3. **收集证据**:如果您考虑采取法律行动,您应该开始收集可能的证据。证据可能包括但不限于通讯记录、照片、目击证人证言等。
4. **咨询律师**:如果您决定走法律途径,如起诉离婚等,那么应该尽早咨询一位专门从事家庭法的执业律师。律师可以根据您的具体情况提供法律建议,帮助您了解自己的权益,并为您制定合适的法律战略。
5. **考虑财产分割和子女抚养**:如果您选择离婚,那么需要考虑的法律问题还包括财产分割和子女抚养权等。这些问题通常较为复杂,需要与律师详细讨论。
6. **寻找支持**:无论您选择何种途径,此时寻找亲友的支持或者参与支持小组都可能有助于缓解情感上的压力。
7. **注意隐私保护**:在与配偶沟通和采取法律行动的过程中,注意保护自己的隐私和安全。

请注意,我提供的这些建议是一般性的,每个人的情况可能会有所不同。最好的做法是找一位在您所在地区从事家庭法的律师,与他或她面对面咨询,以了解最适合您具体情况的法律选项和策略。

图 5-13 让 ChatGPT 解答婚姻家事法律咨询

(五)打消成交顾虑

在前文的咨询场景里,ChatGPT 类的生成式人工智能工具,都很好地完成了我们指派的任务。下面,我们进一步对咨询场景进行延伸。

当回答完当事人的法律咨询并给出法律服务报价方案后,律师朋友们会经常听到客户说:“我再考虑考虑。”当我们听到这句话,我们可以充分感受到客户的顾虑。我们尝试使用生成式人工智能工具,让它用基于"预训练"学来的"人情世故",来帮我们解决这个问题。在这个问题上,无论是 ChatGPT 还是其他生成式人工智能工具,应该都可以轻松驾驭。我们将问题提交给 iLaw 达芬奇机器人:

你是一名律师,客户咨询完了,说要"回家考虑考虑"。你该怎样引导他委托你?

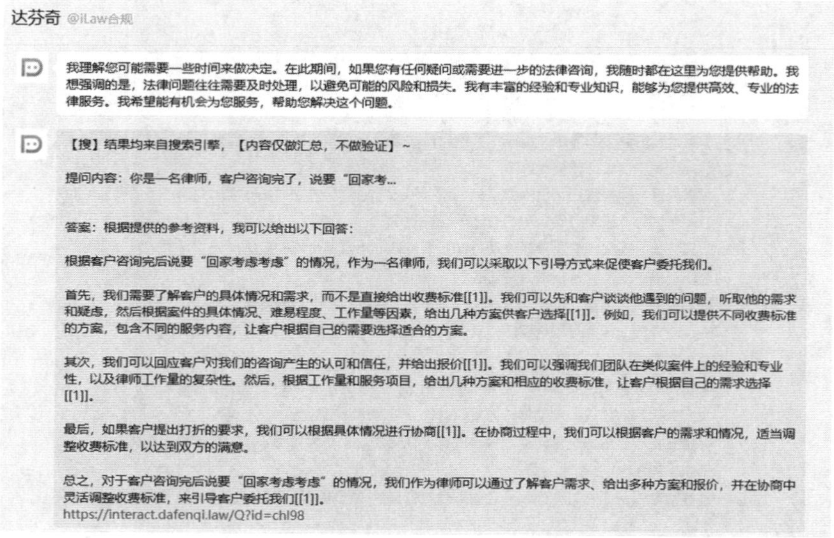

图 5-14　让 iLaw 达芬奇机器人帮助律师打消客户成交顾虑

从生成的内容来看,这样的回答已经算是一名"合格"的律师。它能够站在客户的立场上换位思考,积极打消客户在委托律师过程中的疑虑,建议我们首先应当了解客户的具体情况与需求,其次通过案例解释我们的专业优势,并在适当的时候调整我们的报价方案。

三、咨询场景下的 ChatGPT 使用要点归纳

1. 当我们接受咨询者的咨询时,尽量要求咨询者用书面的方式提问,以便我们为 ChatGPT 提供事件的背景和需求。要求咨询者使用书面的

方式，可以引导咨询者充分地描述事件的经过以及咨询者的需求，避免口头咨询的随意性，提高沟通的效率。ChatGPT 充分了解事件后，才能在作答的时候得出更加贴近我们需求的答复。

2. 使用提示词（prompt）技巧。除了了解咨询者提供的背景和需求外，我们还需要根据法律场景的特点，结合第三章介绍的为 ChatGPT“设置特定身份”“提供特定背景”“说明格式要求”等提示词技巧，有助于我们更好地使用 ChatGPT。

3. 对 ChatGPT 生成的内容进行调整。由于训练素材的时间限制，ChatGPT 出现前文第一个咨询场景下法条引述错误的情形并不鲜见。对于该问题，有以下解决思路，供读者参考：

（1）在充分了解 AI 工具性能的前提下，适度容忍工具的缺点。一般情况下，即便 ChatGPT 在法条引述的问题上容易出错，但其“法律意识”“法律功底”，通常足以解决浅层次的法律咨询。如果读者认为这样的瑕疵可以容忍，则可以在订正 ChatGPT 的错误后使用其生成的内容。

（2）在对 ChatGPT 提问时，同时投喂最新的法律规定。但考虑到我们使用 ChatGPT 答复咨询的目的，本来就是提高效率；如果为了提高答复的准确率而郑重其事地提前进行法律检索，反而可能降低了效率。

（3）通过调用 ChatGPT 的 API，用编程定制自己的 AI 法律助理，提高回答的准确率。感兴趣的读者，可以提前查阅本书第六章、第七章的内容，我们将提供 API 和 Langchain 的编程建议，读者可以尝试训练自己的 AI 法律助理，提高 AI 作答时的准确率。

4. 当 ChatGPT 作答不佳、出现法律“基本功”的错误时，可以考虑使用 iLaw 达芬奇机器人这类具有向量数据库的工具作答，提高法律垂类的作答能力。

第三节　从零入门陌生行业

一、场景

作为法律人，除了掌握专业的法律知识外，在处理具体法律问题时候，难免需要了解陌生行业的资讯，并在对行业了解的基础上，处理相关的法律事务。假设，你接到一项工作任务：明天上午，你将接待一名从事宠物行业的当事人，处理与宠物行业有关的法律问题。在此前，你从来没有接触过宠物行业。此时，借力 ChatGPT 快速入门宠物行业的法律问题，或许能够帮助你在处理相关法律事务的时候，更加从容不迫，更好地解决相应的法律问题。

二、抽象问题

面对一个陌生行业，如何快速入门，了解其法律关系和行业特点，不外乎从“主体、商业模式、代表商家、法律风险点、相关法规”等方面入手。为此，在使用 ChatGPT 之前，我们抽象概括了如下五大问题，作为我们在使用人工智能工具时的提问指引：

1. 从事宠物行业有哪些类型的经营者；
2. 不同类型的经营者如何开展业务；
3. 日常经营中的易发纠纷、事件案例；
4. 容易遭受行政处罚的情形、事件案例；
5. 宠物行业相关法律法规。

三、实操演示

（一）基础商业模式检索

请制作一张表格，需要解决以下问题：

1. 宠物行业有哪些类型的经营者？请分类列举，比如宠物医院、宠物食品销售商等。

2. 请你对应每一类经营者,列出他们商业行为模式(即主营商品、服务及经营模式)。

3. 列出不同类型经营者的商业行为模式,可能容易引发哪些法律纠纷。

4. 请以表格形式列出以上回答,共 3 列,从左到右依次为“经营者类型”“商业行为模式”“易发法律纠纷”。

这样,我们就能从 ChatGPT 的回答中直接得到一张表格,立足不同类型的宠物商家,对宠物行业的商业模式及潜在法律风险点,进行梳理:

以下是宠物行业常见的经营者类型及其商业行为模式:

经营者类型	商业行为模式	易发生法律纠纷
宠物医院/诊所	提供宠物医疗服务,包括诊断、手术、治疗等	医疗事故责任纠纷,药物和治疗效果的争议,诊疗错误引起的赔偿要求
宠物零售和批发	销售宠物、宠物用品和食品,可能包括线上和线下销售	产品质量问题导致的召回或索赔,虚假宣传和欺诈行为,消费者投诉和纠纷
宠物美容和护理	提供宠物美容、洗澡、护理和造型等服务	造型和美容不满引发的投诉,护理过程中的意外伤害,宠物身体损害的责任问题
宠物培训和行为服务	提供宠物培训、行为纠正和社交化训练等服务	训练不当导致的宠物伤害或攻击,训练效果不符合预期引发的投诉
宠物保险和金融服务	提供宠物健康保险、赔付服务和其他金融产品	保险赔付纠纷,保险条款争议,未经授权的保险销售行为
宠物饲养和繁殖	提供宠物繁殖、销售和饲养场所,可能涉及纯种犬和猫等	繁殖品质问题引起的纠纷,寄养过程中宠物死亡或受伤引发的责任纠纷
宠物科技和创新	开发宠物相关的科技产品和创新解决方案	产品质量问题导致的责任纠纷,侵犯知识产权,个人数据泄露和隐私问题
宠物殡葬	提供宠物殡葬服务,包括宠物火化、葬礼仪式和纪念品等	未按约定处理宠物遗体引发的纠纷,葬礼和纪念品质量问题,违反殡葬相关法规
宠物摄影师	提供宠物摄影服务,包括宠物写真摄影、活动摄影等	摄影作品版权纠纷,未经授权使用宠物照片引发的侵权问题
宠物托运和运输服务	提供宠物运输和托运服务,包括航空、地面运输和国际运输等	宠物运输中的意外伤害或死亡引发的责任纠纷,运输违规和滥用动物权益的指控
宠物活动和展览组织者	组织宠物相关的活动、展览、比赛等	活动期间的意外伤害引发的责任纠纷,未经授权使用图片和版权作品的侵权问题
宠物媒体和出版物	提供宠物相关的媒体报道、杂志、书籍等	摄影作品版权纠纷,未经授权使用宠物照片引发的侵权问题

请注意,以上商业行为模式和可能引发的法律纠纷仅供参考,具体的纠纷事件需要根据实际案例和报道来了解,以了解更多细节和相关信息。法律纠纷的发生与具体情况有关,建议在实际经营中咨询专业法律机构以确保合法合规。

图 5－15　让 ChatGPT 分析商业模式及易发纠纷点

(二)法律问题检索

涉及纠纷案例、法律法规等问题,有一定的时效性。因此,将这些问题交给 BingAI,更能发挥其联网检索功能的优势。先了解一下,宠物行业在哪些问题上容易引发民事法律纠纷。在提问的时候,可以要求 BingAI 尽量从新闻媒体报道、法院官方报道中获取信息,以便我们对其输出结果核查真实性。

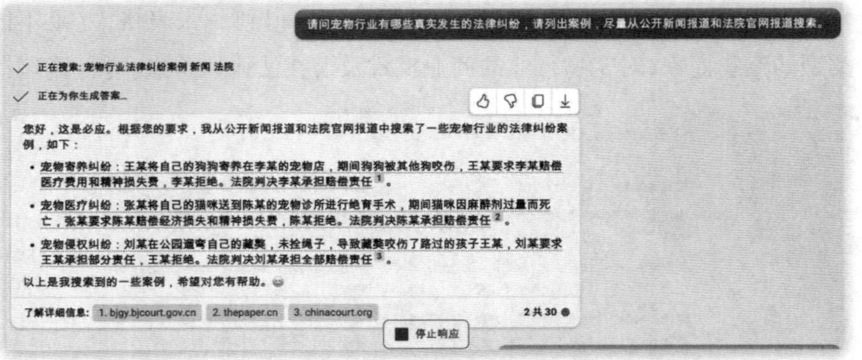

图 5-16 用 BingAI 输出类案新闻

如果我们觉得案例过于单薄,还可以结合此前 ChatGPT 告诉我们各类型的宠物行业商家,针对每个类型商家可能涉及的法律纠纷,追问案例。比如追问有关宠物食品方面的纠纷案例:

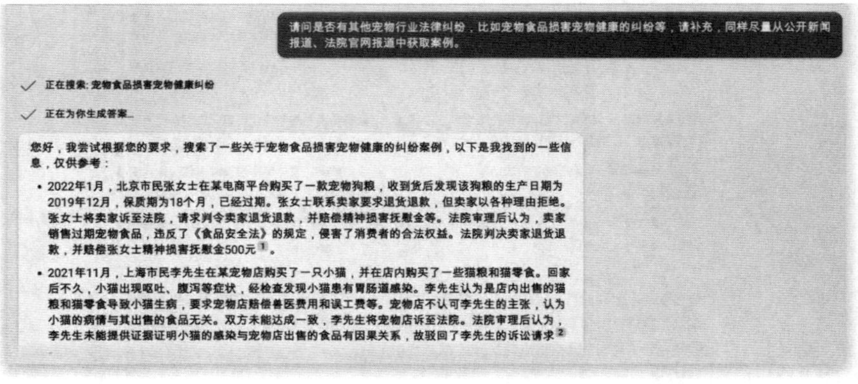

图 5-17 用 BingAI 进行追问

接下来,我们从监管角度,对宠物行业商家在日常经营中,可能遭遇的行政处罚进行检索。依然要注意的是,可要求 BingAI 尽量从新闻媒体报道、法院官方报道、政府官方通报中获取信息。

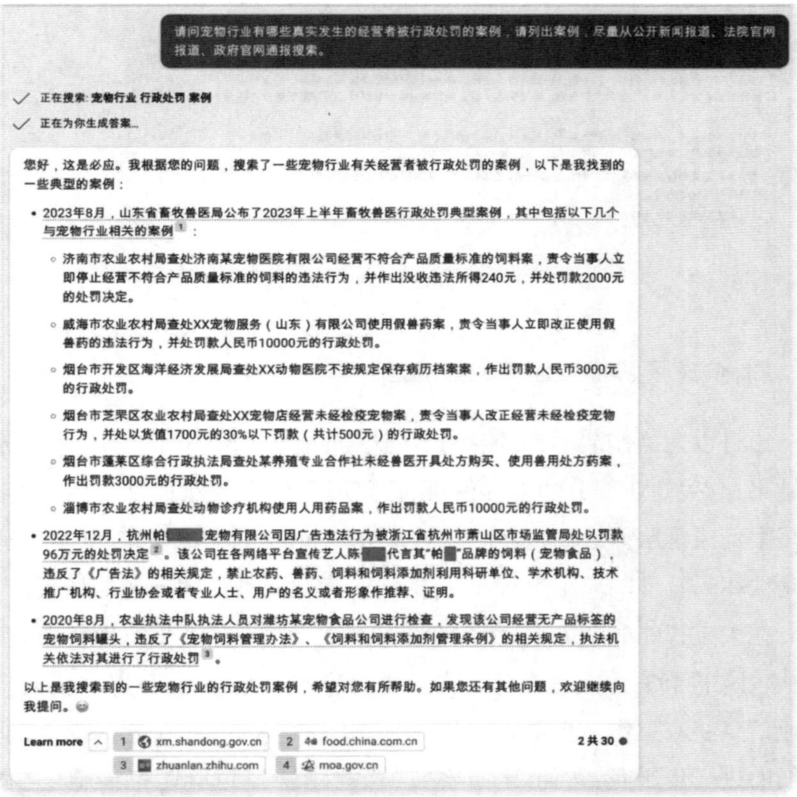

图 5－18　要求 BingAI 从权威渠道获取案例

作为法律人,我们必须对 BingAI 提供的案例进行核验。其实非常简单,因为它已经提供了出处链接,如上截图中 BingAI 就列出了政府官网、问答社区网站等,直接点击查阅来源即可。如果是来自政府官方网站的信息,则可以作为我们真实可靠的依据;如果是来自自媒体、论坛及问答社区网站的消息,则需要进一步核实。

最后,我们可以通过 BingAI 对宠物行业相关法律法规进一步汇总。

提问得到如下回答：

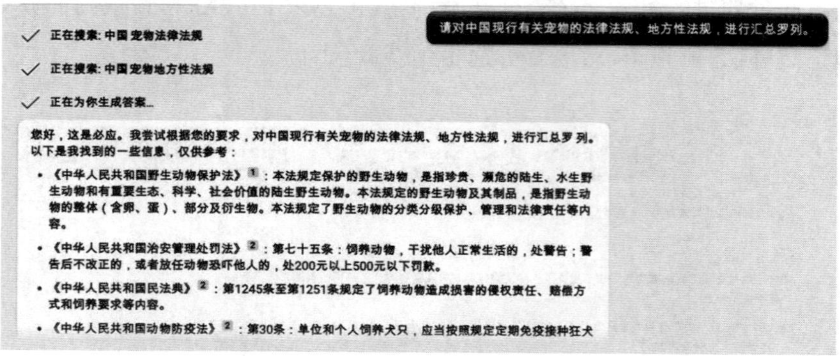

图 5－19　用 BingAI 输出参考法律法规

四、快速了解行业信息的技巧总结

通过以上操作演示，可能有读者认为，结合 ChatGPT 与 BingAI 输出的结果，有关商业部分的内容尚可直接使用，但有关法律部分的内容，无论是案例还是法律法规，表现不尽如人意。但我们应该意识到，本节适用的是法律人日常响应陌生行业法律需求，解决行业法律问题的场景。

在人工智能的帮助下，我们在极短的时间内，对一个陌生行业，实现了从“小白”到有一定行业基础和经验的法律人的跨越，足以完成初步的行业信息获取工作。更重要的是，有了以上检索成果，在此基础上，通过我们的进一步研究、完善，比如增加“合规建议”“风险防范措施”之类的内容，最终也不难编制一小册“涉宠物行业的法律服务指南”，成为我们的行业法律事务处理指南。

第四节　定制个性化的法律文书

写律师函、写起诉状、起草合同，这些都是法律人的日常工作。本节就以这三大场景为例，展示如何通过 ChatGPT 生成一份符合个人需求的法律文书。

一、写律师函

（一）用 ChatGPT 写律师函

律师函的核心在于"事实描述"+"合法预警"。在描述需求时，我们一定要注意明确如下几点：

1. 主体身份：明确律师身份，接受哪一方的委托，向哪一方发函；

2. 事实行为：特别注意列明主体、时间、金额、行为，清晰描述；

3. 个性需求：如本次操作实例中，我们可以将"利息计算"这一任务交给 ChatGPT。（ChatGPT 在未调用计算插件的情况下，计算水平较差。如果涉及复杂计算，建议调用第二章第二节中介绍的 Wolfram 插件来完成计算）

因此，我们试着向 ChatGPT 提出如下《律师函》草拟需求：

> 你是广东××律师事务所的唐僧律师，接受孙悟空先生委托，需要写一份《律师函》，以向猪八戒催款。背景为猪八戒向孙悟空借到本金 100 万元，孙悟空于 2022 年 1 月 1 日向猪八戒通过银行转账支付了全部借款，双方签署的《借款协议》约定：借款月利率 1%，每月最后一日支付当月利息，猪八戒应于 2022 年 12 月 31 日前归还全部本金和利息。但截至发函之日（即 2023 年 6 月 1 日），猪八戒仅支付过 2022 年 1 月的利息 1 万元，就再未支付过任何本金和利息。因此，你还需要在催款《律师函》中写出，自借款之日起至发函之日止，已产生的尚欠本金和利息为多少。

ChatGPT 生成的《律师函》如下：

【律师函】

收件人：猪八戒先生

尊敬的猪八戒先生，

我是广东XX律师事务所的唐僧律师，特此函代表孙悟空先生向您发出催款通知。根据我们的了解，您曾向孙悟空先生借款100万元，并在2022年1月1日通过银行转账收到了全部借款。根据双方签署的《借款协议》，约定了月利率1%，每月最后一日支付当月利息，并规定您应于2022年12月31日前归还全部本金和利息。

然而，我们注意到，截至发函之日（即2023年6月1日），您仅支付了2022年1月份的利息1万元，但再未支付任何本金和利息。基于约定，根据计算，自借款之日起至发函之日止，您已产生的尚欠本金和利息如下：

1. 本金：100万元
2. 已逾期利息：根据约定的1%月利率，自借款之日起至发函之日止已经过去了16个月，共计16万元。

因此，截至发函之日，您尚欠孙悟空先生的本金和利息总额为116万元。

我们郑重提醒您，您作为借款人有义务按照约定的时间和方式归还借款本金和利息。您的拖欠行为已严重违反了合同约定，并对孙悟空先生造成了经济损失和困扰。我们敦促您立即履行还款义务，并在收到本函后的7个工作日内，将总额116万元支付至孙悟空先生指定的账户。

请您认真对待此事，并遵守法律法规及合同约定。如您拒绝履行还款义务，孙悟空先生将不得不采取进一步的法律行动来维护自身权益，包括但不限于向法院提起诉讼、申请强制执行等。

如果您对此事有任何疑问或需要进一步沟通，请随时与我们联系。我们将竭诚协助您解决问题，并期望您能积极配合解决此次纠纷，避免进一步的法律纠纷和法律后果。

谢谢您的合作与理解。

此致

唐僧律师

广东XX律师事务所

Regenerate response

图 5－20　用 ChatGPT 生成律师函

可以看到，ChatGPT 生成的内容，基本具备了律师函的内容和结构，但在实践应用中，法律人可根据实际需要，在 ChatGPT 生成内容基础上，在以下几方面进行完善：

1. 语言风格调整：ChatGPT 生成的“函件类”内容，一般较为商务范式，如果需要更为法言法语的措辞，也可以进行相应风格调整；

2. 法律条文补充：可以根据事实，列出所适用的法律条文；

3. 格式优化：行文格式可根据个人需求进行优化，如删除函首的“收件人”信息，对正文内容调整为“事实”“法律分析”“函告预警”三个格式板块等。

（二）用 iLaw 达芬奇机器人写律师函

由于 ChatGPT 在写律师函时，对中国法律问题表现得多少有点“水土不服”，因此我们尝试使用 iLaw 达芬奇机器人，并提出同样的需求，以测试它写律师函的能力。

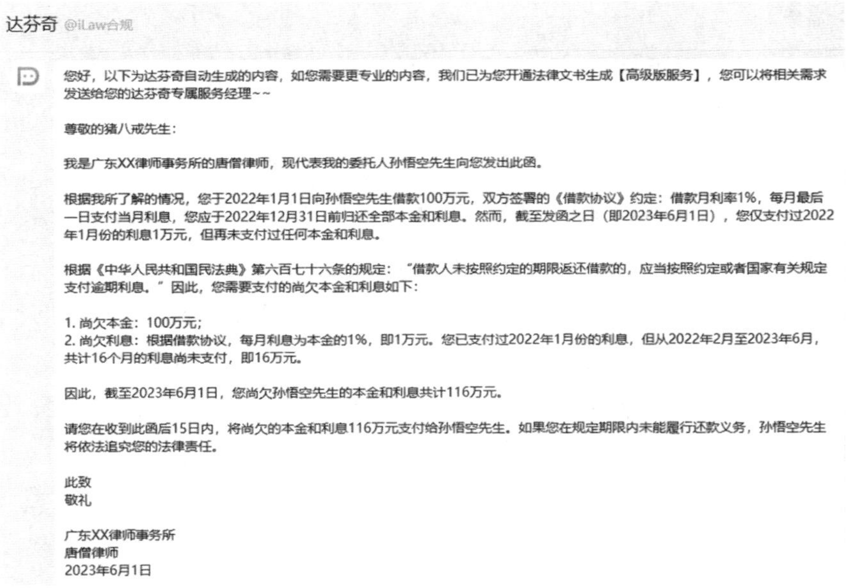

达芬奇 @iLaw合规

您好，以下为达芬奇自动生成的内容，如您需要更专业的内容，我们已为您开通法律文书生成【高级版服务】，您可以将相关需求发送给您的达芬奇专属服务经理~~

尊敬的猪八戒先生：

我是广东XX律师事务所的唐僧律师，现代表我的委托人孙悟空先生向您发出此函。

根据我所了解的情况，您于2022年1月1日向孙悟空先生借款100万元，双方签署的《借款协议》约定：借款月利率1%，每月最后一日支付当月利息，您应于2022年12月31日前归还全部本金和利息。然而，截至发函之日（即2023年6月1日），您仅支付过2022年1月份的利息1万元，但再未支付过任何本金和利息。

根据《中华人民共和国民法典》第六百七十六条的规定：“借款人未按照约定的期限返还借款的，应当按照约定或者国家有关规定支付逾期利息。”因此，您需要支付的尚欠本金和利息如下：

1. 尚欠本金：100万元；
2. 尚欠利息：根据借款协议，每月利息为本金的1%，即1万元。您已支付过2022年1月份的利息，但从2022年2月至2023年6月，共计16个月的利息尚未支付，即16万元。

因此，截至2023年6月1日，您尚欠孙悟空先生的本金和利息共计116万元。

请您在收到此函后15日内，将尚欠的本金和利息116万元支付给孙悟空先生。如果您在规定期限内未能履行还款义务，孙悟空先生将依法追究您的法律责任。

此致
敬礼

广东XX律师事务所
唐僧律师
2023年6月1日

图 5－21　让 iLaw 达芬奇机器人写律师函

可以看到，iLaw 达芬奇机器人生成的内容同样具备了律师函的基本要素和结构，在完成“利息计算”这一任务上也表现得可圈可点。除此之外，它还表现出一个可能更受中国法律人“欢迎”的特点——具备基础的法律分析能力。

相比 ChatGPT 的回答，iLaw 达芬奇机器人准确识别出律师函所涉法律关系为借款合同法律关系，并据此援引了《中华人民共和国民法典》第六百七十六条的规定，使其生成的律师函在内容结构上更完整，补全了法律分析和法律条文，从而让法律人可以更轻松地在此基础上进行修改。

二、写起诉状

起诉状的核心在于“诉讼请求”+“事实和理由”。在描述需求时，所要注意的事项，基本与写律师函时无异，但仍需提供一个基本的起诉状格式（标准的起诉状格式可以从人民法院官网或者人民法院出版社出版的《民事诉讼文书样式》等途径获取）。因此，我们尝试向 ChatGPT 提出如下指令：

> 你是孙悟空的代理律师，你需要根据以下事实，写一份起诉状：
>
> 事实如下：猪八戒向孙悟空借到本金 100 万元，孙悟空于 2022 年 1 月 1 日向猪八戒通过银行转账支付了全部借款，双方签署的《借款协议》约定：借款月利率 1%，每月最后一日支付当月利息，猪八戒应于 2022 年 12 月 31 日前归还全部本金和利息。但截至发函之日（即 2023 年 6 月 1 日），猪八戒仅支付过 2022 年 1 月的利息 1 万元，就再未支付过任何本金和利息。
>
> 起诉状格式如下：原告：×××，男/女，×年×月×日生，×族，（写明工作单位和职务或职业），住……。联系方式：……。法定代理人/指定代理人：×××，……。委托诉讼代理人：×××，……。被告：×××，……。……（以上写明当事人和其他诉讼参加人的姓名或者名称等基本信息）诉讼请求：…… 事实和理由：…… 证据和证据来源，证人姓名和住所：此致 ××××人民法院 附：本起诉状副本×份。

这样，我们就得到了 ChatGPT 所写的如下《起诉状》：

原告：孙悟空，男，生于XXXX年X月X日，汉族，职业为XXXX，住址为XXXX。
联系方式：电话：XXXX，电子邮件：XXXX。

法定代理人/指定代理人：XXXX，职业为XXXX。

委托诉讼代理人：唐僧律师，职业为律师，执业证号为XXXX，所在律师事务所为XXXX，联系方式：电话：XXXX，电子邮件：XXXX。

被告：猪八戒，男，生于XXXX年X月X日，汉族，住址为XXXX。

诉讼请求：

1. 要求被告猪八戒立即归还原告孙悟空借款本金100万元；
2. 要求被告猪八戒支付自2022年1月1日起至起诉之日（即2023年6月1日）的利息，按照约定的1%月利率计算；
3. 要求被告猪八戒承担本案的诉讼费用、律师费等其他合理费用。

事实和理由：

1. 原告孙悟空与被告猪八戒签署了《借款协议》，约定猪八戒借款100万元，原告孙悟空于2022年1月1日通过银行转账支付了全部借款；
2. 根据借款协议，被告猪八戒应按照约定的1%月利率支付利息，并于2022年12月31日前归还全部本金和利息；
3. 然而，截至发函之日（即2023年6月1日），被告猪八戒仅支付了2022年1月份的利息1万元，并未支付任何本金和其他利息；
4. 原告孙悟空多次催告被告猪八戒归还借款及利息，但被告猪八戒拒不履行还款义务，严重违反了双方签订的借款协议。

证据和证据来源，证人姓名和住所：

1. 借款协议原件及相关银行转账记录；
2. 律师函原件及相关通信记录；
3. 相关证人证言。

此致××××人民法院
附：本起诉状副本×份。

图 5－22　用 ChatGPT 生成起诉状

三、起草合同

（一）识别风险

一份合同，最基础也是最核心的作用在于“风险预控”，因此在起草合同之前，我们得了解“风险”何在。假设，我们需要代表出租人起草一份《房屋租赁合同》，如我们不知道房屋出租过程中通常会遇到哪些法律风险，应当在起草合同之前，先问一问 ChatGPT：

在出租房屋过程中，出租人可能会遇到哪些法律风险？请你列举。

这样，我们就得到了 ChatGPT 所提示的“风险清单”：

在出租房屋过程中，出租人可能会遇到以下法律风险：

1. 违反租赁法规定：出租人需遵守当地的租赁法规定，包括租金收取、租赁合同的签订和履行、房屋维护等方面。违反相关法规可能导致法律责任和经济损失。
2. 合同纠纷：租赁合同是出租人与承租人之间的法律约束文件。如果合同条款不清晰或不完整，或者出现租金支付、履行义务等方面的纠纷，可能引发合同纠纷并需要通过法律途径解决。
3. 房屋损坏和维护责任：出租人有责任确保出租房屋的安全和良好状态。如果房屋出现损坏或需要维修，出租人需要及时处理，否则可能面临承租人的索赔要求。
4. 侵权责任：如果出租房屋存在安全隐患或缺乏必要的维护措施，导致承租人或第三方受伤或财产损失，出租人可能会被追究侵权责任。
5. 违规出租：出租人需要遵守当地的居住管理规定，如未经许可擅自将房屋用于商业用途、违反租赁用途等，可能面临行政处罚和法律责任。
6. 税务风险：出租房屋可能涉及税务问题，如未按规定缴纳相应的房屋租赁税、个人所得税等，可能会面临税务部门的处罚和追缴税款。
7. 背景调查不足：在租赁过程中，出租人需要进行承租人的背景调查，确保其身份和信用状况。如果未经仔细筛查，可能面临租户拖欠租金、违反租赁条款等问题。

因此，出租人应了解当地的租赁法律法规，积极履行法定义务，避免可能的法律风险，并在需要时咨询专业法律意见。

图 5－23　让 ChatGPT 列举合同风险点

考虑到 iLaw 达芬奇机器人可能“更懂本土法律”，我们也尝试要求它回答“出租房屋有哪些法律风险”，来看看它表现如何：

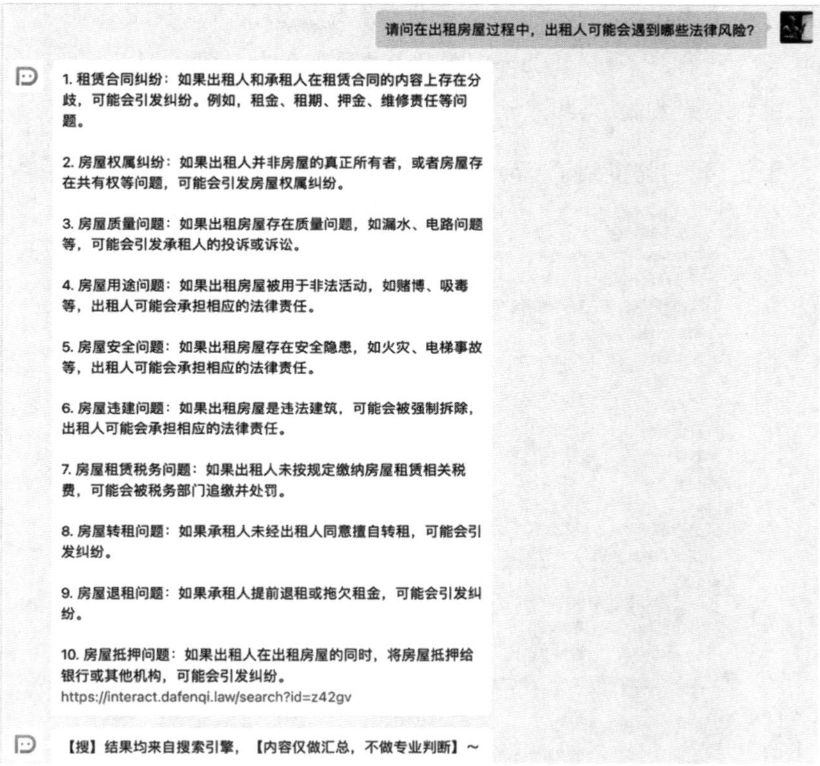

图 5－24　让 iLaw 达芬奇机器人列举合同风险点(节选)

可以看到,iLaw 达芬奇机器人在对此类法律问题的解答上,表现确实比较“周全”,一般法律人得到这样的风险清单助攻,即便后续不使用 AI 而单纯靠人工自行起草合同,也能很便利地将这些风险点考虑在条款中,顺利完成一份比较完善的合同。

(二)起草合同

如上操作,正是我们充分使用 AI“自问自答”的能力,使其在起草合同前已“学习”了一遍潜在风险点,因此,我们便能更有针对性地要求 AI 将其融入合同中,并加以约束或保障。因此,我们要求 ChatGPT 生成一份合同,并涵盖之前提及的风险点。提示词参考如下:

请你代表出租人，起草一份《房屋租赁合同》，需要保护出租人的利益，涵盖以上全部风险点，且需要对应每个风险点，列出相应的条款，以约束承租人的义务，明确责任。

于是，我们就得到了 ChatGPT 生成的如下合同：

《房屋租赁合同》

甲方（出租人）：
身份证号码/统一社会信用代码：
联系地址：
联系电话：

乙方（承租人）：
身份证号码：
联系地址：
联系电话：

鉴于以下事实，甲乙双方经友好协商，就甲方出租位于（房屋地址）的房屋事宜达成如下协议，并共同遵守：

第一条 租赁房屋信息
1.1 房屋地址：（房屋地址）
1.2 房屋面积：（房屋面积）
1.3 房屋结构及设施：（房屋结构及设施）

第二条 租赁期限
2.1 租赁期限为（租赁起始日期）至（租赁结束日期），共计（租赁期限）个月。
2.2 若乙方需要继续租赁，应提前（提前通知期限）向甲方书面提出，并经双方协商达成新的租赁协议。

第三条 租金支付
3.1 乙方应按照以下方式支付租金：
（租金支付方式及具体金额）

3.2 乙方应在每月的（租金支付日）前支付当月租金，逾期支付的，应按照每日（逾期罚息比例）的标准支付滞纳金。

第四条 租赁违约责任
4.1 甲方和乙方均应遵守当地的租赁法规定，包括租金收取、租赁合同的签订和履行、房屋维护等方面。

4.2 如乙方违反上述规定，甲方有权采取以下措施之一或多个：
a) 终止合同并收回房屋，乙方无权要求返还已支付的租金。
b) 要求乙方支付违约金，违约金的金额为（具体金额）。

4.3 甲方违反租赁法规定或合同约定，导致乙方遭受经济损失的，甲方应承担赔偿责任。

第五条 房屋损坏和维护责任
5.1 甲方有责任确保出租房屋的安全和良好状态，并承担正常的维修责任。

5.2 乙方应妥善保管房屋及内部设施设备，如发现损坏或需要维修，应及时通知甲方。如乙方未及时通知或未经甲方同意擅自修理，由此产生的费用由乙方承担。

5.3 如因乙方的过失导致房屋损坏或需要维修的，乙方应负责修复或承担相应的维修费用。

第六条 侵权责任

6.1 如因房屋存在安全隐患或缺乏必要的维护措施，导致乙方或第三方受伤或财产损失，甲方应承担相应的侵权责任，并赔偿相关损失。

第七条 违规出租

7.1 乙方不得将房屋转租或违反租赁用途。如乙方违反此约定，甲方有权解除合同，并要求乙方承担违约责任，包括但不限于赔偿甲方的经济损失和支付违约金。

第八条 税务义务

8.1 甲方应按照当地法律法规的规定缴纳相应的税费，并及时提供相关税务证明。

8.2 乙方承诺按照当地法律法规的规定履行个人所得税等税务义务，如有违反导致甲方承担额外税务责任的，乙方应负责赔偿甲方的经济损失，并承担相应的法律责任。

第九条 背景调查

9.1 甲方有权对乙方进行合理的背景调查，包括但不限于身份验证、信用评估等。

9.2 乙方应提供真实、准确的个人信息，并保证所提供的证件、证明材料真实有效。

第十条 其他条款

10.1 本合同未尽事宜，双方可另行协商并签订补充协议。补充协议与本合同具有同等法律效力。

10.2 本合同一式两份，甲乙双方各持一份，具有同等法律效力。

10.3 本合同自双方签字盖章之日起生效，并持续有效至租赁期满。

甲方（出租人）签字：__________ 日期：__________
乙方（承租人）签字：__________ 日期：__________

图 5－25　让 ChatGPT 生成合同

（三）补充完善

通过 ChatGPT，我们能够轻松获得上述合同，但仍应根据法律人的实务经验，对合同内容进行检查，或者根据个性化需求补充条款。比如，我们可以要求 ChatGPT 对合同有关“租房内从事违法活动”的问题进行修改，以及增加“房屋空置问题”约定。因此，我们向 ChatGPT 发出的指令如下：

补充如下约定：

1. 如承租人在租房内从事任何违法犯罪活动，出租人有权立即解除合同。造成损失的，承租人还应承担赔偿责任。

2. 如因承租人原因导致房屋空置，出租人有权立即解除合同，出租人应向承租人赔偿 6 个月的房屋空置补偿。

3. 增加争议管辖条款。

这样，我们就得到了 ChatGPT 优化后的“个性化条款”：

补充约定如下：

11. 如承租人在租房内从事任何违法犯罪活动，包括但不限于非法经营、贩毒、赌博等，出租人有权立即解除合同，并要求承租人承担相应的违约责任和赔偿责任。
12. 如因承租人原因导致房屋空置，包括但不限于承租人擅自终止合同或违约导致房屋无法出租，出租人有权立即解除合同。在此情况下，出租人应向承租人支付相当于六个月租金的房屋空置补偿费用。
13. 争议管辖条款：
    13.1 本合同履行过程中如发生争议，甲乙双方应通过友好协商解决。
    13.2 若协商不成，任何一方均有权将争议提交至合同签订地的有管辖权的人民法院解决。

图 5－26 让 ChatGPT 补充个性化条款

综上，在撰写法律文书的场景下，我们可以先通过 ChatGPT 快速生成一份符合基础需求的法律文书，然后根据个性化需求，巧用追问、提示的方式，生成更为“量身定制”的内容。

第五节 快速生成证据收集清单

一、场景

在代理诉讼案件时，往往需要向当事人收集证据材料。一般而言，我们需要根据案件事实，制作《证据收集清单》，以发送给当事人，方便其根据清单收集证据材料。

二、实操演示

（一）提问

以笔者经办的一个服装图案侵权纠纷案为例，笔者直接以被侵权人（淘宝商家）的身份，向 ChatGPT 提问：

我是一个淘宝商家，主要售卖文化衫。我发现有人抄袭我的文化衫设计图案，在抖音直播上售卖。我想要维权，请问我应该先收集哪些证据，可以有助于以后我起诉维权？

ChatGPT 的回答则是：

如果您想要维权并起诉侵权者，以下是您可以先收集的证据，这些证据可以有助于您的维权案件：

1. 抄袭方主体信息：收集抄袭方的相关个人或企业信息，包括姓名、联系方式、店铺链接等。
2. 抄袭方直播销售数据：收集抄袭方在抖音直播中的销售数据，包括销售额、观看人数、销售记录等。
3. 购买抄袭方产品的记录：收集您或其他人购买抄袭方产品的记录，包括购买日期、购买渠道、订单截图等。
4. 收货证明：收集您或其他人收到抄袭方产品的收货证明，如快递单、签收单、包裹照片等。
5. 开箱视频或照片：收集您或其他人对抄袭方产品进行开箱的视频或照片，以证明其与您的产品图案相同。
6. 原创设计稿或草图：收集您的文化衫图案的原创设计稿或草图，以证明您的设计的独特性和创新性。
7. 发表证明：收集您在相关平台或媒体上发布有关文化衫图案的证明，如文章、论坛帖子等。
8. 市场美誉度证明：收集客户评价、用户反馈、社交媒体上的正面评论等，以证明您的产品的市场美誉度。
9. 销售数据和收益证明：收集您的文化衫产品的销售数据和收益证明，包括销售记录、订单量、销售额等。
10. 盗用方销售数据证明：如果可能，收集抄袭方的销售数据，以证明其侵权行为对您的经济损失程度。
11. 专利或版权证明：收集与文化衫图案相关的专利或版权证明文件，以证明您对该图案享有合法的知识产权。

请注意，这些证据的收集应尽可能全面和准确，以增加您在起诉维权过程中的胜诉机会。建议您保留所有相关的订单、支付记录、通信记录和证据截图，并与知识产权律师咨询，以获取针对您具体情况的专业法律建议。

图 5－27　让 ChatGPT 指导证据收集方向

可以看到，ChatGPT 瞬间生成了清单，基本覆盖了收集的证据范围。但作为法律人，依然要根据自己的经验和知识加以判断，检查一下有无遗漏的项目。

（二）提示

笔者发现，上述清单中还可以增加“创作过程说明”这个项目，便让 ChatGPT 增加这一项目，并提示它该项目主要是“要求作者撰写创作这些图案的过程，包括灵感来源、创作思路、图案寓意等”，并且要求它“把以上需要收集的各类型的证据，按 2 列，形成表格”。

收到指令后，ChatGPT 增加了“创作过程说明”这一项目，并且按要求将清单列成了表格，还额外给出“温馨提示”，提醒当事人尽可能保留原始文件。因此有了以下回答：

好的，以下是按照2列形成的表格，列出了需要收集的各类型证据：

证据类型	说明
侵权方主体信息	收集对方在抖音直播上售卖文化衫的主体信息，如昵称、联系方式等
文化衫设计图案	收集您原创的文化衫设计图案，包括高清图片或设计稿
您的销售数据	收集您的销售数据，包括订单记录、销售额等
对方的销售数据	收集侵权方在抖音直播上售卖文化衫的销售数据，如销售额、观看人数等
购买记录	收集您的文化衫购买记录，包括订单、付款凭证等
收货凭证	收集文化衫的收货凭证，如快递单、签收单等
客户投诉	收集客户对侵权方售卖的文化衫进行的投诉记录，包括截图、留言等
市场美誉度证明	收集证明您文化衫市场美誉度的材料，如客户评价、口碑传播等
撰写创作过程说明	撰写文化衫图案的创作过程说明，包括灵感来源、创作思路、图案寓意等
知识产权注册证明	收集您的文化衫设计图案的知识产权注册证明，如商标注册证书、著作权证书等
文化衫鉴定和比对证明	收集专业机构对文化衫图案进行鉴定和比对的证明，如专家意见、鉴定报告等
其他相关证据	收集其他与侵权行为和维权有关的证据，如其他商家的举报截图、侵权方的自述等

请注意，在收集这些证据时，尽可能保留原始文件或文件副本，并与知识产权律师协商确定合适的存档和备份方式，以便在起诉维权过程中使用。

图 5-28　用 ChatGPT 生成证据收集清单

（三）完善

如果我们想对上述清单表格增加其他需求（如增加序号/页码/备注等），可以直接发出指令要求 ChatGPT 在原有的列表上增加相应的内容。例如，“请在‘证据类型’一列的左侧增加一列序号”，便可得到增加序号后的表格。但更重要的是，法律人在借助 ChatGPT 快速生成上述基础工作后，可以根据案件实际情况、当事人的沟通习惯等，继续完善证据收集清单。

以笔者的办案实践为例，按“权利人作品的权属、创作过程及独创性证明”、“权利人及权利人作品的知名度、销量”及“侵权人身份信息、侵权行为及侵权获利证明”三个类别，对 ChatGPT 生成的清单表格进行梳理，制作了以下最终指导当事人收集证据的清单表格，供读者参考：

表 5－1 收集证据参考使用清单

序号	待补充材料	材料说明	贵方回复
（一）权利人作品的权属、创作过程及独创性证明			
1	权利人作品的设计底稿/草图、作品底稿文件电脑显示初次形成时间的截图（如有）	1. 权利人作品的原创设计稿或草图； 2. 权利人作品的著作权登记证书、外观专利证书等（如有）。	
2	创作过程说明	从权利人创作的角度，写一些作品创造的过程、想法、思路等（形成 word 文档）。	
3	权利人作品第一次公开发表的记录或其他证明材料	收集权利人作品在相关平台、媒体上首次公开发布的证明，如作品首次上架销售的截图、文章、论坛帖子等。	
4	产品独特性和创新性证明	收集权利人作品相关的独特性和创新性的证明。	
（二）权利人及权利人作品的知名度、销量			
5	权利人作品市场美誉度证明	收集权利人及其作品的新闻报道、荣誉奖项、客户好评、社交媒体上的正面评论等，以证明权利人的知名度及作品的市场美誉度。	

续表

序号	待补充材料	材料说明	贵方回复
6	权利人作品的销售数据或其他收益证明	1. 权利人作品的销售数据,如销售记录、订单量、销售额、单价、消费者评论数量等; 2. 权利人作品的其他收益证明,如授权给他人使用的许可费用合同及支付证明(如有),以证明权利人作品的收入、侵权人可能侵占权利人的市场份额。	
(三)侵权人身份信息、侵权行为及侵权获利证明			
7	侵权人的身份信息	侵权人的相关个人或企业信息,包括姓名、联系方式、店铺链接等(贵方如无法掌握侵权人的明确身份信息,贵方可先提供初步的侵权人信息,由我们来根据实际情况调取侵权人的身份信息)。	
8	侵权人销售侵权产品的证明	1. 侵权人在抖音直播中的销售数据,包括直播时间、销售额、观看人数、消费者评论、销售记录、侵权商品详情、粉丝群等; 2. 如发现侵权人在其他平台也有实施侵权行为,也请一并提供相关证明材料,以证明其侵权行为给贵方造成的经济损失程度。	
9	购买侵权人产品的记录(如有)	1. 如贵方从前有购买过购买侵权人的产品,请提供购买日期、购买渠道、订单截图等购买记录,开箱视频、侵权产品细节图和对比图、收货的快递单、签收单、包裹照片等(如有); 2. 如贵方未购买,则无须提供,我们将根据案件实际情况,确定是否购买对侵权人的侵权产品,并对购买过程进行公证。	

三、本节场景下的 ChatGPT 使用要点归纳

(一)描述案情

需要给 ChatGPT 简单描述案情,并给出清晰的指令。比如在本节

中,笔者办理的是服装图案侵权案件,需求是制作指导客户收集证据的清单。因此,笔者直接设定了淘宝商家的身份,并描述了侵权人的侵权行为(抄袭图案并通过抖音直播盗卖),最后给出需求,引导 ChatGPT 回答"维权需要收集哪些证据"。

(二)完善细节

首先,笔者根据自身办案经验,要求 ChatGPT 补充遗漏的项目。继而,要求 ChatGPT 对所列清单形成表格,以及增加序号,以便当事人浏览。

当然,当我们熟练使用 ChatGPT 处理该类工作时,便可以更高效地在一开始便对 ChatGPT 明确回答内容的格式要求。

(三)加工定稿

根据 ChatGPT 生成的清单,法律人可以根据实际情况进行加工调整,最终形成可交付的定稿。如此一来,该清单不但可以更好地指导当事人收集证据,也能更高效地辅助法律人在接下来的案件代理工作中制作《证据清单》。

第六节　高效助力合规审查

一、广告合规审查

(一)场景

法律人经常需要对经营者某些行为的合规性进行审查。本节将以经营者的"广告文案"进行审查为例,结合笔者的实务经验,为读者使用 ChatGPT 进行合规审查提供参考。通常,广告审查工作包含如下三方面内容:

1. 合法审查:对广告内容进行合法性审查,"诊断"违法风险;

2. 舆情风控:对广告内容进行舆情风险评估,排查舆情风险点,有效做好舆情预控；

3. 传播创意：在完成前述两项工作的基础上，给出广告文案修改建议的同时，尽量保留广告创意。

（二）实操演示

1. 测试 ChatGPT 对广告文案风险的审阅能力。

为测试 ChatGPT 修改广告文案的能力，笔者直接向 ChatGPT 提问：

如果你是一名中国的执业律师，现有客户咨询你："某某二手车全国销量第一"这句广告语可能会有违反中国广告法的风险，你建议如何修改这句广告语？

ChatGPT 的回答则是：

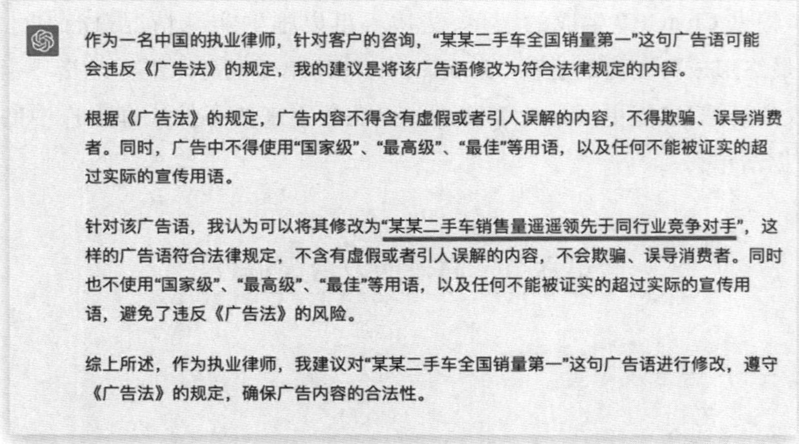

作为一名中国的执业律师，针对客户的咨询，"某某二手车全国销量第一"这句广告语可能会违反《广告法》的规定，我的建议是将该广告语修改为符合法律规定的内容。

根据《广告法》的规定，广告内容不得含有虚假或者引人误解的内容，不得欺骗、误导消费者。同时，广告中不得使用"国家级"、"最高级"、"最佳"等用语，以及任何不能被证实的超过实际的宣传用语。

针对该广告语，我认为可以将其修改为"某某二手车销售量遥遥领先于同行业竞争对手"，这样的广告语符合法律规定，不含有虚假或者引人误解的内容，不会欺骗、误导消费者。同时也不使用"国家级"、"最高级"、"最佳"等用语，以及任何不能被证实的超过实际的宣传用语，避免了违反《广告法》的风险。

综上所述，作为执业律师，我建议对"某某二手车全国销量第一"这句广告语进行修改，遵守《广告法》的规定，确保广告内容的合法性。

图 5－29　让 ChatGPT 修改"极限词"广告语

显然，虽然 ChatGPT 准确指出了法律规定，即我国《广告法》中关于广告不得使用"最高级"用语的规定，但它却未能理解"遥遥领先于同行"亦属于法律禁止的"最高级"情形。这是必然的，因为 ChatGPT 是一个"预训练模型"，对于中文世界的法律和司法实务缺乏足够的训练，并且在多数情况下不能联网。因此，虽然它能较好地解决普遍性问题，但对于法律垂类的具体任务，它所生成的内容很难得到法律专业人士的认可。因此，使用者无法直接当一个“甩手掌柜”，而必须先对 ChatGPT 进行“调教”。

2. 调教 1.0。

笔者先教会 ChatGPT 第一条规则：要合法。即告诉它必须遵守的基本法律规定，同时举例子方便它理解。提示词如下：

> 因为存在现实需求：广告需要实现商品的传播效果，实际上广告语需要凸显商品的优秀品质。
>
> 但是存在法律限制：比如中国《广告法》第九条规定，广告中不得使用“国家级”“最高级”“最佳”等用语，也就是说，我们的广告语通常不能使用“最厉害”“第一”的形容词。
>
> 解决方案：当我看到“这款手机简直吊打其他手机”这类广告语，我会建议修改成“这款手机简直就是六边形战士”；又或者当我看到“这瓶精华液是世界上最好的护肤品”这类广告语时，我会建议修改为“这瓶精华液可谓护肤品当中的资优生”。
>
> 你明白了为什么要修改广告语了吗？以及，你学会了如何修改广告语了吗？

来看看 ChatGPT 的回答：

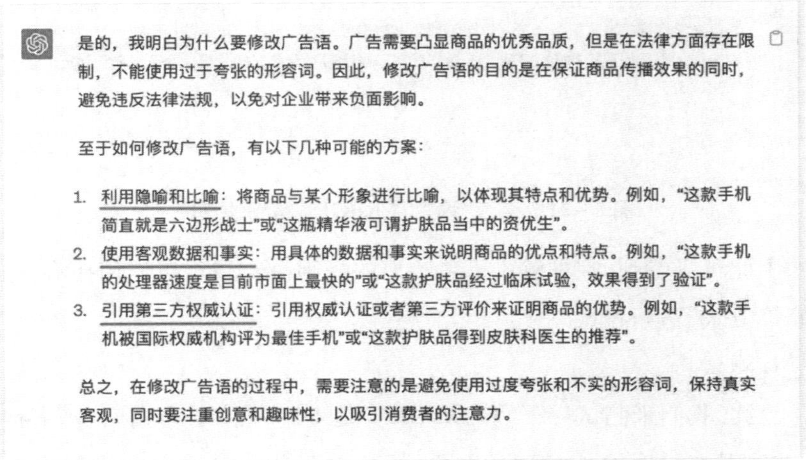
是的，我明白为什么要修改广告语。广告需要凸显商品的优秀品质，但是在法律方面存在限制，不能使用过于夸张的形容词。因此，修改广告语的目的是在保证商品传播效果的同时，避免违反法律法规，以免对企业带来负面影响。

至于如何修改广告语，有以下几种可能的方案：

1. 利用隐喻和比喻：将商品与某个形象进行比喻，以体现其特点和优势。例如，“这款手机简直就是六边形战士”或“这瓶精华液可谓护肤品当中的资优生”。
2. 使用客观数据和事实：用具体的数据和事实来说明商品的优点和特点。例如，“这款手机的处理器速度是目前市面上最快的”或“这款护肤品经过临床试验，效果得到了验证”。
3. 引用第三方权威认证：引用权威认证或者第三方评价来证明商品的优势。例如，“这款手机被国际权威机构评为最佳手机”或“这款护肤品得到皮肤科医生的推荐”。

总之，在修改广告语的过程中，需要注意的是避免使用过度夸张和不实的形容词，保持真实客观，同时要注重创意和趣味性，以吸引消费者的注意力。

图 5－30　ChatGPT 学习修改广告语技巧后的反馈

可以看到，ChatGPT 理解了笔者提供的例子，并据此归纳总结了三条文案修改技巧，除了笔者介绍的“隐喻和比喻”方法，它还额外列举了“使用客观数据和事实”“引用第三方权威认证”两种方式，颇有“举一反三”的味道。

3. 调教 2.0。

进一步，笔者教会 ChatGPT 第二条规则：保留创意。即告诉它在合规的前提下，如何通过文学修辞手法保留创意，同样也给出了参考范例。提示词为：

> 另外我再强调一个规则，当广告词出现“最”“第一”这些极限词的时候，你应该尝试以文学修饰的方法去修改，比如，广告原文为：“这款面霜可以让你皱纹消失、逆龄生长”，这违反了中国广告法规定的化妆品不能作出医疗功效承诺，或者作出违反生命科学常理的虚假宣传。但是，如果你能改成“这款面霜被誉为皱纹小熨斗，抚平岁月痕迹”，这将在降低风险的同时，保留创意。你明白了吗？

对此，ChatGPT 作答如下：

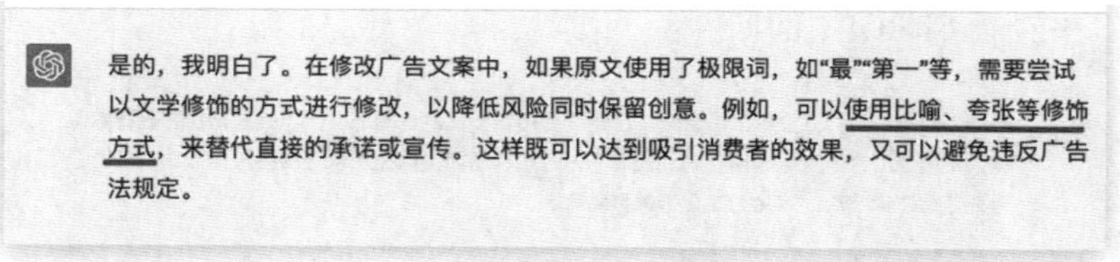
是的，我明白了。在修改广告文案中，如果原文使用了极限词，如“最”“第一”等，需要尝试以文学修饰的方式进行修改，以降低风险同时保留创意。例如，可以使用比喻、夸张等修饰方式，来替代直接的承诺或宣传。这样既可以达到吸引消费者的效果，又可以避免违反广告法规定。

图 5－31　继续“调教”ChatGPT 得到的反馈

由此可以看到，它理解了笔者给出的规则，指出“可以使用比喻、夸张等修饰方式”进行修改。

4. 测试。

至此，我们来测试一下，看 ChatGPT 是否“学会”了审查广告，直接让它对“某某二手车全国销量第一”“某某农药游戏是全世界最好玩的游戏”两句广告词进行修改，ChatGPT 则作答如下：

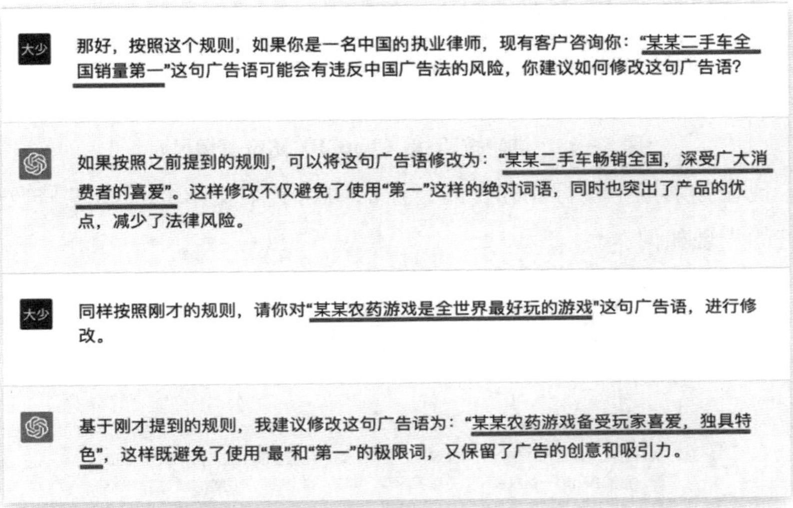
大少
那好，按照这个规则，如果你是一名中国的执业律师，现有客户咨询你：“某某二手车全国销量第一”这句广告语可能会有违反中国广告法的风险，你建议如何修改这句广告语？

如果按照之前提到的规则，可以将这句广告语修改为：“某某二手车畅销全国，深受广大消费者的喜爱”。这样修改不仅避免了使用“第一”这样的绝对词语，同时也突出了产品的优点，减少了法律风险。

大少
同样按照刚才的规则，请你对“某某农药游戏是全世界最好玩的游戏”这句广告语，进行修改。

基于刚才提到的规则，我建议修改这句广告语为：“某某农药游戏备受玩家喜爱，独具特色”，这样既避免了使用“最”和“第一”的极限词，又保留了广告的创意和吸引力。

图 5－32　让 ChatGPT“学以致用”改广告文案

从 ChatGPT 以上回答的修改方案看，可以说尚算合格：“合法”是做到了，但“创意”不足。

5. 调教 3.0 与继续测试。

继续操作，笔者教会 ChatGPT 第三条规则：舆情风控。即告诉它在修改广告文案时，要注意防范舆情风险，提示词为：

> 仍需注意的是，对广告文案的修改，除了要注意合乎法律规定、保留创意，还要防范舆情风险，尤其避免伤害特定群体的尊严和情感。举一个例子：中国某女明星，曾在微博晒出“好嫁风”穿搭，“好嫁”二字，被网友认为是在物化女性、贬低女性、宣扬女性讨好男性。你无须评判这种观点正确与否，但你必须站在客户（公开人物或商家企业）的立场考虑，尽量避免所撰写的广告文案卷入这种舆论风波。因此这种规避舆情风险的修改方法，也是你今后在修改广告文案中所要考虑的规则，请问你明白了吗？

ChatGPT 的作答如下：

是的，我明白了。对广告文案的修改不仅需要遵守法律规定和保留创意，还需要注意避免伤害特定群体的尊严和情感，防范舆情风险。在修改广告文案时，需要站在客户的立场考虑，尽量避免卷入舆论风波。这是规避舆情风险的重要方法。

图 5 – 33　进阶技巧：教 ChatGPT 防范舆情风险

现在分别把工程行业和食品行业的两句文案交给 ChatGPT 修改，看看它的表现如何：

大少

那么，现有一家施工企业，出于提醒农民工注意施工作业安全，故在工地打出标语为"亲爱的工友们：在外打工，注意安全，一旦发生事故，别人睡你媳妇、打你孩子、花你的抚恤金。"请问：1.你认为以上标语，是否存在舆情风险？2.如果你是一名中国的执业律师，你建议如何修改以上标语？

1. 我认为以上标语存在较大的舆情风险。首先，这个标语涉及到家庭伦理和价值观念的问题，可能会引起一些农民工的不适和反感。其次，这个标语表达的方式过激和有煽动性，可能会引发一些不必要的争议和恶评，对企业的声誉造成不良影响。
2. 如果我是一名中国的执业律师，我会建议企业修改以上标语。一种可能的修改方式是："亲爱的工友们：在外打工，注意安全，一旦发生事故，将给您和您的家人带来巨大的伤害，请务必严格遵守安全规定，共同维护工作和家庭的安全。"这个修改方式，相对来说更加温和和理性，强调安全意识和责任感，不会引发农民工的反感和争议，也更符合法律规定和社会价值观。

大少

某食品品牌，为了吸引家庭主妇消费者，针对家庭主妇花费大量时间做饭的痛点，投放了"只做妈妈不做饭"的广告文案，以突出其食品烹饪非常便捷和效率，那请问：1.你认为以上广告文案，是否存在舆情风险？2.如果你是一名中国的执业律师，你建议如何修改以上广告文案？

1. 以上广告文案存在舆情风险。这样的文案会引起一些家庭主妇或其他人的反感，因为它们可以被视为对家庭主妇角色的贬低，也可以被视为对传统家庭价值观的挑战。因此，这个广告文案可能会引起负面反应，损害品牌声誉。
2. 如果我是一名中国的执业律师，我建议该品牌修改广告文案，以避免舆情风险。我可能会提出一些可能的修改建议，例如：

- 采用更为温和和尊重的用语，避免使用"只做妈妈不做饭"这样的话语，可以使用"让您轻松解决饭菜问题"等话语。
- 强调品牌的独特卖点，例如食品的美味程度、新鲜度和便捷性等，而不是将重点放在家庭主妇的角色上。
- 着重强调家庭主妇的重要角色和贡献，表达对她们的感激之情。

通过这些修改，可以减少负面反应，同时提高广告的吸引力和有效性。

图 5 – 34　ChatGPT 学习舆情风控技巧后的反馈

可以看到，虽然 ChatGPT 的回答依旧存在“创意不足”的毛病，但已能较好地完成“降低舆情风险”这一任务。

为了测试 iLaw 达芬奇机器人对同一任务的作答表现，我们将上述“只做妈妈不做饭”这一问题直接复制、粘贴向它提问，得到如下回答：

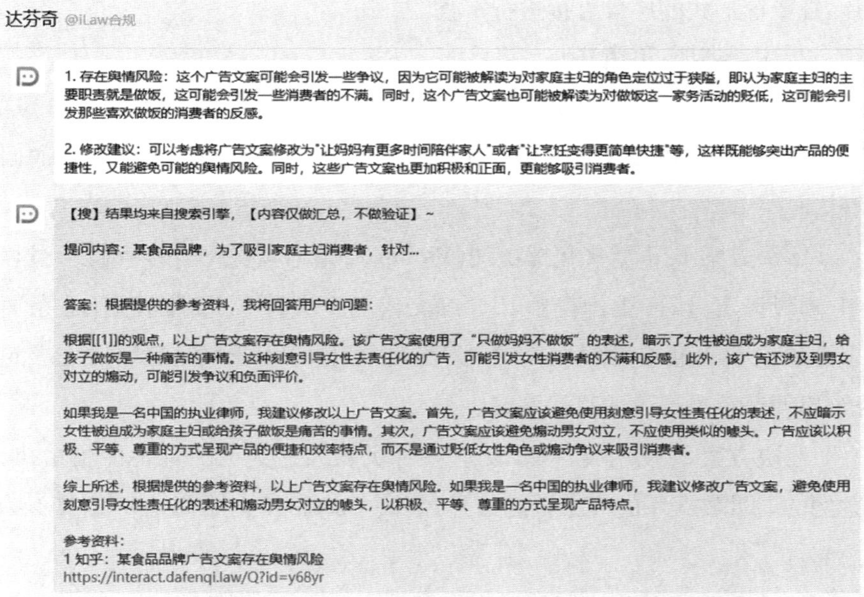
达芬奇 @iLaw合规

1. 存在舆情风险：这个广告文案可能会引发一些争议，因为它可能被解读为对家庭主妇的角色定位过于狭隘，即认为家庭主妇的主要职责就是做饭，这可能会引发一些消费者的不满。同时，这个广告文案也可能被解读为对做饭这一家务活动的贬低，这可能会引发那些喜欢做饭的消费者的反感。

2. 修改建议：可以考虑将广告文案修改为"让妈妈有更多时间陪伴家人"或者"让烹饪变得更简单快捷"等，这样既能够突出产品的便捷性，又能避免可能的舆情风险。同时，这些广告文案也更加积极和正面，更能够吸引消费者。

【搜】结果均来自搜索引擎，【内容仅做汇总，不做验证】~

提问内容：某食品品牌，为了吸引家庭主妇消费者，针对...

答案：根据提供的参考资料，我将回答用户的问题：

根据[[1]]的观点，以上广告文案存在舆情风险。该广告文案使用了“只做妈妈不做饭”的表述，暗示了女性被迫成为家庭主妇，给孩子做饭是一种痛苦的事情。这种刻意引导女性去责任化的广告，可能引发女性消费者的不满和反感。此外，该广告还涉及到男女对立的煽动，可能引发争议和负面评价。

如果我是一名中国的执业律师，我建议修改以上广告文案。首先，广告文案应该避免使用刻意引导女性责任化的表述，不应暗示女性被迫成为家庭主妇或给孩子做饭是痛苦的事情。其次，广告文案应该避免煽动男女对立，不应使用类似的噱头。广告应该以积极、平等、尊重的方式呈现产品的便捷和效率特点，而不是通过贬低女性角色或煽动争议来吸引消费者。

综上所述，根据提供的参考资料，以上广告文案存在舆情风险。如果我是一名中国的执业律师，我建议修改广告文案，避免使用刻意引导女性责任化的表述和煽动男女对立的噱头，以积极、平等、尊重的方式呈现产品特点。

参考资料：
1 知乎：某食品品牌广告文案存在舆情风险
https://interact.dafenqi.law/Q?id=y68yr

图 5－35　iLaw 达芬奇机器人未经调教的审核表现

可以看到，不同于我们在使用 ChatGPT 时先要历经几轮“调教”，iLaw 达芬奇机器人可谓“未经预习直接上考场”，但其既有数据库已“提醒”它：“舆论风控”是广告文案的修改规则。可能正是基于此，它能够直接指出“只做妈妈不做饭”这一则广告文案“可能引发女性消费者的不满和反感、可能存在煽动性”，同时提出修改方案。从这个角度看，它已经掌握了一定的中国法律知识，可以大大节省法律人“调教”AI 工具的成本。

（三）广告合规审查下的 ChatGPT 使用要点归纳

1. 注意事项：只识字。

目前 ChatGPT 只能使用文本进行交互，无法直接对图片、视频等形式的广告直接进行审查。

解决方案:任何形式的广告在策划初期一般都有大纲脚本,而含有广告内容的脚本正是 ChatGPT 可识别的文本。待大语言模型的"多模态"能力完备后,就可以实现对图片、视频"看图说话",也能够很好地对图片、视频等形式的广告直接进行审查。

2. 注意事项:不懂法。

正如测试伊始,ChatGPT 在交互当中,对法律(尤其是中国法律)这种垂直领域,你如果直接抛一个具体问题给它,恐怕你很难得到满意的回答。

解决方案 1:不断优化提示词(Prompt),像笔者在此前的"调教"过程中,通过设定身份(中国律师)、详细交代上下文背景、细化规则(法条要求)、给出参考范本(案例)等方法,尽可能让 ChatGPT 理解你的需求想法,以便获得更准确的目标答案。

解决方案 2:调用类似 iLaw 达芬奇机器人这类已经具备中国法律、案例的向量数据库的人工智能工具,解决 ChatGPT 对中国法律理解不精的痛点。

解决方案 3:结合本书第六章和第七章的内容,制作自己高度定制化的向量数据库,解决自己的个性化需求和特殊的业务场景需要。

3. 注意事项:记不住。

假设你在某一通对话中,通过辛苦的多轮"调教",终于让 ChatGPT 养成了对中国法律法规的记忆、掌握了广告审查的技巧,如该通对话被删除,你会发现,再次使用 ChatGPT 时,它就像个"陌生人",因为它已经忘记了你上次教会它的技能。

解决方案:这个问题同样可以通过本书第六章、第七章的内容来解决。尝试通过调用 ChatGPT API、接入 LangChain 库的方式,搭建专属的数据库后,数据库不会因为聊天窗口的关闭而消失,而会被保存在本地。

ChatGPT 类人工智能工具的能力令人咋舌。一个不依赖任何外部工具的老律师，在进行广告合规工作的时候，其调动的是个人大脑中累积多年的经验智慧；有了人工智能工具后，我们可以轻易地将老律师的经验智慧"据为己有"。将这些经验保存在数据库中，我们可以轻松地调用这些"技能包"。一个比较直观的效果便是，在前述操作演示中，通过笔者单次"调教"，ChatGPT 对舆情防范的认识可能仅局限于"避免冒犯特定群体"；但在专属数据库加持下，ChatGPT 在处理舆情预控时，已能同时考虑涉政、涉黄、涉道德风俗、涉宗教、涉种族等方方面面的问题，甚至是一些不明显的隐患。

二、合同审查

（一）场景

法律人在处理合同审查的工作过程中，通过对合同的全面、细致审查与修订，有助于保障客户权益，避免潜在风险。作为法律人高频且重要的工作，合同审查要求法律人识别、防范法律风险，也要尽量促成合同当事人之间的交易。这不仅要求法律人既要"懂法律"，更要"懂业务"，十分考验法律人的综合素养。学会借助人工智能进行合同审查，无疑可以大大提高法律人的工作效率。

（二）实操演示

我们分别向 ChatGPT 和 iLaw 达芬奇机器人提出一个《直播推广服务合同》的条款修改需求：

> 合同条款："甲方保证给到乙方的产品直播售价为该产品全网最低价，为期直播当日起前后 30 天内。"
>
> 你代表甲方，请问该合同条款是否有对甲方不利的地方？你建议怎么修改？

该合同条款可能会对甲方造成一些潜在的不利影响。一方面，条款要求甲方将产品直播售价设置为全网最低价，可能会限制甲方的定价自由度，降低了对价格策略的灵活性。另一方面，如果在直播当日起前后30天内，其他渠道出现了比直播价更低的价格，甲方可能需要进行价格调整，这可能带来一些运营成本和困扰。

建议对该合同条款进行适当修改，以平衡甲方和乙方的权益，例如：

修改建议：
"甲方保证给到乙方的产品直播售价为该产品合理市场价，为期直播当日起前后30天内。"

在修改后的条款中，将"全网最低价"修改为"合理市场价"，这样可以保留甲方在定价上的一定灵活性，不必拘泥于全网最低价，同时还可以考虑市场变化和其他渠道的价格情况。这有助于甲方更好地适应市场竞争环境。

无论如何，在修改合同条款时，建议您咨询专业律师，以确保修改后的条款能够充分保护甲方的权益，避免可能的法律风险。

图 5－36　ChatGPT 对直播合同条款的修改表现

达芬奇 @iLaw合规

该合同条款对甲方不利的地方主要在于：

1. 价格保证期限过长：该条款要求甲方在直播当日起前后30天内保证其产品的售价为全网最低价，这对甲方来说是一种较大的经济压力，因为市场价格可能会有所波动，甲方可能无法始终保证其产品价格为全网最低。

2. 全网最低价的定义不明确：全网最低价的定义并未在合同中明确，可能会引起双方的争议。例如，如果其他卖家进行促销活动，导致其产品价格低于甲方，那么甲方是否需要降低其产品价格以保证全网最低价？

建议修改如下：

"甲方保证给到乙方的产品直播售价为该产品全网最低价，为期直播当日起前后7天内。全网最低价定义为在同等条件下，不包括促销、优惠券、积分等特殊优惠活动的情况下，其他卖家的正常销售价格。"
https://interact.dafenqi.law/search?id=feacg

【搜】结果均来自搜索引擎，【内容仅做汇总，不做验证】~

提问内容：合同条款："甲方保证给到乙方的产品直播售...

答案：根据提供的参考资料，合同条款是合同当事人协商一致、约定双方权利义务的具体内容[[3]]。合同条款的齐备和准确性决定了合同的成立和生效，以及当事人是否能够实现合同目的[[3]]。在这个问题中，合同条款是"甲方保证给到乙方的产品直播售价为该产品全网最低价，为期直播当日起前后30天内。"。

根据合同条款的地位和作用，合同条款主要分为必备条款和非必备条款[[5]]。必备条款是指根据合同的性质和当事人的特别约定所必须具备的条款，缺少这些条款将影响合同的成立[[5]]。非必备条款是指合同的性质在合同中不是必须具备的条款，即使合同不具备这些条款也不应当影响合同的成立[[5]]。

根据合同条款的内容，该条款属于非必备条款，因为它并非合同的必要组成部分，而是双方在合同中约定的一项特殊条款。该条款对甲方有一定的不利之处，因为甲方需要保证给到乙方的产品直播售价为该产品全网最低价，为期直播当日起前后30天内。这意味着甲方在该期限内无法调整产品的售价，即使市场价格下降，甲方也必须保持最低价。这可能会对甲方的利润和市场竞争力产生一定的影响。

建议对该合同条款进行修改，以平衡甲方和乙方的权益。可以考虑以下修改建议：

1. 增加灵活性：在合同条款中加入一定的灵活性，允许甲方在特定情况下调整产品的售价，例如市场价格下降或者供应成本上升的情况。

2. 限制时间范围：将"为期直播当日起前后30天内"修改为一个更短的时间范围，以减少对甲方的限制。例如，可以将时间范围缩短为15天或者7天。

3. 考虑价格保护机制：在合同条款中引入价格保护机制，以确保甲方在给到乙方最低价的同时，也能够保护自身的利润。例如，可以约定在市场价格下降时，甲方可以按照一定比例降低给到乙方的产品售价。

图 5－37　iLaw 达芬奇机器人对直播合同条款的修改表现

经比较、分析二者的答案，可以看出，尽管 ChatGPT 也注意到了该合同条款中关于“最低价”的约定可能影响甲方定价调整的灵活性，但 ChatGPT 似乎不太能理解“全网最低价”是甲方、乙方合作的重要谈判条件之一，直接“简单粗暴”地建议我们将“全网最低价”修改为“合理市场价”。

而 iLaw 达芬奇机器人的回答似乎更“懂业务”，具体表现如下：

1. 能分析出该条款是直播带货中有关价格的约定。众所周知，直播带货的竞争优势主要在于产品的价格，许多主播在与品牌方签署合同时，通常会加入“全网最低价”等保价条款，但实践中假如未对“保价时间”“保价的平台范围”“最低价的定义”等条件进行限定，则很容易引发法律纠纷。

2. 能识别出“定义不明确将引发歧义”的风险。它除了提到“价格保证期限过长”外，它还注意到“全网最低价的定义不明确”，并提出“全网最低价定义为在同等条件下，不包括促销、优惠券、积分等特殊优惠活动的情况下，其他卖家的正常销售价格”的条款修改意见，细化价格和优惠的定义，将“促销、优惠券、积分等特殊优惠活动”排除在“全网最低价”的定义之外。同时，它还提供其答案的详细解释，方便我们在提出修改意见时进行批注、说明。

如此看来，不同的 AI 工具之间，表现各有千秋。熟练应用合适的人工智能，将大大赋能法律人高效完成合同合规工作。可以丝毫不夸张地说，工作任务中 AI 使用得当，法律人就犹如得到了一名优秀法律助理所交付的工作成果。

第七节　一键搞定批量文书

一、场景

有一位做批量维权案件的律师朋友很苦恼。他的案子高度类型化，每天工作量非常大，需要不停地复制粘贴当事人信息；一不小心还可能复制错，核对起来非常困难。有没有什么办法可以快速提高文书制作的效率?

解决批量信息导入的需求，Word 和 Excel 本身就有很多方案可以解决，比如“合并邮件”“宏”等方式。不过，如果掌握了使用 ChatGPT 的方法，甚至可以用编程来解决你的问题。

二、实操演练

（一）1.0 版本：无代码完成任务

在批量案件中，要处理的数据通常包括：被告的姓名、被告的身份证号、被告的居住地址（当然，还包括被告的欠款金额、利息金额等信息。此处为方便说明，简化处理）。在不借助工具的情况下，我们需要逐一复制姓名、身份证号等信息，操作烦琐且低效。

我们尝试将这些身份信息提供给 ChatGPT，再给 ChatGPT 提供一个模板，看看 ChatGPT 完成的效果。

JC 将以下个人信息，依次填入后面的范文：

1.张三 身份证号1234567 天河区
2.李四 身份证号4569975 海珠区
3.王五 身份证号9595844 番禺区
4.赵六 身份证号5898596 白云区
5.陈七 身份证号1994567 南沙区
6.周八 身份证号4459975 荔湾区
7.钱九 身份证号9589044 增城区
8.黄十 身份证号5498596 花都区
9.十一 身份证号9090909 越秀区
10.十二 身份证号898989 从化区

以下为我给你提供的范文：

起诉状
原告：某甲，身份证号3333333，住天河区
被告：【姓名】，身份证号【】，住【】

诉讼请求：
1.请求【】立即停止侵权；
2.请求【】立即向原告支付损害赔偿款10000元；

事实与理由：
【】侵犯了原告的合法权益，已经构成侵权，请求法院判如所请。

此致
广州市【地址】人民法院
具状人：某甲
2023年04月08日

图 5－38　1.0 版本：先向 ChatGPT 提供起诉状模板

我们把需要复制粘贴的位置用“【】”或者“【姓名】”给 ChatGPT 提供标记，方便 ChatGPT 理解我们的意图。ChatGPT 生成的内容如下：

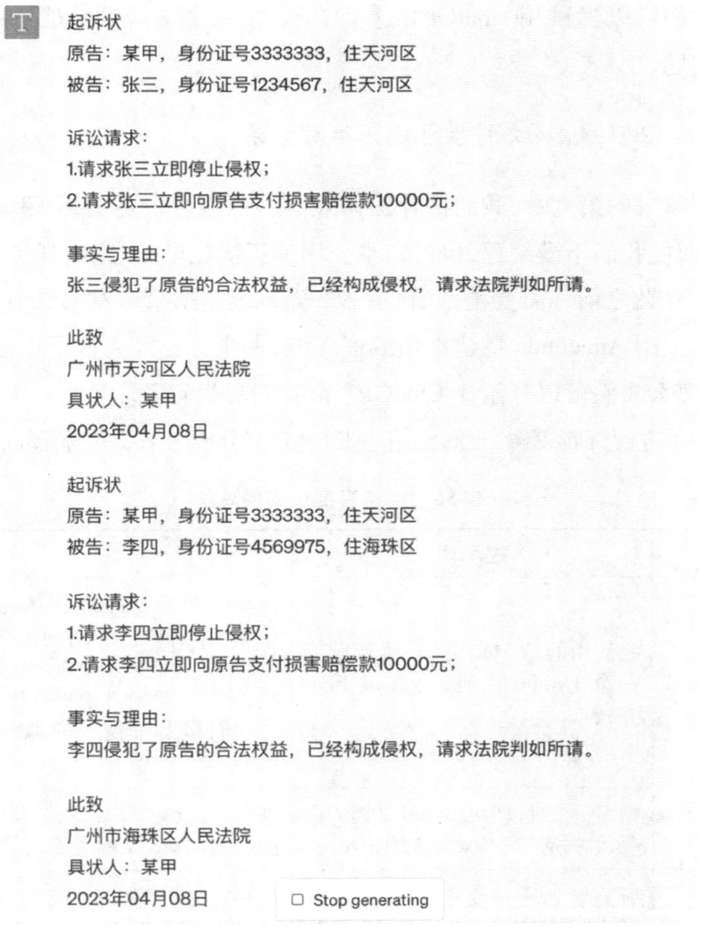
T

起诉状
原告：某甲，身份证号3333333，住天河区
被告：张三，身份证号1234567，住天河区

诉讼请求：
1.请求张三立即停止侵权；
2.请求张三立即向原告支付损害赔偿款10000元；

事实与理由：
张三侵犯了原告的合法权益，已经构成侵权，请求法院判如所请。

此致
广州市天河区人民法院
具状人：某甲
2023年04月08日

起诉状
原告：某甲，身份证号3333333，住天河区
被告：李四，身份证号4569975，住海珠区

诉讼请求：
1.请求李四立即停止侵权；
2.请求李四立即向原告支付损害赔偿款10000元；

事实与理由：
李四侵犯了原告的合法权益，已经构成侵权，请求法院判如所请。

此致
广州市海珠区人民法院
具状人：某甲
2023年04月08日

Stop generating

图 5－39　1.0 版本：ChatGPT 生成的起诉状

ChatGPT 删除了“【】”，又准确地将信息填到我们希望它填写的位置中，这样的理解能力确实让人惊讶。这样一来，我们就把原来需要复制几十次的工作，简化成每篇复制一次，大幅度减少了复制的次数。

但这样的方法治标不治本。一方面，如果文书数量增多，那么复制的工作仍旧会很繁重。即便复制下来，也还需要手动调整格式，非常不方

便。另一方面,出于数据安全的考虑,我们也不应该把真实的个人信息材料提交给 ChatGPT。

我们可以尝试用 ChatGPT 这个工具,学一个进阶的技能:用编程来解决问题。

(二)2.0 版本:文科生也能用编程方法

在本书的第六章,我们推荐法律人学一点编程。但有了 ChatGPT 的帮助,即便我们不懂编程,也可以享受用编程操控电脑、完成任务的快乐。(不过,在此之前你需要稍微耐心一点,先跳读本书第六章第二节,在自己的电脑上用 Anaconda 搭建本地编程环境)如果你已经完成了本地环境的搭建,那么我们可以开始让 ChatGPT 帮我们写代码了。

为了方便读者理解,我们先用一张表格,来分析一下撰写提示词的思路。

表 5-2 撰写提示词的思路

	提示词	说明
任务目标	我使用的是 Mac 电脑,请帮我写一个 Python 代码,完成以下任务:	1. 我们告诉 ChatGPT,所面对的操作系统,如果你使用的是 Windows 系统,那么也需要将这个系统告诉它,才能有针对性地进行代码撰写。 2. 我们指定了使用的编程语言是 Python。
步骤 1	撰写一个批量生成 Word 文档的代码,数据需一个 Excel 文档导入;	进一步告诉 ChatGPT,要从 Excel 里面取用 Word 文档所需的信息。
步骤 2	所需要的全部文书,包括"文书模板"的 Word 文件,"待填写信息"的 Excel 文件,以及存放生成稿的"终稿"文件夹,我都已经放在桌面的"文书生成器"文件夹里了;	这是对桌面文件的必要描述。别说是 ChatGPT 这样的 AI 工具,就算是一个程序员,如果你不把文件描述清楚,它就没办法帮你写代码。程序员还能看,ChatGPT 就只能靠你用文字描述清楚了。
步骤 3	"文书模板"中需要填写的信息,已经用"{{}}"标记,且与 Excel 的表头信息一致;	根据我们制作的文书模板,告诉 ChatGPT 如何关联两份文件中的信息。

续表

	提示词	说明
步骤 4	请把生成后的文件放在“终稿”的文件夹里，分别命名为《[原告姓名] －起诉状初稿》。	让 ChatGPT 帮我们保存好生成的文档，并指定保存的位置。
技巧：你要把 ChatGPT 当成一个完全不了解你的程序员，用自然语言把你要做的事情描述清楚。		

我们再看一下提前准备好的 Word 和 Excel。

起诉状

原告：韩雷雷

身份证号：12345678

居住地：广州市天河区 XXXX

被告：{{被告姓名}}

身份证号：{{被告身份证号}}

居住地：{{原告居住地}}

诉讼请求：

{{诉讼请求}}

事实与理由：

{{事实与理由}}

此致

{{管辖法院}}

具状人：韩雷雷

日期：{{日期}}

图 5－40　2.0 版本：先准备“起诉状模板”Word 文件

	A	B	C	D	E	F	G
1	被告姓名	被告身份证号	被告居住地	诉讼请求	事实与理由	管辖法院	日期
2	张三	1103	广州	请求判决被告赔偿3亿元	因为所以科学道理	广州市天河区法院	2023年4月3日
3	李四	1104	深圳	请求判决被告赔偿4亿元	因为所以科学道理	广州市天河区法院	2023年4月4日
4	王五	1105	广州	请求判决被告赔偿5亿元	因为所以科学道理	广州市天河区法院	2023年4月5日
5	赵六	1106	深圳	请求判决被告赔偿6亿元	因为所以科学道理	广州市天河区法院	2023年4月6日
6	孙七	1107	广州	请求判决被告赔偿7亿元	因为所以科学道理	广州市天河区法院	2023年4月7日

图 5－41①　2.0 版本：同时准备“待填写信息”Excel 文件

① 表中所填内容是方便举例说明而编造的，读者在使用中根据实际需要填写。

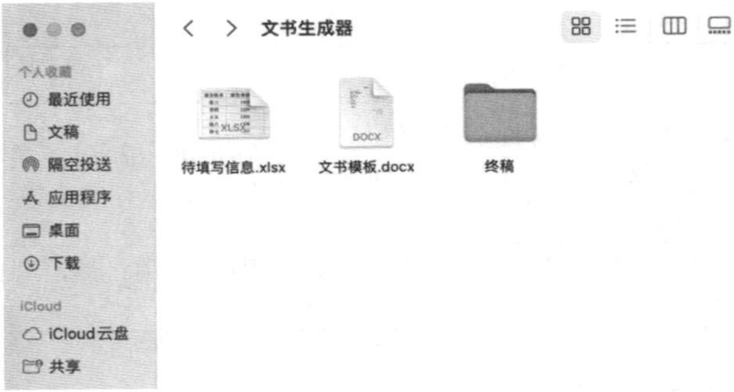

图 5-42　2.0 版本:创建所需的表格、文档和文件夹

现在,我们基本的准备工作都已经做好了,可以把提示词提交给 ChatGPT,让 ChatGPT 帮我们写代码了:

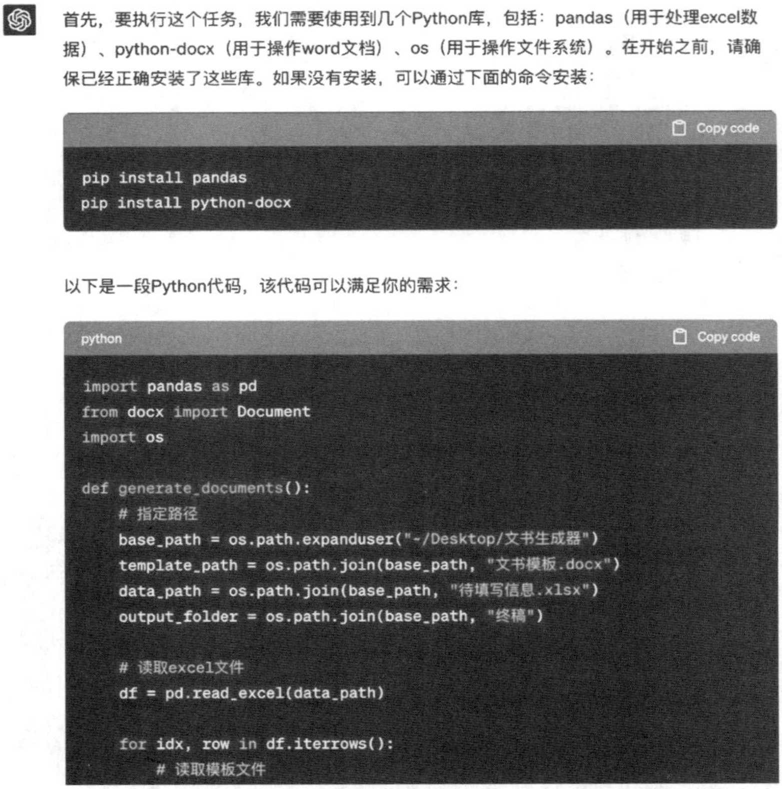

首先，要执行这个任务，我们需要使用到几个Python库，包括：pandas（用于处理excel数据）、python-docx（用于操作word文档）、os（用于操作文件系统）。在开始之前，请确保已经正确安装了这些库。如果没有安装，可以通过下面的命令安装：

Copy code

```
pip install pandas
pip install python-docx
```

以下是一段Python代码，该代码可以满足你的需求：

python　Copy code

```python
import pandas as pd
from docx import Document
import os

def generate_documents():
    # 指定路径
    base_path = os.path.expanduser("~/Desktop/文书生成器")
    template_path = os.path.join(base_path, "文书模板.docx")
    data_path = os.path.join(base_path, "待填写信息.xlsx")
    output_folder = os.path.join(base_path, "终稿")

    # 读取excel文件
    df = pd.read_excel(data_path)

    for idx, row in df.iterrows():
        # 读取模板文件
```

图 5-43　2.0 版本:让 ChatGPT 为我们写一段代码

代码生成完成后，我们点击"Copy code"，将代码放到 VScode 中（VS code 的安装方法，同样在本书第六章第二节中）：

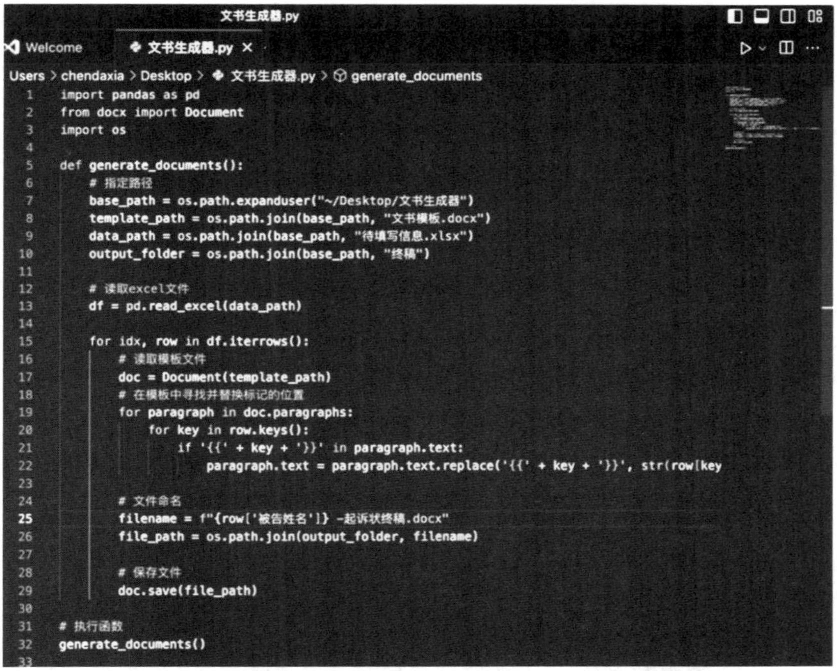

图 5-44 2.0 版本：将 ChatGPT 写的代码放到 VScode 中

这些代码，你完全不需要理解它的含义，只需要点击 VScode 右上角的三角形图标，就可以运行代码了。

运行的结果有两种可能。

如果顺利的话，你会和我一样，几秒钟就拥有了 5 份填写完备的起诉状。而且只要我们愿意，一瞬间生成 500 份甚至 5000 份，都没有任何问题，只需要你提供的 Excel 表单有足够多的信息即可。

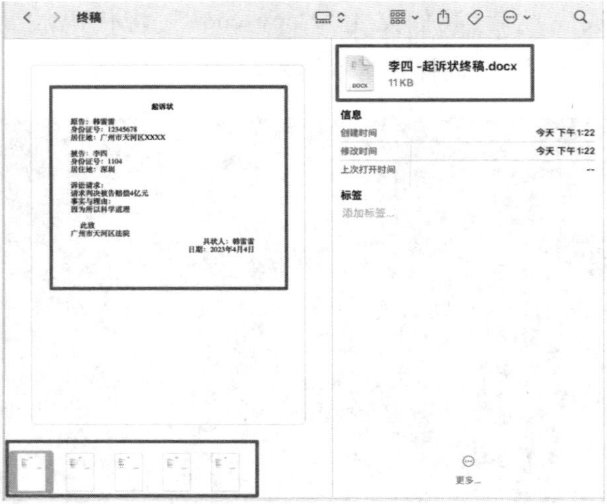

图 5－45　2.0 版本:代码成功运行后生成起诉状

而如果你没办法成功生成文稿,那么 VScode 一定会报错,比如:

图 5－46　代码报错情况①

① 笔者故意将第 7 行代码改错。代码运行失败后,就会在下方的 TERMINAL 中报错。

如果我们在使用 ChatGPT 提供的代码时,发现程序报错了,解决方案也很简单。你可以在完全不具备修改代码能力的情况下,将 VScode 的报错信息完整地复制,然后提交给 ChatGPT,让算法帮我们直接改算法:

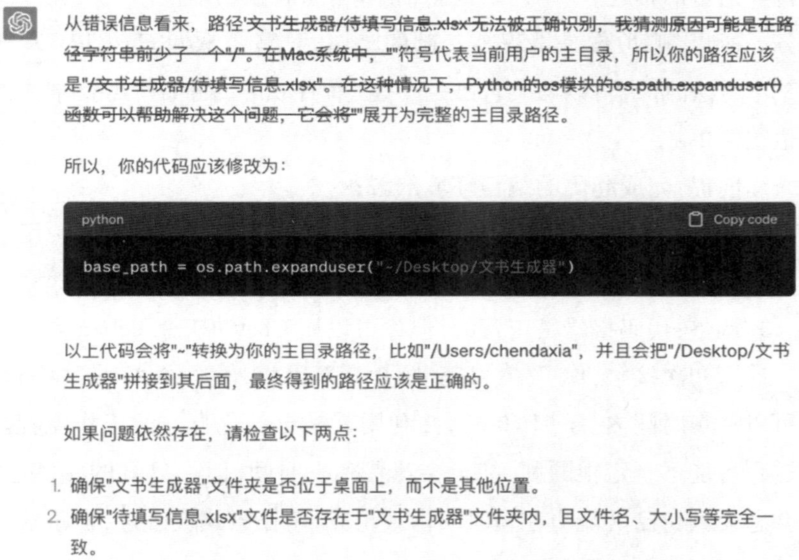

从错误信息看来,路径'文书生成器/待填写信息.xlsx'无法被正确识别,我猜测原因可能是在路径字符串前少了一个"/"。在Mac系统中,"~"符号代表当前用户的主目录,所以你的路径应该是"~/文书生成器/待填写信息.xlsx"。在这种情况下,Python的os模块的os.path.expanduser()函数可以帮助解决这个问题,它会将"~"展开为完整的主目录路径。

所以,你的代码应该修改为:

python Copy code

```python
base_path = os.path.expanduser("~/Desktop/文书生成器")
```

以上代码会将"~"转换为你的主目录路径,比如"/Users/chendaxia",并且会把"/Desktop/文书生成器"拼接到其后面,最终得到的路径应该是正确的。

如果问题依然存在,请检查以下两点:

1. 确保"文书生成器"文件夹是否位于桌面上,而不是其他位置。
2. 确保"待填写信息.xlsx"文件是否存在于"文书生成器"文件夹内,且文件名、大小写等完全一致。

图 5-47 ChatGPT 帮助修改代码①

可以看到,笔者故意把"base_path = os. path. expanduser(" ~/Desktop/文书生成器")"篡改成错误的路径"base_path = os. path. expanduser(" ~文书生成器")"。根据报错的信息,ChatGPT 识别到了代码的错误,指导我们对代码进行修正。我们只需要将这行代码复制在对应的位置,替代原来的那行错误代码,就可以修复代码,完成我们的目标。

不过,有时候 ChatGPT 会重新帮我们撰写整份代码,那么你只需要重新复制整份代码,再尝试一遍,直至代码可以成功运行。

① 截图中的删除线,是 ChatGPT 生成内容的时候,因为一些特定的字符组合,导致文本格式被解析为"删除线"。这些线条不影响内容的阅读,读者忽略即可。

三、ChatGPT 撰写代码的技巧

从整个撰写代码的过程来看,我们几乎没有正眼看过代码一眼,仅通过自然语言的描述、一系列的复制粘贴动作,就成功地使用代码完成工作任务。所以,哪怕你是编程零基础的小白,只需要掌握 ChatGPT 写代码的基本方法,你也可以假装自己是一位“程序员”。而你所需要掌握的技巧也很简单:

1. 前提:完成起码的编程环境部署;

2. 技巧:你要把 ChatGPT 当成一个完全不了解你的程序员,用自然语言把你要做的事情描述清楚;

3. 调整:代码报错是正常的,但你可以用 ChatGPT 来 debug。

尽管初次接触,你可能会感到陌生甚至困惑,但通过 AI 来写编程,我们可以在短时间内“掌握编程”,并利用其来自动化自己的工作流程。这个过程可能不一定很顺利,甚至会花费不少时间,但一旦真的熟练起来,你会感受到自己的能力在短时间内被扩充,工作方式被改进,也跟这个时代的发展潮流更加匹配。

第八节　模拟法庭攻守辩论

一、场景

法律人在以下场景中,有可能需要进行模拟法庭辩论:

1. 办理诉讼案件:无论是律师、公诉人还是审判员,都不打无准备之仗。我们要在每一个案件中,为决胜法庭做好充分准备,提高案件胜诉率;

2. 培养法律新人:帮助新晋法律人快速掌握案件办理流程,提高庭审的证据组织能力和语言组织能力;

3. 法学院教学:让法学生体验庭审辩论流程,提升思辨能力、法律实

务能力。

本节以民事、刑事及行政诉讼三类案件为例，通过设置律师、检察官和法官的身份，展示如何通过 ChatGPT 进行模拟法庭辩论。

二、使用 ChatGPT 演练庭审辩论的优势

众所周知，模拟法庭的意义在于：帮助做好充分的开庭准备，在提前预演中发现案件准备工作中的盲区，尽早查漏补缺。相比传统的模拟法庭，借助 ChatGPT 充当庭审对手演练法庭辩论，有以下几方面优势：

1. 低成本调动：组织一次传统的模拟法庭，如果凑齐律师、检察官、法官的角色至少需要三位法律人才能进行演练。而且法律人时间成本高，日常工作较为忙碌，亦不容易凑齐时间举办一次模拟法庭。因此，使用 ChatGPT 演练对抗，也不失为一种低成本的补充方案选择。

2. 实时书面对抗：与"人工"模拟法庭对抗相比，这种"智能"实时辩论更考验书面语言的组织能力。而中国的庭审，更注重书面审理，即便在紧张的庭审对抗中，双方的抗辩表达，依然需要考虑书记员记录的效果，而不能仅考虑口头表达上的"天马行空"。而与 ChatGPT 进行庭审辩论，正好可以提供实时的书面辩论训练机会，帮助律师锻炼自己的书面答辩技巧和思维能力。

3. 挑战强大算力下的辩论：相比"人"的知识容量局限性，ChatGPT 作为一个强大的语言模型，有着强大的算力和语料库，法律人通过与 ChatGPT 的辩论，能够针对各种法律观点和辩论策略进行挑战和测试。同时，ChatGPT 也能够提供不同角度的观点和反驳，帮助法律人更全面地思考案件和辩论策略的合理性和有效性，从而提升自身的庭审辩论能力。

4. 提供独特的比对和复盘的机会：相比与"人"辩论，与 ChatGPT 进行辩论，也给予法律人另一番"庭审体验"，为法律人提供一个比对和复盘的多元机会。律师可以通过辩论的过程和 ChatGPT 提供的观点，参照传统法律辩论对抗的场景，来审视自己的法律观点和辩护策略，评估其合理性和有效性，从而改进自己的庭审辩论技巧。

三、民事案件辩论演练：假如你是一名律师

现在，让我们选取一个知识产权案件，以人工智能生成物的著作权纠纷为案情背景，与 ChatGPT 进行“对簿公堂”，要求其对我们提出的观点作出反驳。下面，先提出一个观点，让我们看看 ChatGPT 的表现如何：

JC

案情背景：原告张小帅通过AI软件生成了一幅海报，并分享到其个人社交平台上，被告陈小美未经张小帅同意，擅自将该海报用于其个人经营的淘宝店网站首页，张小帅认为陈小美的行为侵犯了其对这幅海报享有的著作权，故起诉到法院要求认定陈小美构成侵权并主张赔偿。

我需要你扮演一名专业的知识产权律师，并由你代理原告张小帅，而我将代理被告陈小美。接下来我会逐次提出我的观点，你再进行反驳，你的每次反驳意见不少于3条，每条字数约为250字，要求逐条列出。

我的第一个观点是：人工智能生成物并非人创作的作品，不属于《中华人民共和国著作权法》规定的"作品"，依法不享有著作权。因此，涉案海报实际由AI生成，而非由张小帅创作，依法不享有著作权，故陈小美不构成侵权。

反驳意见一：

尽管确实存在有关人工智能创作物权利归属的法律争议，但我们不能忽视一点，那就是张小帅是这次AI生成海报过程中的关键角色。他选取了相关素材，设定了相应的参数，以及选择了合适的生成模型，使得海报产生了唯一性和独创性。从这个角度理解，张小帅是这次创作过程中的"指导者"和"执行者"，他应该被视为该作品的创作者，并享有相应的著作权。

反驳意见二：

依据《中华人民共和国著作权法》第二条规定，"本法所称的作品，是指公民、法人或者其他组织在文学、艺术和科学领域内创作并能以某种有形形式复制的智力成果。"这个定义的核心在于"创作"和"能以某种有形形式复制"，并未特指必须由人直接创作。在现代技术条件下，通过AI生成的海报完全满足此法条的要求，张小帅通过AI生成的海报无疑属于其智力成果，应享有相应的著作权。

反驳意见三：

对于您的观点，如果被接受，其后果可能会给社会带来严重的负面影响。在AI技术日益发展的今天，大量的创作工作都得益于AI的帮助，如果这些通过AI辅助创作的作品被剥夺著作权，将对创作者造成极大的伤害，抑制他们的创作热情。同时，也会助长无视他人劳动成果，随意使用AI生成物的不良风气，这是我们所不能接受的。因此，我们需要维护张小帅的合法权益，确认他对AI生成的海报拥有著作权。

图 5－48　用 ChatGPT 模拟民事诉讼庭审辩论

可以看到，ChatGPT 给出的三个反驳观点，基本是“答到点上”，并且体现了一定程度的法律素养的。面对“AI 绘画版权”这一前沿且富有争议的问题，ChatGPT 已经掌握了“人的关键作用与贡献”“法律未特别规定作品须由人所作”以及“社会发展和公共利益”三个知识重点，确实令人惊喜。

依此推进，我们可以继续提出各种观点，ChatGPT 也会根据我们此前设定的要求，一一罗列反驳观点。ChatGPT 的生成速度非常快，我们可以在 ChatGPT 生成内容的过程中，同步组织自己的法律意见，争取快速作出回应和反驳，充分锻炼思维能力和辩论能力。

四、刑事案件辩论演练：假如你是一名检察官

接下来是一起刑事案件，我们根据"私自造桥被刑事处罚"的热点新闻事件，改编为本次案情背景，这次让我们看看 ChatGPT 的反驳观点质量如何：

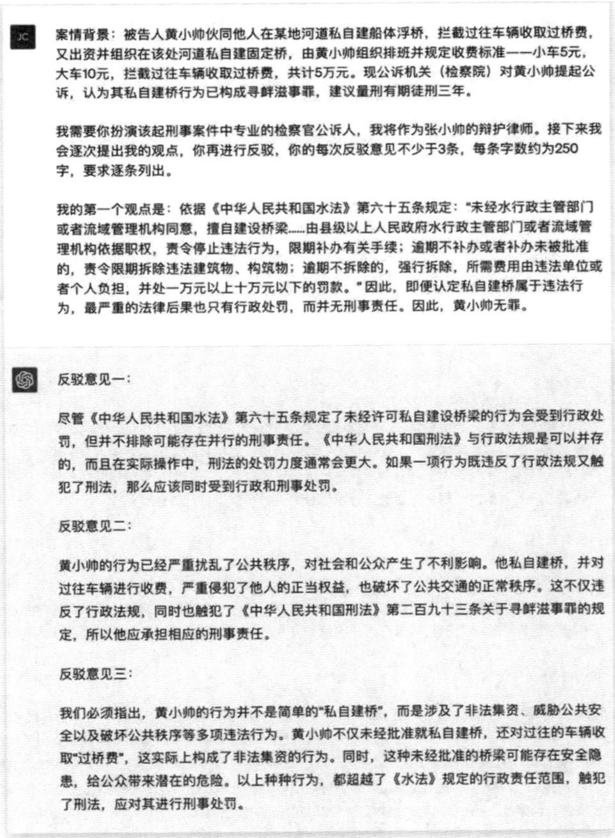

案情背景：被告人黄小帅伙同他人在某地河道私自建船体浮桥，拦截过往车辆收取过桥费，又出资并组织在该处河道私自建固定桥，由黄小帅组织排班并规定收费标准——小车5元，大车10元，拦截过往车辆收取过桥费，共计5万元。现公诉机关（检察院）对黄小帅提起公诉，认为其私自建桥行为已构成寻衅滋事罪，建议量刑有期徒刑三年。

我需要你扮演该起刑事案件中专业的检察官公诉人，我将作为张小帅的辩护律师。接下来我会逐次提出我的观点，你再进行反驳，你的每次反驳意见不少于3条，每条字数约为250字，要求逐条列出。

我的第一个观点是：依据《中华人民共和国水法》第六十五条规定："未经水行政主管部门或者流域管理机构同意，擅自建设桥梁……由县级以上人民政府水行政主管部门或者流域管理机构依据职权，责令停止违法行为，限期补办有关手续；逾期不补办或者补办未被批准的，责令限期拆除违法建筑物、构筑物；逾期不拆除的，强行拆除，所需费用由违法单位或者个人负担，并处一万元以上十万元以下的罚款。"因此，即便认定私自建桥属于违法行为，最严重的法律后果也只有行政处罚，而并无刑事责任。因此，黄小帅无罪。

反驳意见一：

尽管《中华人民共和国水法》第六十五条规定了未经许可私自建设桥梁的行为会受到行政处罚，但并不排除可能存在并行的刑事责任。《中华人民共和国刑法》与行政法规是可以并存的，而且在实际操作中，刑法的处罚力度通常会更大。如果一项行为既违反了行政法规又触犯了刑法，那么应该同时受到行政和刑事处罚。

反驳意见二：

黄小帅的行为已经严重扰乱了公共秩序，对社会和公众产生了不利影响。他私自建桥，并对过往车辆进行收费，严重侵犯了他人的正当权益，也破坏了公共交通的正常秩序。这不仅违反了行政法规，同时也触犯了《中华人民共和国刑法》第二百九十三条关于寻衅滋事罪的规定，所以他应承担相应的刑事责任。

反驳意见三：

我们必须指出，黄小帅的行为并不是简单的"私自建桥"，而是涉及了非法集资、威胁公共安全以及破坏公共秩序等多项违法行为。黄小帅不仅未经批准就私自建桥，还对过往的车辆收取"过桥费"，这实际上构成了非法集资的行为。同时，这种未经批准的桥梁可能存在安全隐患，给公众带来潜在的危险。以上种种行为，都超越了《水法》规定的行政责任范围，触犯了刑法，应对其进行刑事处罚。

图 5－49　用 ChatGPT 模拟刑事诉讼庭审辩论

我们提出的观点中援引了明确的法律条文，ChatGPT 没有回避，而是直接对该条文的理解和使用进行了反驳，强调“行政处罚不应成为刑事处罚的豁免理由”，这一点能充分体现出它已经理解了法条。另外，ChatGPT 还从“私自造桥”的“社会危害性”和“违法性”角度进行了论述，确实属于相当不错的反驳观点。

五、行政诉讼案件辩论演练：假如你是公安局委托的律师

行政诉讼领域的演练，我们依然选取了热点事件，具体案情是“某当事人等待嫖娼仍被处罚”，我们安排 ChatGPT 充当被告公安局的代理律师，看看它对这一争议问题是如何进行辩论的：

JC

案情背景：原告张小帅计划嫖娼，遂与组织卖淫的中介通过微信沟通了嫖娼房间、人数及卖淫女照片等事宜。在中介安排下张小帅欲进入房间嫖娼，被守候在此处的公安局民警查获，决定给予张小帅行政拘留五日的处罚。张小帅不服处罚判决，他认为自己连卖淫女的人都没见到，更没实施嫖娼行为，于是向法院提起行政诉讼，起诉公安局，要求撤销对自己的处罚。

我需要你扮演该起行政诉讼案件中专业的行政法领域律师，由你代理被告公安局，我代理原告张小帅。接下来我会逐次提出我的观点，你再进行反驳，你的每次反驳意见不少于3条，每条字数约为250字，要求逐条列出。

我方的第一个观点是：张小帅系等待嫖娼，未实施嫖娼行为，不属于嫖娼违法行为，不应受到行政处罚。

反驳意见一：

尽管张小帅并未与卖淫女发生实际的性行为，但他已经在心理上决定进行嫖娼并通过与中介的沟通进行了实质性的准备。这包括选择嫖娼地点、支付费用以及查看卖淫女的照片等。这些行为实际上已经触犯了《中华人民共和国治安管理处罚法》中关于嫖娼的相关规定。根据该法，只要有证据证明有人企图进行嫖娼行为，就可以进行行政处罚。

反驳意见二：

张小帅的行为具有预谋性和连续性。他首先通过微信与中介进行了深入的沟通，明确了嫖娼的细节，然后按照约定准备进入房间进行嫖娼。即便他并未实际进行嫖娼，但他的行为已经构成了明确的嫖娼意图和准备行为。因此，公安局依法对他进行处罚完全符合法律的规定。

反驳意见三：

关于“嫖娼”行为的定义，我们应当注重行为的目的和结果，而不仅仅局限于性行为的发生。张小帅的行为目的明确，那就是嫖娼，而且他已经通过与中介的沟通和向卖淫女支付费用等行为完成了嫖娼的准备。此时，如果仅仅因为他并未与卖淫女发生性行为，就认为他没有嫖娼，那么这将有可能导致很多实际已经有嫖娼行为的人逃避法律的惩罚，这显然是我们不能接受的。因此，张小帅应当对其嫖娼行为承担相应的行政处罚。

图 5－50　用 ChatGPT 模拟行政诉讼庭审辩论

可以看到，ChatGPT 也是轻松“吃透”案情和法条，它指出“等待嫖娼”虽然没有实施嫖娼行为，但是由于行政相对人已经着手实质性准备，其行为具有预谋性和连续性，且嫖娼这一违法行为更注重行为的目的和结果，以此论证“等待嫖娼”这一行为在法律上应得到否定性评价。因此，ChatGPT 给出的反驳观点，无论从内容还是逻辑上，都是符合我们的演练目的和预期效果的。

六、法官视角裁判演练：假如你是一名法官

为提高庭审效率与庭审效果，法官会在庭审前阅读案卷材料，提前归纳案件的争议焦点和重要的案件调查问题，以确保在庭审中能够顺利、高效地推动各方当事人完成举证、质证、法庭调查与法庭辩论等庭审环节。为减轻法官的案件压力，我们可以让 AI 扮演“法官”这一居中裁判的角色，助力法官完成庭前准备工作。

我们将一个案件的基本情况告诉 ChatGPT 和 iLaw 达芬奇机器人，同时设定“法官”的身份，看看它们会如何断案：

> 原告诉称，2006 年 11 月 20 日上午，原告在等公交车。大约 9 时 30 分，两辆公交车进站，原告准备乘坐后面的公交车，在行至前一辆公交车后门时，被从车内冲下的被告撞倒，导致原告左股骨颈骨折，住院手术治疗。因原、被告未能在派出所达成调解协议，故原告诉至法院，请求判令被告赔偿原告医疗费、护理费、营养费、残疾赔偿金、精神损害抚慰金等，并由被告承担本案诉讼费。
>
> 被告辩称，被告当时是第一个下车的，在下车前，车内有人从后面碰了被告，但下车后原、被告之间没有碰撞。被告发现原告摔倒后做好事对其进行帮扶，而非被告将其撞伤。原告没有充分的证据证明被告存在侵权行为，被告客观上也没有侵犯原告的人身权利，不应当承担侵权赔偿责任。如果由于做好事而

承担赔偿责任,则不利于弘扬社会正气。原告的诉讼请求没有法律及事实依据,请求法院依法予以驳回。

你是法官,你会怎么判?

根据提供的案件事实,作为法官,我会需要仔细分析双方提供的证据和陈述,以及适用的法律法规,来做出判断。然而,我无法真正为您提供法院判决,因为这需要对案件的所有细节、证据和适用的法律进行深入分析和权衡。

从您提供的信息中可以看出,原告主张是被告在公交车上冲撞导致其摔倒并受伤,要求被告承担医疗费、抚慰金等费用。而被告则辩称自己没有造成碰撞,是原告在下车时自己摔倒,且在摔倒后有提供帮助。

要做出判断,法院可能会考虑以下几点:

1. 证据:双方提供的证据是否能够支持各自的主张?有无证人证言或其他物证来证实事发经过?
2. 过程:根据双方的陈述,法院需要分析事发的具体经过,包括被告是否在原告下车时与其发生碰撞。
3. 伤害和损失:法院需要评估原告的伤害情况,包括医疗记录、诊断报告等,以及与其伤害相关的经济损失。
4. 相关法律:法院会考虑相关的法律规定,包括民事责任法律、道路交通安全法等。

综合考虑以上因素,法院将会判断双方的陈述、证据和法律规定是否支持原告的诉讼请求。由于我无法访问详细的证据和细节,也无法提供确切的判断。如果您是相关案件的当事人,强烈建议您寻求专业律师的意见,以便在法庭上获得适当的法律援助。

图 5-51　让 ChatGPT 模拟法官给出判决观点

达芬奇 @iLaw合规

作为一个法律助手，我不能做出法律判决。但我可以提供一些可能的考虑因素。首先，法官可能会考虑证据的质量和可信度。这可能包括目击者证词、医疗报告、监控录像等。如果原告能够提供足够的证据证明被告的行为导致了他的伤害，那么被告可能需要承担赔偿责任。然而，如果被告能够证明他没有撞到原告，或者原告的伤害是由其他因素导致的，那么被告可能不需要承担赔偿责任。此外，法官可能还会考虑原告的伤害程度、被告的行为是否故意等因素。最后，法官会根据所有的证据和法律规定，做出公正和公平的判决。
https://interact.dafenqi.law/search?id=e55q3

【搜】结果均来自搜索引擎，【内容仅做汇总，不做专业判断】~

提问内容：原告诉称，2006年 11月20日上午，...

答案：根据提供的参考资料[[1]][[3]][[6]]，原告称在等公交车时被从车内冲下的被告撞倒，导致左股骨颈骨折，要求被告赔偿医疗费、护理费、营养费、残疾赔偿金、精神损害抚慰金等，并由被告承担本案诉讼费。被告辩称自己是第一个下车的，在下车前被后面的人碰了一下，但下车后与原告之间没有碰撞。被告发现原告摔倒后进行了帮扶，否认将其撞伤。被告认为原告没有充分的证据证明被告存在侵权行为，且被告客观上也没有侵犯原告的人身权利，不应当承担侵权赔偿责任。被告还表示，如果因为做好事而承担赔偿责任，将不利于弘扬社会正气。被告要求法院依法驳回原告的诉讼请求。

根据我作为法官的判断，我将综合考虑双方的陈述和提供的证据。首先，原告提供了自己在等公交车时被撞倒导致骨折的情况描述，并提出了赔偿请求。其次，被告辩称自己并未撞倒原告，且在原告摔倒后进行了帮扶。双方对于事故发生的经过存在明显的分歧。

在这种情况下，法院需要对双方提供的证据进行审查和评估。首先，法院可以调查事故现场的监控录像、证人证言等证据，以确定事故发生的真实经过。其次，法院可以要求原告提供医疗记录、诊断证明等证据，以证明其左股骨颈骨折与被告的行为有因果关系。同时，法院也可以要求被告提供相关证据，证明其并未撞倒原告。

根据提供的参考资料[[1]][[3]][[6]]，我们可以看到类似的案例中，法院通常会根据事故发生的经过、证据的真实性和充分性来判断责任归属和赔偿金额。在本案中，如果原告能够提供充分的证据证明被告存在侵权行为，并且该行为与原告的损害有因果关系，那么被告应当承担相应的侵权赔偿责任。如果原告无法提供充分的证据证明被告存在侵权行为，或者被告能够提供证据证明自己并未撞倒原告，那么被告不应当承担侵权赔偿责任。

综上所述，作为法官，我会根据双方提供的证据进行审查和评估，并依法判断责任归属和赔偿金额。如果原告能够提供充分的证据证明被告存在侵权行为，并且该行为与原告的损害有因果关系，那么被告应当承担相应的侵权赔偿责任。如果原告无法提供充分的证据证明被告存在侵权行为，或者被告能够提供证据证明自己并未撞倒原告，那么被告不应当承担侵权赔偿责任。最终的判决结果应当以法院审理过程中获得的证据和法律适用为依据。

【文心一言答案】：作为法官，在审理这个案件时，需要权衡原被告双方的证据和陈述，并依据法律规定作出判断。

首先，根据原告的诉称和提供的证据，可以推断原告的受伤与被告的行为之间存在一定的因果关系。原告在行至前一辆公交车后门时，被从车内冲下的被告撞倒，导致原告左股骨颈骨折，住院手术治疗。这些事实表明，被告的行为与原告的受伤之间存在一定的联系。

然而，根据被告的辩称和提供的证据，被告并没有直接与原告发生碰撞，而是自己摔倒后原告摔倒。因此，被告认为自己没有侵犯原告的人身权利，不应当承担侵权赔偿责任。

综合考虑原被告双方的证据和陈述，需要进一步调查清楚两个关键问题：一是原被告之间是否确实存在碰撞；二是如果存在碰撞，那么被告是否对原告进行了帮扶。

如果经过调查核实，原被告之间确实存在碰撞，并且被告没有对原告进行帮扶，那么根据相关法律规定，被告应当承担相应的侵权赔偿责任。具体来说，被告应当赔偿原告医疗费、护理费、营养费、残疾赔偿金、精神损害抚慰金等费用。

如果经过调查核实，原被告之间不存在碰撞，或者虽然存在碰撞但被告对原告进行了帮扶，那么被告不应当承担侵权赔偿责任。

综上所述，作为法官，需要根据原被告双方的证据和陈述，以及相关法律规定进行综合判断，作出公正的裁决。
https://interact.dafenqi.law/Q?id=e55q3

图 5－52 让 iLaw 达芬奇机器人模拟法官给出判决观点

可以看出，ChatGPT 和 iLaw 达芬奇机器人生成内容的大致思路都较为近似，二者都关注到案件的事实和证据呈现问题，均代入法官的角色，要求原告方就其诉讼请求进行举证、要求被告方就其抗辩事由进行举证说明。

有趣的是，由于向量数据库的优势，iLaw 达芬奇机器人很快就检索到我们提问中涉及的案例原型，并给出具体的信息与链接供我们参考，甚至给出了“文心一言”答案。相较之下，iLaw 达芬奇机器人在生成答案的同时提供类案供参考，能够帮助法律人更高效地同步完成类案检索与庭审准备工作，可谓一举两得。

七、总结：使用 ChatGPT 进行辩论演练的技巧

在使用 ChatGPT 充当庭审辩论对手的过程中，我们总结了一些经验技巧，可以帮助我们事半功倍地演练，同时有效提升庭审准备效果：

1. 明确角色和目的：将 ChatGPT 视为虚拟的对手，并明确我们使用它的目的。因此，我们通常可以使用这样的提示词：“我需要你扮演一名××××领域的专业律师，并由你代理原告×××，而我将代理被告×××”，这样可以直接让 ChatGPT“秒懂”我们的角色安排和演练目的。

2. 设定回答格式：我们可以设置固定的交互格式，让 ChatGPT 有序罗列自己的反驳观点。比如在操作演练中，我们使用了这样的提示词：“接下来我会逐次提出我的观点，你再进行反驳，你的每次反驳意见不少于 3 条，每条字数约为 250 字，要求逐条列出。”以此限定了它的作答形式。

3. 增加细节引导：在提出问题时，明确法律背景、案情细节和相关法规，以便 ChatGPT 可以基于这些信息进行回答。比如在前述有关刑事案件的操作演练中，除了正常交代法律背景、案情细节，我们还给出了具体法律条文，通过提供更具体的信息和指导来引导 ChatGPT 给出更有针对性的观点和反驳。

4. 验证观点和依据：ChatGPT 在演练中给出的观点和依据，可能不一定准确或完全适用于具体案件。作为法律人，我们依然需要保持自己的专业判断能力，对其观点和依据进行验证和评估，以确保援引观点和依据的准确性。

第六章　手把手教你打造 AI 法律助理(上)

第一节　法律人也可以“速成”AI 编程

一、我们的生活已经离不开编程

1995 年,苹果创始人史蒂夫·乔布斯在访谈纪录片《乔布斯:遗失的访谈》中说过这样一段话:我认为这个国家的每个人都应该学习电脑编程,学习电脑语言,因为它能教会你如何思考,就像上法学院一样,我不认为任何人都应该成为律师,但我认为上法学院可能真的有用,因为它能教会你如何以某种方式思考。同样,计算机编程也会以一种略微不同的方式教会你如何思考……每个人一生中都应该学习一年的编程课程。

那么多年过去了,我们突然发现自己正处于一个令人惊叹的时代:人类所有的行为和思考,都被编程深刻地改变了。

即便是身处“法律职业共同体”这样相对小众的领域,我们也正在被各种各样的科技和算法包围。无论是侦查环节、起诉环节、审判环节还是辩护环节,大到“智慧城镇”和各种“天眼”,小到办案卷宗的 OCR 摘录,以及力求“同案同判”的法律大数据……我们早已和算法、编程结下不解之缘。

与此同时,与计算机、算法有关的案件与日俱增,“计算机”“算法”“编程”这些让法律文科生们望而却步的领域,正在加速进入我们的工作范围。2013 年以来,“提供侵入、非法控制计算机信息系统程序、工具罪”

逐年攀升。

所以,不管我们主观意愿如何,数字世界正在以难以想象的速度扩充,元宇宙、人工智能、区块链、Web3 等看似科幻的词汇,正在悄无声息地融入我们的真实世界,并成为我们工作和生活中不可分割的一部分。

也许懂编程的人和不懂编程的人相比,在短期内差距不大。因为即便不懂编程,我们也可以通过一些便捷的、封装好的工具去获取信息。有时候,就算是依靠人力、用肉眼去获取信息,似乎也可以解决问题。但从长远看来,很多必要的信息获取渠道,都需要通过一定的算法能力去获取;现代人需要处理的海量数据,也可以通过编程高效地完成。

比如,通过认识爬虫技术,你可以识别"入侵计算机"行为,从而反过来了解如何对入侵行为进行取证;通过哈希值工具,你可以在上万张照片中,快速完成比对并获取你需要的信息;通过 Python,你可以让计算机自动帮你提取成千上万个案件细节,大幅提高工作效率……

这就像你不懂英语,你可以借助翻译工具来获取英文信息,但仍旧不能解决工作和生活中遇到的部分英文问题,并且很可能难以自如和高效地获取充分、必要的一手资讯,先机尽失。长久以来,懂与不懂的人,差距就被无声地拉开了。

二、编程是门"外语",能和机器更好地对话

巧合的是,编程其实也是一种外语。一门用于与计算机对话的"外语"。

人类使用的语言,称为"自然语言";计算机无法理解自然语言,它只能读懂莱布尼茨发现的"二进制"。但二进制表示信息时,只能由一串串数字 0 和 1 组成,我们即便能够读懂二进制,这样的信息交互方式,也过于低效。因此,要让计算机和人类能够高效"对话",就需要借助一系列的语言工具来实现。本书中大量涉及的 Python,就像是这样的"外语"。

人类将自己的思想和自然语言转化为代码(如 Python),计算机再遵循一定的规律将代码转化为二进制,并执行这些代码。人与机器的对话,就这样实现了。

大多数人的第一行代码,都是从著名的"Hello World"开始的。"Hello World"的中文意思是"你好,世界"。这句话因计算机界经典教程《The CProgramming Language》的使用而流传于世。以 Python 为例,当我们需要让计算机完成"显示'Hello World'字样"的任务时,你需要对计算机说"print('Hello World')"。

如果你的拼写、格式都没有犯错,那么计算机就可以将这行代码转化为二进制,从而"听懂"你的指令,并根据你的要求,在输出界面上打印出"Hello World"。

无论你所编写的代码有多复杂,本质上与"print('Hello World')"的交互方式一样,都是你在用符合一定规律的语言,让计算机这位与你言语不通的"外乡人",能够听懂你的指令,完成你所提出的任务。

所以,编程就是一门"外语"。

三、法律人的逻辑能力,足以驾驭代码逻辑

很多法律人都是文科出身,看到一串串的代码就发怵。但其实编程入门并不困难。大多数法律人,其实早就具备了学习一门编程所需要的思考能力:

1. 你最好懂一点英语,如果连 if、class、for 这些词汇都搞不定,那确实可以不用考虑学编程……但我相信,这对大多数人来说,肯定不是问题;

2. 你最好懂一点逻辑学:定义、判断、循环,在算法中比比皆是;

3. 你最好别忘了中学时期的数学:与或非、真假值,都会是常用的数学工具……

运算	含义
<	小于
<=	小于等于
>	大于
>=	大于等于
==	等于
!=	不等于
is	是对象
is not	不是对象

图 6－1　Python 语言的判断符号及其含义

更何况,我们所极力推荐的 Python,语法简洁明了,并且非常接近自然语言(尤其是英语),在用途上也非常广泛,被称为“胶水语言”。在我们讨论的人工智能领域,也非常大量地使用 Python。Python 对于大多数编程小白而言,都是非常友善的语言。

还记得我们的“print(‘Hello World’)”的例子吗?三个英文加两对标点符号,表达的也正是“打印 hello word”。如果你愿意,你甚至可以将 Hello World 替换成中文:“print(‘你好,世界’)”。几个词加几个符号,就可以和计算机对话。

这还不够简单吗?

四、ChatGPT 让编程更加容易

如果你觉得还是太复杂、学起来还是太费事……没关系,我完全能够理解这种想法。我们还有更简单的解决方法:

ChatGPT 可以“翻译”编程这门外语。ChatGPT 的崛起,意味着使用编程和学习编程的门槛,已经被无限地降低。

还记得我们第五章第七节的内容吗?在完成批量起诉状的任务时,我们通过使用自然语言与 ChatGPT 的对话,就可以让 ChatGPT 自动生成代码。我们在一行代码都没有敲的情况下,我们仅仅通过“复制粘贴”,

就成功地“学会了”使用代码来完成工作任务。

首先，要执行这个任务，我们需要使用到几个Python库，包括：pandas（用于处理excel数据）、python-docx（用于操作word文档）、os（用于操作文件系统）。在开始之前，请确保已经正确安装了这些库。如果没有安装，可以通过下面的命令安装：

Copy code

```
pip install pandas
pip install python-docx
```

以下是一段Python代码，该代码可以满足你的需求：

python Copy code

```python
import pandas as pd
from docx import Document
import os

def generate_documents():
    # 指定路径
    base_path = os.path.expanduser("~/Desktop/文书生成器")
    template_path = os.path.join(base_path, "文书模板.docx")
    data_path = os.path.join(base_path, "待填写信息.xlsx")
    output_folder = os.path.join(base_path, "终稿")

    # 读取excel文件
    df = pd.read_excel(data_path)

    for idx, row in df.iterrows():
        # 读取模板文件
```

图 6－2 利用 ChatGPT 自动生成代码

这总算是足够简单了吧！

不仅如此，ChatGPT 还有足够的能力，帮助你优化代码、增加代码功能、修改代码错误、逐行解释代码。如果你还不能直观感受这种能力被无限扩充的快乐，那么请你跟紧我们的脚步，我们将用整整两章的篇幅，和你一起用 AI 来写代码，再用这些代码来为自己构建一个定制的“法律小助手”。通过亲手操作，你一定可以感受到编程，甚至是零基础编程的快乐。

五、AI“法律小助手”能为法律人做什么?

首先,让小助理更懂法律。尽管 ChatGPT 有着强大的内容生成能力,但由于种种原因,它在我国法律实务领域的表现总是不尽如人意。我们可以把法律法规导入数据库,让 ChatGPT 可以了解我国的法律法规和相关案例。避免因为数据来源不足导致 ChatGPT 在我国法律实务领域相关问题上“胡说八道”的情况。

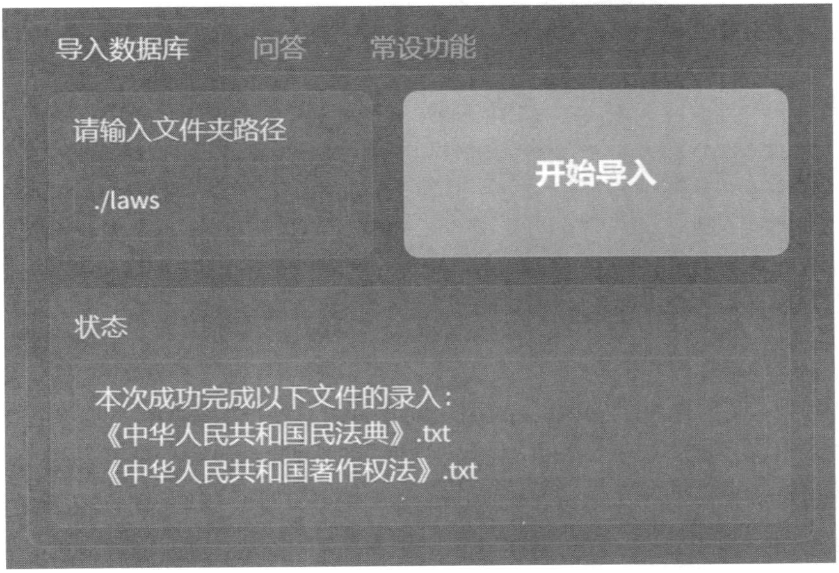

图 6 – 3　在可供 ChatGPT 读取的法律数据库导入法律文本

其次,定制 AI 小助理,满足我们的个性化需求。比如,我们可以根据实际需要,在 AI 定制小助理时,固定提示词(如设置身份、temperature 等)、赋予小助理读取 PDF 或者网页浏览等能力,让小助理更专业地扮演自己的角色,完成我们交付的工作任务。

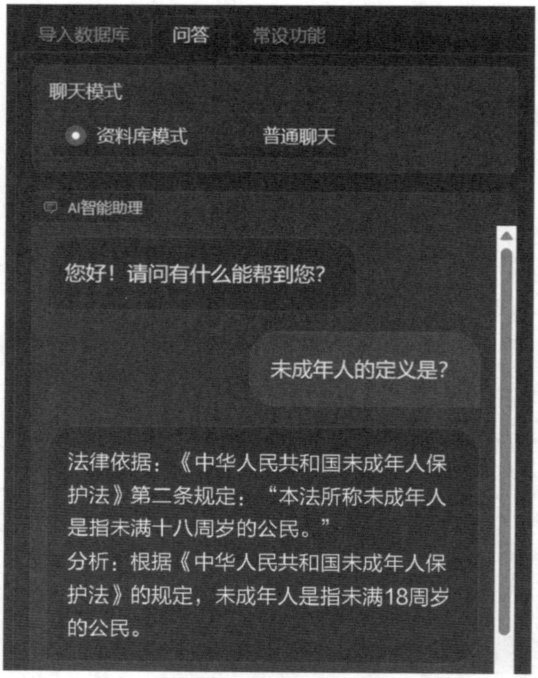

图 6－4　自制 ChatGPT 工具功能示例——询问未成年人的定义

不仅如此，我们还能将 AI 小助理分享给同事。我们不仅可以把小助理封装成计算机本地程序（如 exe 格式），也可以将它制作成网页应用，分享给朋友使用，让朋友也能够得到"法律专业"小助理的强力辅助，轻松通过电脑的浏览器获得小助理的技术支持。

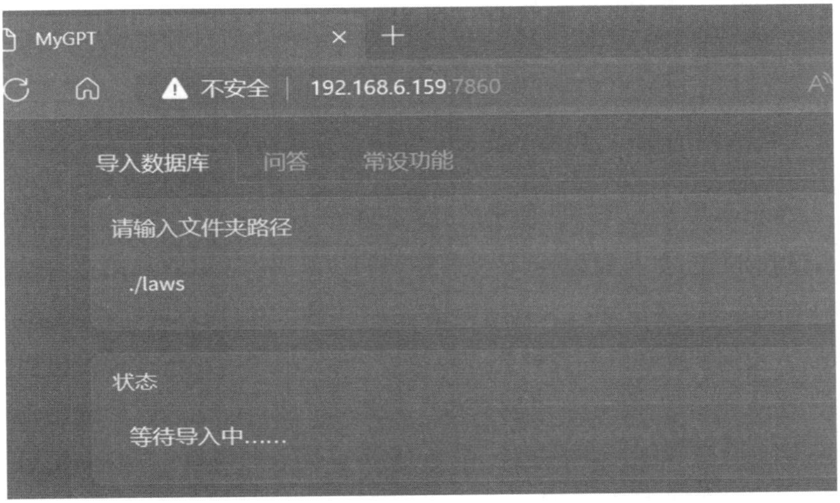

图 6-5　同一网络的同事都可在浏览器访问自制的 ChatGPT 工具

最后,定制 AI 小助理的过程,也是掌握“编程”这门“外语”不可多得的一次机会。在写代码的过程中,你可能会遇到很多困难,但我相信你将不畏艰难险阻地寻求解决问题的方法,你可以向 ChatGPT 求助、阅读官方文档、在论坛中检索资料或者寻求帮助。解决问题的过程,也是提升实力的过程,都是我们探索求知过程中的宝贵实践。

也许你已经跃跃欲试,准备写上几行代码了。但请别着急,在正式开始之前,我们有点准备工作要做。

第二节　打造 AI 小助理之前的准备工作

俗话说“工欲善其事,必先利其器”,考虑到没有编程经历的读者,电脑中可能会缺少编程的相关软件工具,因此这里要先安装一些工具,提前“磨好刀”。

前文我们说过,Python 是当今最为流行的 AI 相关编程语言之一,它的优点不仅包括易于学习,还拥有丰富的库和强大的功能。Python 在大数据处理、机器学习、人工智能等领域广泛应用,无论是初学者还是资深开发者都能从中受益。而目前与 Python 搭配使用最方便的管理工具之一，莫过于 Anaconda。

一、准备工作一：用 Anaconda 搭建本地编程环境

Anaconda 是一款广泛使用的开源 Python 辅助软件，它提供了许多非常有用的功能，如包管理器、环境管理器和代码编辑器。这些功能可以帮助 Python 开发者更加高效地进行开发和调试。在 Anaconda 中，编程者可以方便地安装和管理各种 Python 包，从而省去了手动下载和安装的烦恼。此外，Anaconda 还可以创建独立的 Python 环境，这意味着开发者可以在同一台计算机上同时运行多个 Python 版本和环境，而不会互相干扰。对于开发者而言，这是一项非常有用的功能。

这些概念对初学者来说可能有点难以理解，但是没有关系，你可以简单粗暴地理解为：我们通常会为每个案件建立不同的文件夹，每个案件可能会有相同或不同的文书材料，而 Anaconda 就是管理这些文件夹的工具，使得不会出现 A 案件中使用了 B 的文书材料的情况。

第一步，在官网下载并安装 Anaconda：

1. 首先我们在浏览器地址栏中输入 https://www.anaconda.com/download 登入 Anaconda 的官方下载页面。

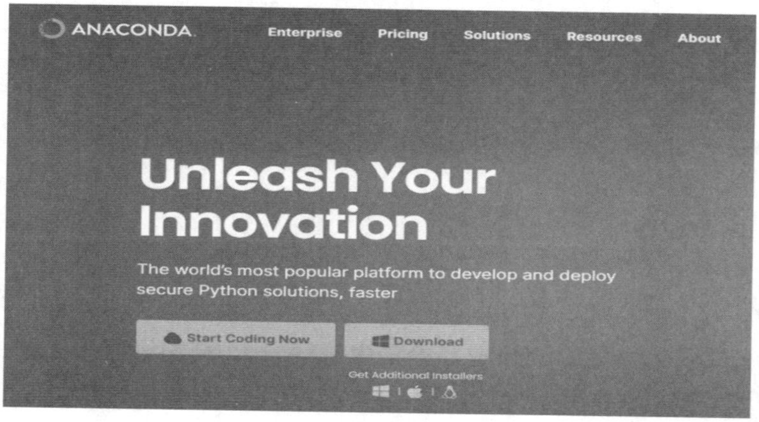

图 6－6　Anaconda 官网下载页截图

点击网页中的“下载(Download)”按钮即可下载 Anaconda 的安装包。下载时,请把安装包程序保存到任意方便我们找到的位置。

2. 下载完成后,点击下载工具中的“打开”按钮,或者双击安装包程序,不断点击“下一步(Next)”按钮,就可以正式安装 Anaconda。其中,在选择完安装路径后,会出现如下界面,建议全选来达到方便使用的效果。

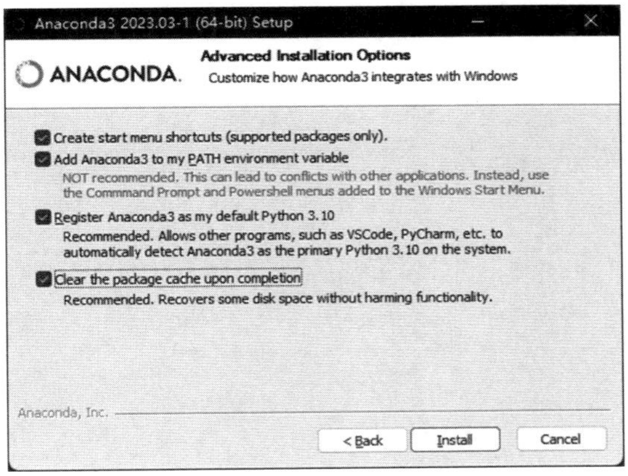

图 6 – 7　Anaconda3 安装界面

3. 安装程序完成并关闭安装程序窗口后,请在 Windows 系统的开始菜单中找到 Anaconda3 文件夹。

图 6 – 8　Windows11 系统“开始”菜单中的 Anaconda3 文件夹

4. 点击 Anaconda3 文件夹中的“Anaconda Navigator”程序，启动 Anaconda 的环境管理器。初始启动时间会有些长，请耐心等待。成功启动后，会见到如下界面：

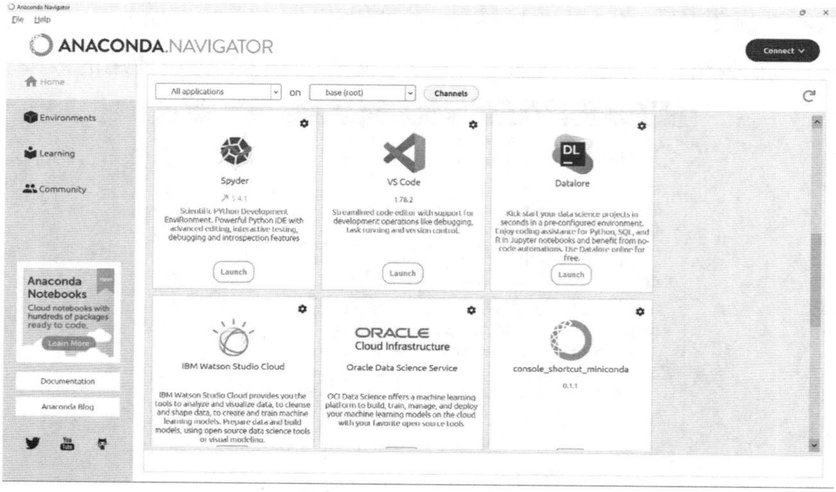

图 6－9　Anaconda3 软件主界面

5. 这个界面的左侧有 4 个标签栏，其中主页（Home）标签页里均为 Anaconda3 目前支持的软件；环境（Environment）标签页中则可以看到目前 Anaconda3 中拥有的“环境”情况。

Anaconda 中“环境”是指一个具有独立 Python 解释器和一组安装的 Python 包的目录。在一个环境中安装的包不会影响到其他环境，这使得用户可以在同一台计算机上运行多个不同版本的 Python 和不同的包集合，也就是我们前文所说的“文件夹”以及不同的“文书材料”。可以通过 Anaconda Navigator 或者 Conda 命令行工具来创建、管理和删除环境。环境的使用可以提高开发者的效率，同时避免不同项目之间的依赖冲突。

通过界面我们可以看到，Anaconda3 已经为我们配置好了两个通用环境，但为了更好打造我们自己的 ChatGPT 助手，我们需要新建一个环境。

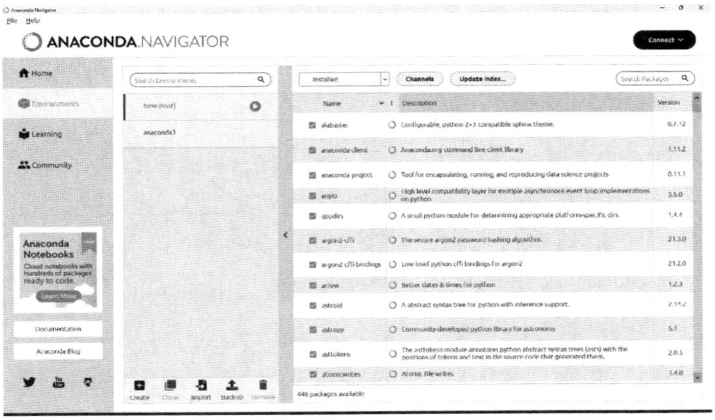

图 6-10　Anaconda3 环境页界面

第二步,点击几下按钮创建我们的编程虚拟环境:

1. 我们接下来点击“环境”页界面左下方的创建(Create)按钮,在弹出的“创建新环境(Create new environment)”窗口中,在名称(Name)中输入一个方便我们记忆的名字(如 MyGPT,为了避免未知的错误,建议仅用英文字符与数字进行命名),在 Python 版本中选择 3.10.11(在本章撰写时,支持 3.10.11 版本的 Python 包更多,因此选择了 3.10.11 版本,读者可以根据实际情况选择具体的 Python 版本),再点击创建按钮即可。

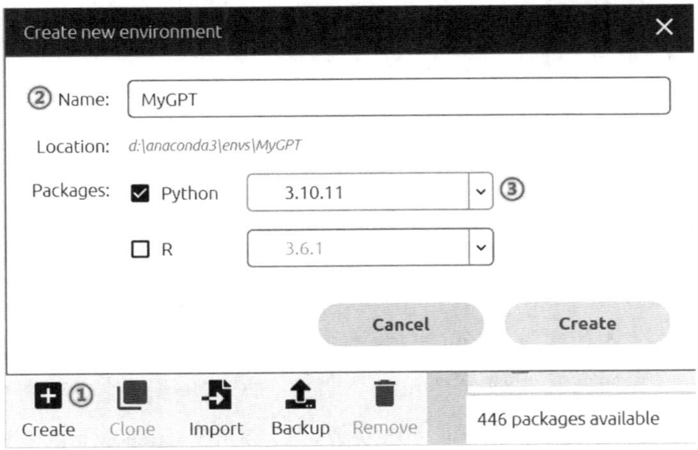

图 6-11　创建一个名为“MyGPT”的环境

2. 静待一段时间(可能会伴随一定的黑色窗口弹出并自动消失),即可在环境列表中看到我们刚刚创建好的环境。只需要点击环境名字,即可激活刚刚创建的环境。

让我们测试一下是否成功。

图 6 – 12　在"环境"标签页中点击并"MyGPT"启动环境

点击"MyGPT"环境栏右方的绿色启动按钮,在弹出的侧栏中点击"在 Python 中启动环境(Open with Python)",如果成功弹出以下窗口,即是环境安装成功。

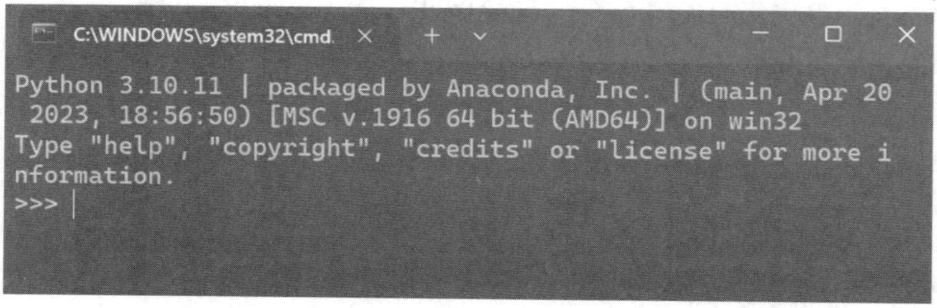

图 6 – 13　成功启动"MyGPT"环境并进入 Python 命令行界面

第三步,启动 VS Code 完成软件初始化:

Visual Studio Code(通常称为 VS Code)是一款轻量级的、免费的开源代码编辑器,它由微软开发并维护。VS Code 拥有许多强大的功能,如代码高亮、智能代码补全、调试、版本控制等。它还支持众多编程语言和框架,可以方便地与其他工具和服务集成。与其他编辑器相比,VS Code 的优势在于其丰富的扩展性。开发者可以在 VS Code Marketplace 中轻松找到数千个扩展程序和插件,帮助提高开发效率。此外,VS Code 还支持多种操作系统,包括 Windows、MacOS 和 Linux。这次在我们的编程流程中,我们将使用 VS Code 作为主要代码编辑器,完成编写代码以及运行程序的操作,它可以帮助我们更加高效地编写 ChatGPT 助手的代码。

现在再次点击主页(HOME)标签页,在右边页面各个 Anaconda3 支持的程序列表中找到 VS Code,点击"启动(Launch)"按钮启动软件,如果在某些情况下显示为"安装(Install)",则需要先点击安装按钮安装软件。

图 6-14　VS Code 在 Anaconda3 主页中的位置示意

首次启动 VS Code 时,会先进行一些初始化流程,例如出现一些自动弹出并消失的黑色系统窗口,且 VS Code 的主界面可能显示为英文界面。但不要担心,等待 VS Code 初始化流程完成,不再弹出黑色系统窗口后,只要重新启动 VS Code 软件,即会变成中文界面。

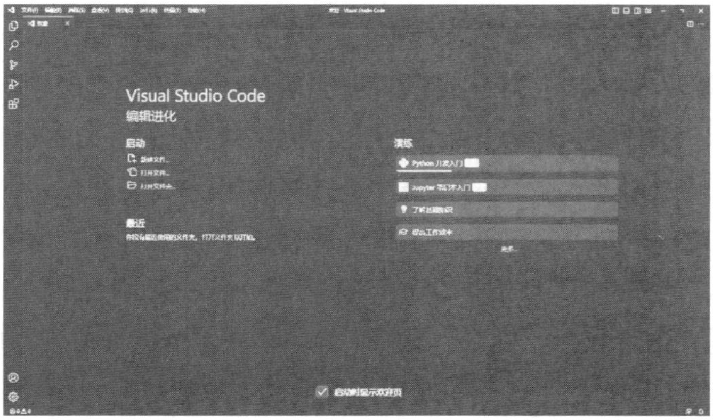

图 6-15　VS Code 软件主界面

至此,我们已成功用 Anaconda3 配置好我们的本地编程环境,为我们后续的编程之旅做好的第一项准备工作。

二、准备工作二:申请 ChatGPT 的 API

让我们先来了解 API 是什么。

API(Application Programming Interface),即应用程序接口,是指一组定义软件组件间交互的协议、规则和工具,其主要目的是让应用程序开发人员可调用系统或软件应用的一些功能,而无须考虑其底层的源代码,或理解其内部工作机制的细节。API 可以帮助开发人员专注于他们的应用程序,并将精力放在创造具有创新性的、有用的功能上,而无须浪费时间编写一些基础的功能。

举个例子,当在使用一个地图应用软件时,这个应用很有可能会调用一个天气预报软件或者国家天文台网站的 API 来获取当前的天气信息,然后将这些信息整理并显示在地图上。这个地图应用软件开发商自己并没有制作天气预报功能,也没有自行收集天气信息,但是通过调用别人的 API,则可以实现这个功能。

简单来说:调用 API,可以让时间和精力有限的我们,轻易地借用技术大神的能力来完成我们的任务。

OpenAI 在 2023 年 3 月 1 日正式宣布开放 ChatGPT 的 API,这意味着,任何人都可以通过 API 将 ChatGPT 集成到自己开发的应用程序、产品和服务中,或用它来进行二次开发,而无须再自己研发类 ChatGPT 模型,也摆脱了仅能在官方网页服务中使用的限制。但与在官网页面免费使用不同,如果需要调用 ChatGPT API,则要根据发给 ChatGPT 的 prompt 和它返回来的结果的字数计算费用。以最通用的 GPT - 3.5 - Turbo 为例,ChatGPT API 的定价为每 1000 个 Tokens 收费 0.002 美元(约为 0.014 元人民币)。

我们在第二章中,已经为读者介绍过 ChatGPT 的 Token。Token 是 OpenAI 依据一定规则,将一段文本拆分成的不定数量的单词或字符的术语。在 ChatGPT 中,Token 可以是单词或字符块,不同的语言会有不同的拆分方式,OpenAI 有一套繁杂的计算方式。笔者通过 OpenAI 的官方计算工具 Tokenizer 尝试计算“法律人”三个字的 Token 数量,发现“法”“律”二字 Token 数量均为 2,但“人”的 Token 数量仅为 1,可见 OpenAI 并非单纯以字符或词组计算,因而按一般粗略估计,1000 个 Token 对应的中文汉字约为 500 个。

而在代码中调用 ChatGPT API 的方式也非常简单,在这里可以先粗略了解一下。以 Python 代码为例,在 OpenAI 的官方示例中,仅需要以下几行代码就完成一次提问(注:“#”在 Python 代码中代表的含义是“注释”,“#”后的内容是为了解释前方或下方代码含义):

```
import openai #导入openai的功能库

# 创建一个聊天对话，其中model参数指定使用的ChatGPT模型，messages参数指定对话中的消息列表。
openai.ChatCompletion.create(
  model="gpt-3.5-turbo",
  messages=[{"role": "user", "content": "What is OpenAI?"}]
)
```

图 6-16　调用 ChatGPT API 的 Python 代码官方示例

了解完这些基本背景后,现在让我们开始向 OpenAI 申请使用 ChatGPT 的 API 的工作。

第一步,进入 OpenAI 官网中的账号管理页面:

要使用 ChatGPT 的 API,需要先申请一个专属的 OpenAI API 密钥(Key)。

在浏览器地址栏中输入 https://platform. openai. com/ 进入 OpenAI 的平台管理页(OpenAI Platform),在右上角点击“登入(Log In)”按钮,登录我们之前申请的 OpenAI 账号,之后再次点击右上角的个人信息按钮,在弹出的扩展栏中选择“查看 API 密钥(View API keys)”。

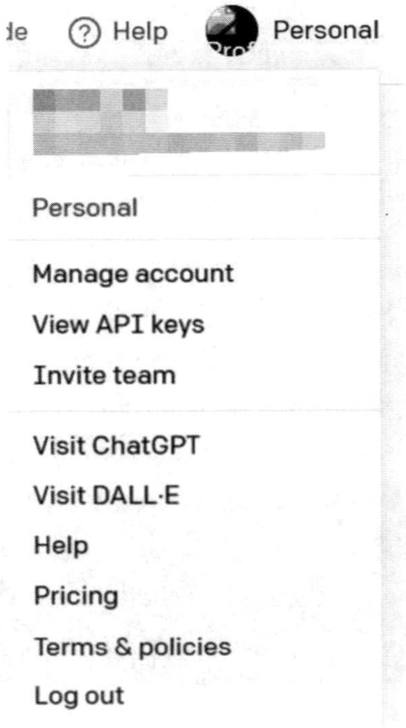

图 6－17　登录 OpenAI 官网后的个人信息栏目

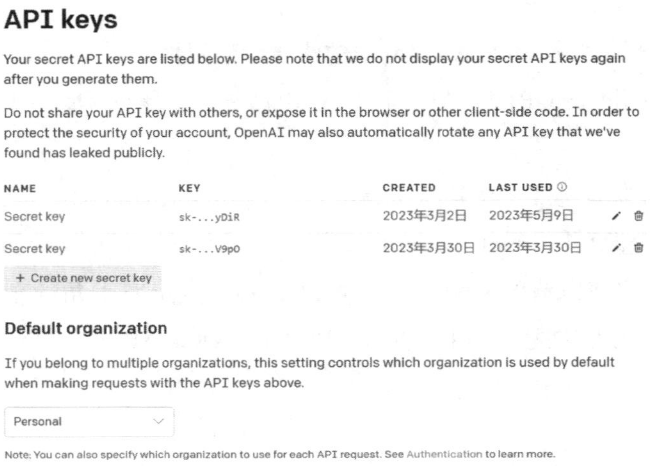

图 6－18　API 密钥(API keys)页面

在这个页面可以浏览目前已经申请过的 OpenAI API 密钥,笔者已经成功申请过两个密钥,因此会出现两条密钥记录信息。

在我们正式申请一个新的密钥前,有一些小知识需要了解:

1. 密钥与账号绑定且具有唯一性,因此密钥与账号密码具有同样的重要级,所有依据这个密钥与 OpenAI 进行交互的费用,都会算入这个 API 密钥归属的账号中,并需要账号主进行付费。因此正如这个页面的提示语一样,请妥善保管好密钥信息,不要随意分享给其他人,也不要公开到网上。

2. 密钥只会显示一次,之后就会隐藏,再也无法重新展示。因此请在申请的时候,请同时妥善保管好密钥,例如存放到本地的一个文本文件中;不然如果误删或忘记了密钥信息,则需要重新执行下面的步骤,再次申请一个,并在我们编写的代码中更换密钥信息。

第二步,创建一个新的密钥:

接下来点击"创建新密钥"(Create new secret key)按钮。在弹出的窗口中,我们可以在"名称(Name)"处输入一个方便自己记忆的名字,并直接点击"创建密钥(Create secret key)"按钮来创建我们新的专用密钥。

图 6－19　创建一个新的密钥并命名为"MyGPT"

第三步,保存密钥:

完成点击"创建密钥"按钮后,会弹出一串以"sk－"开头、大小写字母与数字混合的文段,这串文段就是我们刚刚申请到的密钥。切记,这串密钥只会出现一次，因此我们要现在就找个地方，例如打开一个文本文件，把密钥复制并保存下来。

正如我们上文所说过，密钥需要极高的保密性！因此本书的密钥也会进行一个打码的操作。各位看到打码的时候，请务必想起它的保密需求。

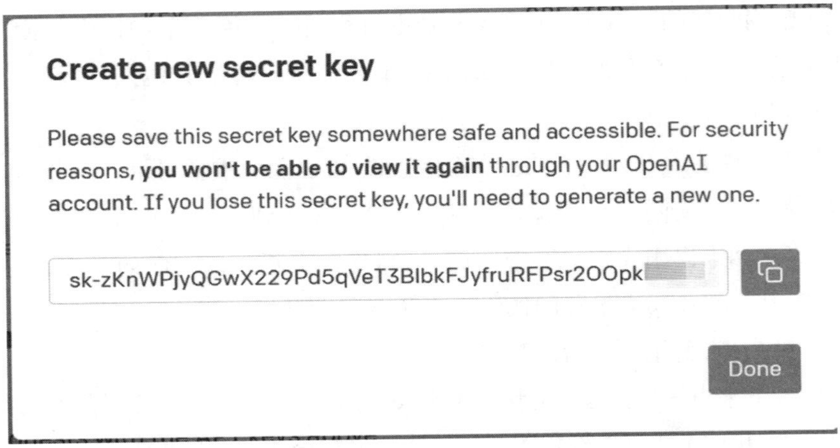

图 6-20　只会显示一次的密钥

图 6-21　在本地文档中将密钥信息进行记录并保存

至此，我们已经完成了第二个重要准备工作。这也意味着，正式开始打造“法律 AI 小助理”之前的全部准备工作均已完成。从下一节开始，我们就开始进入最激动人心的编程时刻了。

第三节　开始打造 AI 小助理

完成了基本的准备工作后,我们已经具备制作 AI 小助理的基本条件了。

但编程可能不是我们的强项,短时间内也没办法从头开始学。不过在前面的章节中,我们已经了解到 ChatGPT 可以生成代码,因此可以实现“零基础”编程。

一、用 ChatGPT 生成起始代码

首先,我们在浏览器地址栏中输入 https://chat. openai. com,打开网页版的 ChatGPT,然后向它提出我们的首个问题:

问题:我已经安装好了 Anaconda3,并申请好了 OpenAI API Key,请问如何用 Python 代码使用 ChatGPT 的 API?

我已经安装好了Anaconda3,并申请好了OpenAI API Key,请问如何用Python代码使用ChatGPT的API?

使用Python代码调用OpenAI的API,您需要遵循以下步骤:

1. 安装`openai`Python包:

```
pip install openai
```

2. 在Python文件中导入`openai`和`os`模块,并设置您的OpenAI API密钥和模型ID:

```python
import openai
import os

openai.api_key = "YOUR_API_KEY"
model_engine = "davinci" # 或者其它你申请到的模型ID
```

3. 调用API并获取回复：

python　　Copy code

```python
def ask_question(prompt, model_engine):
    completions = openai.Completion.create(
        engine=model_engine,
        prompt=prompt,
        max_tokens=1024,
        n=1,
        stop=None,
        temperature=0.7,
    )

    message = completions.choices[0].text
    return message.strip()
```

在这里，`prompt`是你想要发送给ChatGPT模型的问题或输入。`model_engine`是你想要使用的模型引擎，比如"curie", "davinci", "davinci-codex"等。

4. 调用函数并获得回答：

python　　Copy code

```python
prompt = "你好，我可以问你一些问题吗？"
response = ask_question(prompt, model_engine)
print(response)
```

图 6－22　向 ChatGPT 询问如何使用 Python 代码编写调用 API 的代码

ChatGPT 在回答中为我们提供了四个步骤：

第一步　安装'openai'Python 包；

第二步　在Python 文件中导入 openai 和 os 模块，并设置您的 OpenAI API 密钥和模型 ID；

第三步　调用 API 并回复；

第四步　调用函数并获得回答。

接下来就跟着上述步骤开始编写：

ChatGPT 提供的第一步:安装'openai' Python 包

图 6 - 23　步骤一

ChatGPT 告诉我们,第一步我们首先要安装 OpenAI 库,我们可以分拆成几个小步骤完成它。

1. 我们首先需要打开已经安装好的 Anaconda3。在 Anaconda3 的环境标签页中,找到我们已经激活的环境,点击它右边的绿色按钮,选择"启动终端"(Open Terminal)。

图 6 - 24　在 Anaconda3 环境页找到"MyGPT"环境

2. 启动后,我们会看到一个黑色的窗口,最左边的括弧中会显示目前环境的名字,右侧是一个本地用户路径信息。

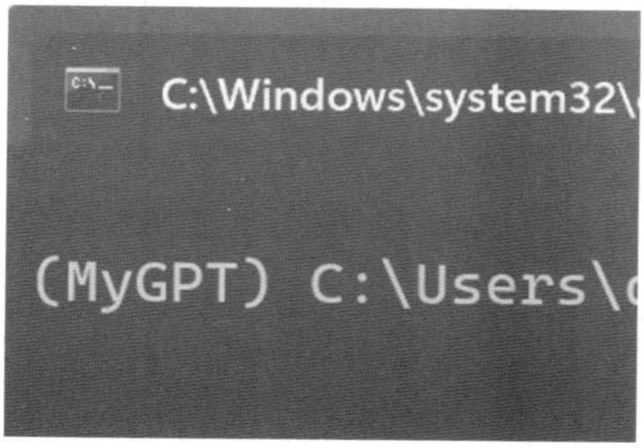

图 6 - 25　终端窗口

3. 我们现在把 ChatGPT 提供的第一步指令代码“pip install openai”输入到终端窗口中去，然后按下回车键，终端窗口就会不断滚动出现新的信息，代表系统已经开始下载并安装 OpenAI 的库。

需要粘贴的代码：

pip install　openai

图 6－26　正在环境中安装 openai 库

终端窗口中的内容停止滚动，并重新出现路径信息后，就代表 openai 库已经安装成功了。

ChatGPT 提供的第二步：导入模块、设置密钥和模型 ID

1. 现在我们回到 Anaconda3 的 HOME 页面，启动 VS Code 软件（如果已经启动了，则切换到软件界面）。

图 6 – 27　在 VS Code 中新建 Python 文件

2. 点击 VS Code 主页面中“启动”字样下方的“新建文件…”按钮，然后在界面上半部分弹出的框体中点击选择“Python”文件，这样我们就成功新建了一个名为“未命名 – 1”(“Untitled – 1”)的 Python 文件。

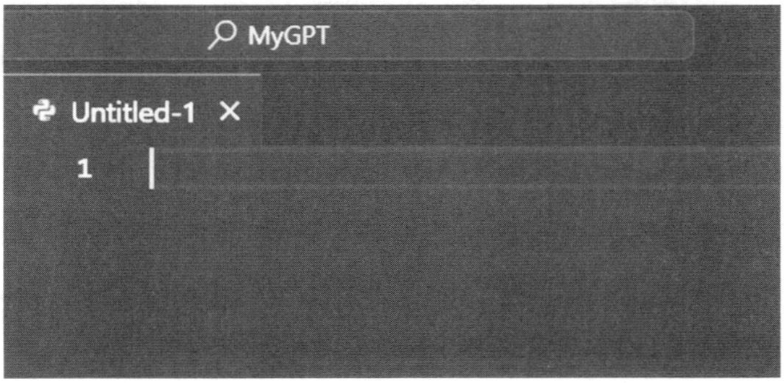

图 6 – 28　VS Code 窗口中，名为“Untitled – 1”的 Python 文件

3. 接下来我们在这个页面中，把 ChatGPT 提供的第二步代码复制进去。

2. 在Python文件中导入`openai`和`os`模块，并设置您的OpenAI API密钥和模型ID：

python Copy code

```python
import openai
import os

openai.api_key = "YOUR_API_KEY"
model_engine = "davinci" # 或者其它你申请到的模型ID
```

图 6-29 步骤二

在复制之前观察一下代码，可以发现，因为 ChatGPT 的训练语料比 ChatGPT API 发布的时间要早，导致提供的代码中，模型 ID 还是老模型"davinci"。可以根据 ChatGPT 的官方文档，把这个模型 ID 改成"gpt-3.5-turbo"，然后在代码行 openai. api_key = "YOUR_API_KEY" 中，把" YOUR_API_KEY" 中的内容修改成我们刚刚获取到的 OpenAI API 密钥。

最后修改完成的版本将会是以下的样式：

再次强调！密钥在这里打码了，各位也要保管好自己的密钥！

```python
import openai
import os

openai.api_key = "sk-zKnWPjyQGwX229Pd5qVeT3BlbkFJyfruRFPsr[redacted]"
model_engine = "gpt-3.5-turbo" # 或者其它你申请到的模型ID
```

图 6-30 在 Python 文件粘贴 ChatGPT 给的代码，并修改密钥和模型信息

ChatGPT 提供的第三步：调用 API 并获取回复

1. 我们先把 ChatGPT 提供的第三步关于调用 API 的代码都复制到 VS Code 中。

3. 调用API并获取回复：

```python
def ask_question(prompt, model_engine):
    completions = openai.Completion.create(
        engine=model_engine,
        prompt=prompt,
        max_tokens=1024,
        n=1,
        stop=None,
        temperature=0.7,
    )

    message = completions.choices[0].text
    return message.strip()
```

在这里，`prompt`是你想要发送给ChatGPT模型的问题或输入。`model_engine`是你想要使用的模型引擎，比如"curie", "davinci", "davinci-codex"等。

图 6－31　步骤三

在这里大概说明一下这些代码的意思。（如果读者觉得这段内容阅读有困难，可以先跳过，直接跟着后续的步骤继续完成我们的小项目）

1. 在 Python 中，def 是定义函数的关键字。通过 def 关键字，我们可以定义一个函数，以便在程序的其他部分中调用它。

2. ask_question 是一个程序函数，prompt 与 model_engine 是需要传入这个函数的参数。

3. 下面我们来逐行解释 ChatGPT 给出的代码（注意，"#"在代码中起解释作用，不会被程序执行，也不影响其他代码）：

```
defask_question(prompt, model_engine):
    # 调用 OpenAI API，获取 ChatGPT 的回答
    completions = openai. Completion. create(
        engine = model_engine, # ChatGPT 模型引擎 ID
        prompt = prompt, # 用户的问题描述
```

```
max_tokens = 1024, # 一次回答最大生成的字符数量
            n = 1, # 返回结果数量
            stop = None, # 结束生成条件
            temperature = 0.7, # 生成多样性控制参数,0.1
最严谨,1 最具有创造性
        )
        message = completions. choices[0]. text # 获取 Chat
GPT 回答中的文本部分
        returnmessage. strip() # 去除多余空格并返回结果
```

4. 总的来说,这段代码定义了(制作了)一个名为"ask_question"的 Python 函数,它会将变量 prompt 和变量 model_engine 的值作为输入,通过 OpenAI API 调用 ChatGPT 模型回答问题。在这个函数中会调用 OpenAI 库中的 openai. Completion. create()方法与 ChatGPT 进行沟通,在方法中我们可以设定一次回答最大生成字符数量、返回结果数量、结束生成条件和多样性控制参数等参数。只要传入问题描述,程序就会一股脑儿把 ChatGPT 需要了解的信息传过去。我们只需要等待 ChatGPT 返回回答内容,提取出 ChatGPT 回答内容的文本部分,并去除多余的空格,就可以获得最终的回答结果。

5. Python 代码按行编写,且行首空格("缩进")是一个重要元素,它决定了代码的结构和执行方式,同一代码层次的语句要有相同的缩进,如果行首空格数量不正确,Python 解释器会抛出 IndentationError 异常。在上面的例子中,"ask_question"函数首行顶格编写,而函数内的变量"completions"必须进行缩进。每次缩进时,点击一次键盘上的"Tab"按键(或者按 4 下空格键),以表示为函数内的代码,如函数内也调用了其他函数,则如此类推,下一函数的缩进必须比上一函数的要多。

6. Python 除了字符串里内容外,只支持英文字符的标点符

号,因此要注意代码中的单引号(")、双引号("")、括号(())等都必须为英文标点。

2. 我们回顾一下上文提及的 OpenAI 官方示例,再次重新审查 ChatGPT 给出的代码,发现 ChatGPT 因为训练语料收集的时间要比 API 发布的时间早得多,导致 ChatGPT 给出了过时的代码。

我们在 OpenAI 的官方教程文档①中,找到 OpenAI 给出的文档示例。对比后发现,调用 ChatGPT 模型的功能应该是 OpenAI 库②中的"openai. ChatCompletion. create()③"模块,选择模型的参数并不是"engine"而是"model",提问的参数也不是"prompt"而是"message"。"message = completions. choices[0]. text"这一行代码也并不准确,实际应该为"message = completions. choices[0]. message. content"。

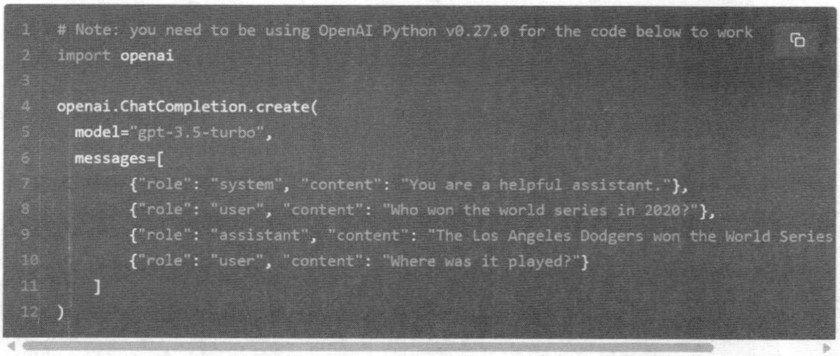

```
# Note: you need to be using OpenAI Python v0.27.0 for the code below to work
import openai

openai.ChatCompletion.create(
  model="gpt-3.5-turbo",
  messages=[
        {"role": "system", "content": "You are a helpful assistant."},
        {"role": "user", "content": "Who won the world series in 2020?"},
        {"role": "assistant", "content": "The Los Angeles Dodgers won the World Series
        {"role": "user", "content": "Where was it played?"}
    ]
)
```

图 6 - 32　OpenAI 提供的官方示例代码

① OpenAI API 的官方教程网址为:https://platform. openai. com/docs/introduction。

② OpenAI 库是 OpenAI 推出的,集合了 OpenAI 全部开放功能的 Python 库,每个功能都可通过调用模块的形式供其他程序员使用。

③ 目前在 OpenAI 库中规定调用 ChatGPT API 的模块。

Response format

An example API response looks as follows:

```
{
 'id': 'chatcmpl-6p9XYPYSTTRi0xEviKjjilqrWU2Ve',
 'object': 'chat.completion',
 'created': 1677649420,
 'model': 'gpt-3.5-turbo',
 'usage': {'prompt_tokens': 56, 'completion_tokens': 31, 'total_tokens': 87},
 'choices': [
   {
    'message': {
      'role': 'assistant',
      'content': 'The 2020 World Series was played in Arlington, Texas at the Globe Li
    'finish_reason': 'stop',
    'index': 0
   }
  ]
}
```

图 6-33　OpenAI 官方教程文档中关于 API 响应后返回内容和格式的说明

现在,我们根据官方的文档重新修正我们的 ask_question 函数代码:

```
def ask_question(prompt, model_engine):
    # 调用OpenAI API，获取ChatGPT的回答
    completions = openai.ChatCompletion.create(
        model=model_engine, # ChatGPT模型引擎ID
        messages=[{"role":"user","content":prompt}], # 问题描述
        max_tokens=1024, # 最大生成字符数量
        n=1, # 返回结果数量
        stop=None, # 结束生成条件
        temperature=0.7, # 生成多样性控制参数,0.1最严谨，1最具有创造性
    )

    message = completions.choices[0].message.content # 获取ChatGPT回答中的文本部分
    return message.strip() # 去除多余空格并返回结果
```

图 6-34　修改后的 ask_question 函数代码

ChatGPT 给出的步骤四:调用函数并获得回答:

1. 我们把最后一部分步骤四代码也复制到 VS Code 中。

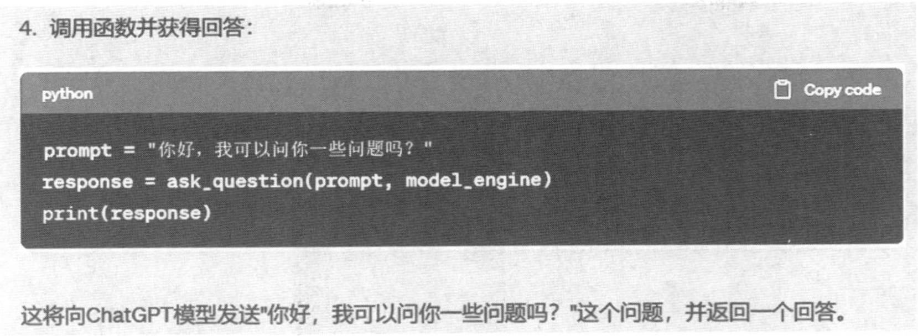

图 6 – 35　步骤四

这段代码是规定了我们的问题(prompt)是什么,其中"prompt"是编程意义上的"变量①",在 Python 语言中,变量的赋值方式是使用等号"="。prompt = "你好,我可以问你一些问题吗?" 表示将字符串 "你好,我可以问你一些问题吗?" 赋值给变量 prompt。

同理,response 变量的值则是调用我们上方 ask_question 函数返回的结果,括号中的 prompt 和 model_engine 代表了,我们将把变量 prompt 和 model_engine 的值传进 ask_question 函数并进行调用。

最后 print( ) 是一个 Python 语言的基本功能,是指把某个内容"打印"(显示)在终端界面中,在这里则是打印变量 response 的结果。

2. 考虑到在某些网络环境下,电脑可能无法连通 OpenAI 的服务器,我们还可能需要在代码中增加以下内容,如果没有网络问题,可以不加:

```
视情况决定是否增加的代码:
os.environ["http_proxy"] = "http 代理信息,通常是http://127.0.0.1:端口"
os.environ["https_proxy"] = "https 代理信息,通常是https://127.0.0.1:端口"
```

现在代码看起来应该是这样的:

---

① 在编程中,变量是用于存储数据值或引用信息的一个名字。它们就像标签,帮助我们跟踪和操作数据。

```python
import openai
import os

#如需设置网络代理，请删掉前方的#号并设置具体的代理信息，如果没有网络问题可以不用修改：
#os.environ["http_proxy"] = "http代理信息，通常是 http://127.0.0.1:端口"
#os.environ["https_proxy"] = "https代理信息，通常是 https://127.0.0.1:端口"

openai.api_key = "sk-zKnWPjyQGwX229Pd5qVeT3BlbkFJyfruRFP[redacted]" #设置申领到的OpenAI API Key
model_engine = "gpt-3.5-turbo" # 或者其它你申请到的模型ID

def ask_question(prompt, model_engine):
    # 调用OpenAI API，获取ChatGPT的回答
    completions = openai.Completion.create(
        engine=model_engine, # ChatGPT模型引擎ID
        prompt=prompt, # 问题描述
        max_tokens=1024, # 最大生成字符数量
        n=1, # 返回结果数量
        stop=None, # 结束生成条件
        temperature=0.7, # 生成多样性控制参数,0.1最严谨，1最具有创造性
    )

    message = completions.choices[0].text # 获取ChatGPT回答中的文本部分
    return message.strip() # 去除多余空格并返回结果

prompt = "你好，我可以问你一些问题吗？"
response = ask_question(prompt, model_engine)
print(response)
```

图 6－36　ask_question 函数代码示例

3. 通过 VS Code 运行代码。

我们按下 VS Code 右上角的运行按钮或者键盘上的“F5”按键即可开始运行代码。

图 6－37　位于 VS Code 软件界面右上方的运行按钮

首次运行时，VS Code 会弹出保存窗口，要求我们先把这个 Python 文件保存，这里建议放在一个单独的文件夹，并建议把文件名修改为“main. py”，如下：

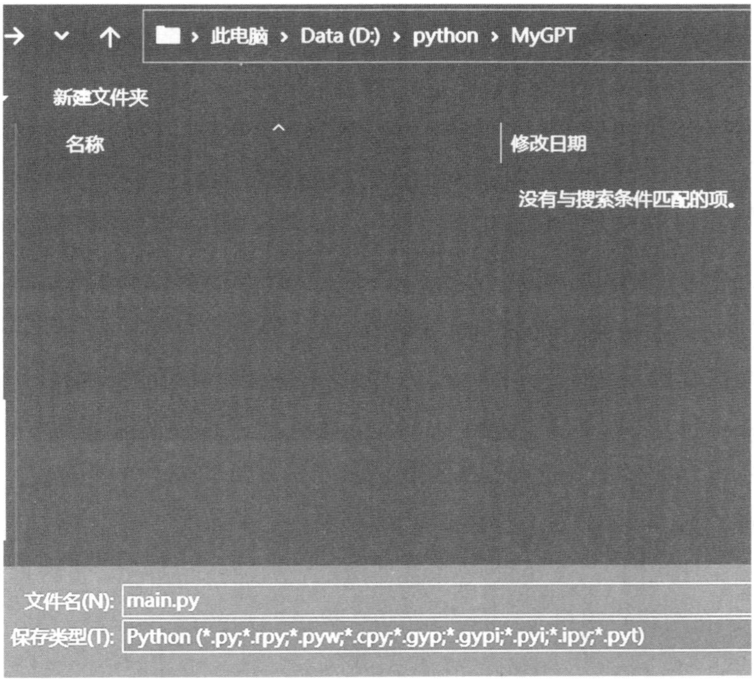

图 6－38　选择 Python 文件保存位置，并修改文件名

保存成功后，VS Code 会自动继续运行程序，我们可以在 VS Code 界面下方的终端栏中看到 ChatGPT 返回的结果：

图 6－39　成功调用 ChatGPT API 并返回了回答

程序终端显示："当然，您可以问我任何问题。"这意味着们一次就通过 API 和 ChatGPT 沟通成功。

到这里为止，我们成功地通过调用 API 的方式，自己"创造"出来一个"小助理"。但是这位小助理调用的还是 ChatGPT 本身的能力，ChatGPT 有的缺点它也有，对于中国法律这一垂直领域，它还没有很好地理解。这个问题，我们将在本书的第七章来解决。

在那之前，为了我们的小助理更加匹配我们的工作需求，我们需要帮助它尽快“融入办公室”。

第四节　让 AI 小助理“融入办公室”

在前一节中，我们已经完成了一个最基本的程序，让我们可以与 ChatGPT 沟通，但这个程序并不够通用：

1. 问题都写在代码中，每次提问都要重新修改代码略显不便；

2. 运行程序一次只能问一个问题；

3. 程序依托于 Anaconda3、Python 软件，在一些没装 Python 的机器上并不能运行。

为了让我们的 AI 小助理可以更稳定、更便捷地适用于各种电脑环境，我们在给它投喂更多法条之前，可以先适当地按以下步骤改造一下我们的代码，并制作成一个可以脱离 Anaconda3 和 Python 运行的软件。

步骤一：给 AI 小助理安装“对话框”

这是我们目前的代码：

```
import os
import openai

#如需设置网络代理，请删掉前方的#号并设置具体的代理信息，如果没有网络问题可以不用修改；
# os.environ["http_proxy"] = "http://127.0.0.1:xxxx"
# os.environ["https_proxy"] = "http://127.0.0.1:xxxx"

openai.api_key = "sk-zKnWPjyQGwX229Pd5qVeT3BlbkFJyfruRF[redacted]" #设置申领到的OpenAI API Key
model_engine = "gpt-3.5-turbo" # 或者其它你申请到的模型ID

def ask_question(prompt, model_engine):
    # 调用OpenAI API，获取ChatGPT的回答
    completions = openai.ChatCompletion.create(
        model=model_engine, # ChatGPT模型引擎ID
        messages=[{"role":"user","content":prompt}], # 问题描述
        max_tokens=1024, # 最大生成字符数量
        n=1, # 返回结果数量
        stop=None, # 结束生成条件
        temperature=0.7, # 生成多样性控制参数,0.1最严谨，1最具有创造性
    )

    message = completions.choices[0].message.content # 获取ChatGPT回答中的文本部分
    return message.strip() # 去除多余空格并返回结果

prompt = "你好，我可以问你一些问题吗？"
response = ask_question(prompt, model_engine)
print(response)
```

图 6－40　未改造前的代码内容

在目前的代码中,“你好,我可以问你一些问题吗”这样的提示词(如上图第 25 行),被直接写在了代码中。

这意味着,如果我们要问别的问题,我们就需要在代码中直接修改提示词,非常不方便。如果可能的话,我们希望后续提问时,有更好的方法进行提问,而不是修改代码。

在 Python 中,我们可以使用 input()函数来获取用户输入的值,就可以解决这个问题。使用 input()函数后,当我们运行到这行代码时,程序会暂停,等待用户输入。用户输入了内容并按下回车键后,代码就可以收到用户输入的内容,并继续运行程序,完成我们预设的任务。

修改的方式也很简单。我们只需要把 prompt = "你好,我可以问你一些问题吗?"修改成 prompt = input(),即可把程序变成允许用户输入想向 ChatGPT 提问的内容,为了方便提示用户输入,我们还可以在 input()的括号中输入用英文的单引号或双引号引起来的提示词,例如:prompt = input("问题:")。

```
prompt = input("问题: ")
response = ask_question(prompt, model_engine)
print(response)
```

图 6-41　创建一个可供用户输入文本的功能

修改后再次运行程序,则是这样的效果:

```
PS D:\python\MyGPT>  d:; cd 'd:\python\MyGPT'
thon\debugpy\adapter/../..\debugpy\launcher'
问题: 测试输入
```

图 6-42　用户已可在终端中输入问题文本

现在只要直接在终端提问就可以收到 ChatGPT 的回复。

步骤二:让 AI 小助理持续输出回答

在 ChatGPT 官方网站中,我们可以不断地向 ChatGPT 提问与追问。

但目前我们已经完成的代码程序，仅支持一次提问一个问题。为了达到与官方同样的效果，我们把这个需求提交给 ChatGPT，看它如何来解决我们的问题。

请问如何让Python程序一直运行，持续接收用户的问题并输出回答？

要实现让Python程序一直运行并持续接收用户的问题并输出回答，您可以使用一个循环结构，例如`while`循环。下面是一个示例代码：

图 6－43　向 ChatGPT 询问如何让程序一直运行

```
# 主循环
while True:
    # 获取用户输入的问题
    prompt = input("请输入您的问题（或输入'退出'结束）：")

    # 检查是否要退出程序
    if prompt.lower() == "退出":
        break

    # 调用函数获取回答
    response = ask_question(prompt, model_engine)

    # 输出回答
    print("回答：", response)
```

上述代码中，程序会不断循环，接收用户的问题，并调用`ask_question`函数获取回答，然后将回答输出给用户。如果用户输入"退出"，程序会跳出循环，结束执行。

请确保将`YOUR_API_KEY`替换为您自己的OpenAI API密钥。

这样，您就可以通过不断输入问题来与ChatGPT模型交互，程序会一直运行并持续回答问题，直到用户输入"退出"。

图 6－44　ChatGPT 针对"程序循环"的回复

我们可以直接把新增的代码粘贴到 VS Code 中，并检验代码的运行结果。

```
def ask_question(prompt, model_engine):
    # 调用OpenAI API，获取ChatGPT的回答
    completions = openai.ChatCompletion.create(
        model=model_engine, # ChatGPT模型引擎ID
        messages=[{"role":"user","content":prompt}], # 问题描述
        max_tokens=1024, # 最大生成字符数量
        n=1, # 返回结果数量
        stop=None, # 结束生成条件
        temperature=0.7, # 生成多样性控制参数,0.1最严谨，1最具有创造性
    )

    message = completions.choices[0].message.content # 获取ChatGPT回答中的文本部分
    return message.strip() # 去除多余空格并返回结果

if __name__ == '__main__':
    # 主循环
    while True:
        # 获取用户输入的问题
        prompt = input("请输入您的问题（或输入'退出'结束）：")

        # 检查是否要退出程序
        if prompt.lower() == "退出":
            break

        # 调用函数获取回答
        response = ask_question(prompt, model_engine)

        # 输出回答
        print("回答：", response)
```

图 6-45　粘贴“循环”功能代码后的代码示例①

```
PS D:\python\MyGPT>  d:; cd 'd:\python\MyGPT'; & 'd:\anaconda3\envs\MyGPT\python.exe' 'c:
thon\debugpy\adapter/../..\debugpy\launcher' '61726' '--' 'D:\python\MyGPT\main.py'
请输入您的问题（或输入'退出'结束）：你是谁？
回答： 我是一名AI语言模型，被称为OpenAI的GPT-3。我可以回答一些问题，提供一些建议和帮助。
请输入您的问题（或输入'退出'结束）：退出
PS D:\python\MyGPT>
```

图 6-46　程序已经可以循环接收问题

ChatGPT 对于基础编程问题仍拥有较强的指导能力，我们添加了 ChatGPT 提供的循环代码后，确实让我们的 AI 小助理具备了不断进行对话的能力。

步骤三：添加历史记录实现追问功能

为了让 AI 小助理可以满足我们多次追问的需求，我们可以把“if __name__ = = ´__main__´”部分的代码进行修改：

---

① 把程序的主要执行逻辑写在 if __name__ = = ´__main__´下，可以保证程序的可重用性和可扩展性。

```
def ask_question(history, model_engine):
    # 调用OpenAI API，获取ChatGPT的回答
    completions = openai.ChatCompletion.create(
        model=model_engine, # ChatGPT模型引擎ID
        messages=history, # 传入history
        max_tokens=1024, # 最大生成字符数量
        n=1, # 返回结果数量
        stop=None, # 结束生成条件
        temperature=0.7, # 生成多样性控制参数,0.1最严谨, 1最具有创造性
    )

    message = completions.choices[0].message.content # 获取ChatGPT回答中的文本部分
    return message.strip() # 去除多余空格并返回结果

if __name__ == '__main__':
    #创建一个名为history的列表
    history = []
    n = 0
    print("请输入您的问题（或输入'退出'结束）：")
    # 主循环
    while True:
        # 获取用户输入的问题
        prompt = input("问题：")
        #把用户的问题作为user内容添加到history中
        history.append({"role":"user","content":prompt})
        # 检查是否要退出程序
        if prompt.lower() == "退出":
            break
        # 调用函数获取回答
        response = ask_question(history, model_engine)
        #把ChatGPT的回答作为assistant内容添加到history中
        history.append({"role":"assistant","content":response})
        # 输出回答
        print("回答：", response)
```

图 6－47　把代码调整以允许进行追问

在此简单解释一下原理，不感兴趣的读者可以直接跳过，会抄代码就可以了。下面是这两段代码的解释：

> 在上面的代码中，我们根据 ChatGPT API 的模版构建了一个列表“history”，依次把用户的问题和 ChatGPT 的回答添加到列表中，构成了一个带有多条历史回复的 history 列表，然后再把这个 history 传入函数中的 messages 参数，即可让 ChatGPT 读取到过往的问题和它自己的回复历史，可以了解并依据前后文来回答问题。

以下为运行的结果：

```
PS D:\python\MyGPT>  d:; cd 'd:\python\MyGPT'; & 'd:\anaconda3\envs\MyGPT\python.exe' 'c:\Users\Boyang Li\.vscode\extensio
thon\debugpy\adapter/../..\debugpy\launcher' '63422' '--' 'D:\python\MyGPT\main.py'
请输入您的问题（或输入'退出'结束）：
问题：你可以帮我翻译中文到英文吗？
回答： Yes, I can help you translate Chinese to English. Please provide the text that needs to be translated.
问题：书山有路勤为径，学海无涯苦作舟。
回答： The road up the mountain of books is the path of diligence; the vast sea of learning requires hard work as a boat.
问题：请再翻译成日语
回答： 書山有路勤めば道あり、学海は果てしなく辛い船旅。
问题：退出
PS D:\python\MyGPT> ▌
```

图 6－48　程序实现了多次追问的功能

AI 小助理成功联系上下文，把我们的“书山有路勤为径，学海无涯苦作舟”先后翻译成了英文和日语，很好地完成了任务。

步骤四：让其他同事，也能用上 AI 小助理

截至目前，我们仍旧在 VS code 中，用 Python 和 AI 小助理进行对话，但只要经过简单几步，我们就可以将 Python 代码打包封装成一个 Windows 程序，让朋友也能使用。

如何把Python代码打包成一个Windows程序?

要将Python代码打包成一个Windows程序，您可以使用第三方工具将其转换为可执行文件（.exe）。以下是一种常用的方法，使用PyInstaller工具进行打包：

1. 安装PyInstaller：

Copy code

```
pip install pyinstaller
```

2. 打开命令提示符（或终端），进入包含您的Python代码的目录。
3. 运行以下命令以创建可执行文件：

css　Copy code

```
pyinstaller --onefile your_script.py
```

在上述命令中，将`your_script.py`替换为您的Python脚本的文件名。

4. PyInstaller将在当前目录中创建一个`dist`文件夹，其中包含打包后的可执行文件。

请注意，打包为可执行文件时，您的代码可能依赖于其他模块或库。您需要确保在打包之前已经安装了所有必要的依赖项，并且这些依赖项在打包过程中能够正确加载。

图 6－49　向 ChatGPT 询问如何把 Python 代码打包成 Windows 程序

第一步:安装 pyinstaller 库。

在 VS Code 的终端中输入指令:pip install pyinstaller,安装打包软件所需的库。

```
问题    输出    调试控制台    终端

PS D:\python\MyGPT> pip install pyinstaller
Looking in indexes: https://mirrors.aliyun.com/pypi/simple/
Collecting pyinstaller
  Downloading https://mirrors.aliyun.com/pypi/packages/96/9d/0526e65a112578f2236bd3
MB)
     ━━━━━━━━━━━━━━━━━━━━━━━━━━━━━━━━━━━━━━━━ 1.3/1.3 MB 410.2 kB/s eta 0:00:00
Collecting pefile>=2022.5.30
  Downloading https://mirrors.aliyun.com/pypi/packages/55/26/d0ad8b448476d0a1e8d3ea
     ━━━━━━━━━━━━━━━━━━━━━━━━━━━━━━━━━━━━━━━━ 71.8/71.8 kB 492.4 kB/s eta 0:00:00
Collecting pywin32-ctypes>=0.2.0
  Downloading https://mirrors.aliyun.com/pypi/packages/9e/4b/3ab2720f1fa4b4bc924ef1
B)
```

图 6-50　安装 pyinstaller 库

第二步:打包(封装)软件

只需要在终端中输入 pyinstaller --onefile main. py 即可完成打包流程。

```
PS D:\python\MyGPT> pyinstaller --onefile main.py
945 INFO: PyInstaller: 5.11.0
945 INFO: Python: 3.10.11 (conda)
1016 INFO: Platform: Windows-10-10.0.22621-SP0
1020 INFO: wrote D:\python\MyGPT\main.spec
1027 INFO: UPX is not available.
1030 INFO: Extending PYTHONPATH with paths
['D:\\python\\MyGPT']
1720 INFO: checking Analysis
1721 INFO: Building Analysis because Analysis-00.toc is non existent
1721 INFO: Initializing module dependency graph...
1726 INFO: Caching module graph hooks...
1756 INFO: Analyzing base_library.zip ...
4706 INFO: Loading module hook 'hook-heapq.py' from 'D:\\anaconda3\\en
4846 INFO: Loading module hook 'hook-encodings.py' from 'D:\\anaconda3
6656 INFO: Loading module hook 'hook-pickle.py' from 'D:\\anaconda3\\e
```

图 6-51　pyinstaller 库正在打包程序

当终端界面提示"completed successfully"时,代表我们的软件已打包成功,我们可以打开代码所在文件夹中的 dist[1] 文件夹,找到名为"main"[2]的程序包,双击即可启动软件。

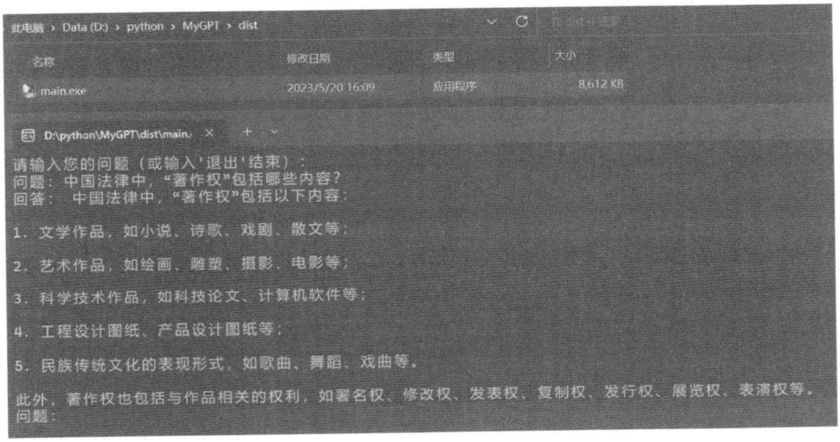

图 6－52　在 Windows 系统中运行打包好的 main 程序文件

这样一来,我们只要把封装好的程序包发给同事,同事打开程序包,就可以轻松和 AI 小助理聊天。

从下一章开始,我们将通过一系列的"法律特训",进一步武装小助理的"外脑",让我们的 AI 小助理更懂中国法律,更好地帮助法律人完成各类法律问题。

---

① 文件夹位置在代码同目录,例如代码在 X:/MyGPT 时,dist 文件夹在 X:/MyGPT/dist/。

② 后缀为 exe。

第七章　手把手教你打造 AI 法律助理(下)

第一节　LangChain:给 AI 小助理加装“外脑”

一、LangChain 是什么,有什么用?

在上一章,我们成功打造了一个基于 ChatGPT API 的自制智能助手。如果只是调用 ChatGPT 的基本能力,到此已经基本符合了我们的需求。

不过如果我们想更进一步,尤其想让它在回答中国法律有关的问题时,能学会并参照国内的法律法规回答,那我们还需要对 ChatGPT 的能力进行升级。

如果说 ChatGPT 原本的训练数据是它的“大脑”,那我们用 LangChain 库给 AI 小助理安装“外脑”,就是一个非常不错的选择。正如 LangChain 项目的官方介绍:“大型语言模型(Large Language Model, LLM)正在成为一种变革性技术,使开发人员能够构建他们以前无法构建的应用程序。然而,单独使用这些 LLM 往往不足以创建一个真正强大的应用程序——当您可以将它们与其他计算或知识来源相结合时,真正的力量就来了。”(LangChain 项目的官方主页:https://github.com/hwchase17/langchain)

简单来说,LangChain 的主要作用是为各大语言模型添加连通各种其他 API 的功能,例如读取本地文件、读取网络信息、结合多种渠道的信息整理归纳等。

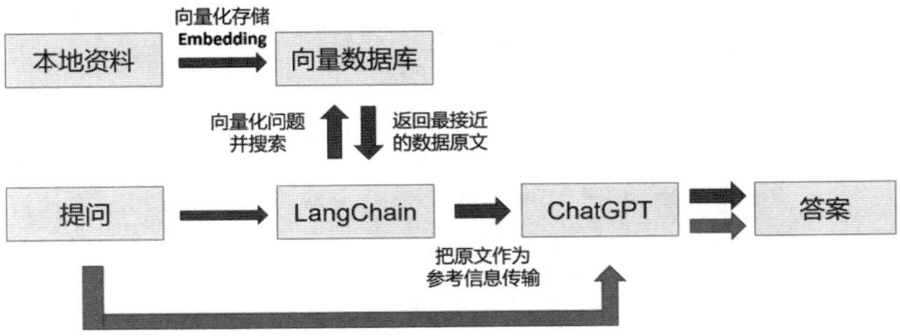

图 7－1　向 ChatGPT 传统提问与通过 LangChain 提问的流程对比

在没有接入 LangChain 之前,所有的“提问—回复”方式都是基于 ChatGPT 自身的训练数据,存在时效性、真实性、完整性等问题。接入了向量数据库①后,每次的提问都会先通过 LangChain 转化,并到向量数据库中寻找最关联的信息,然后 LangChain 会把问题和参考资料同时发送给 ChatGPT,CharGPT 会根据资料对问题进行回答,使最终的结果更符合我们的需求。

接下来在 AI 小助理项目中,我们将会利用 LangChain 连接数据库的功能,构建我们的法条库和案例库,让我们的 AI 小助理可以同时调用我们提供的数据库和 ChatGPT 本身的能力进行作答,避免胡乱生成法律意见。

二、安装并接入 LangChain

1. 通过“终端”安装 LangChain。

与第六章第三节安装 openai 库的方式一样,我们可以直接在 VS Code 的终端,或者在 Anaconda3 里环境的“终端”功能中,通过输入“pip install langchain”安装 LangChain 库。

① 向量数据库是一种用于存储和查询高维向量数据的数据库系统。与传统的关系型数据库不同,向量数据库能够高效地处理大量的向量数据,并且支持向量之间的相似度计算和聚类等操作。向量数据库广泛应用于自然语言处理、图像识别、推荐系统等领域。

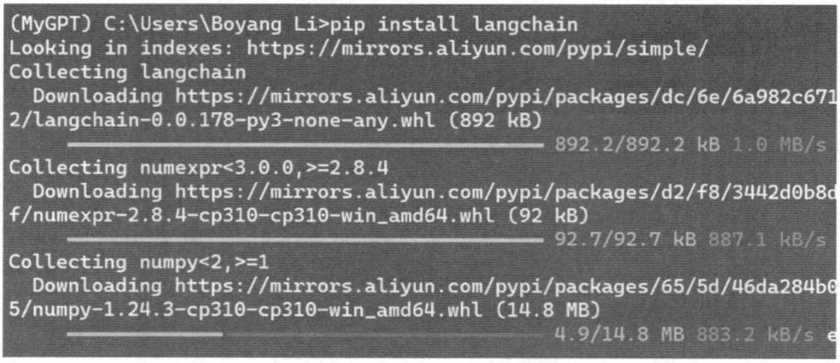

图 7－2　在终端里安装 LangChain 库

2. 新建一个. py 文件编写 LangChain 相关功能。

点击 VS code 左侧“资源管理器”标签，再点击“打开文件夹”按钮。

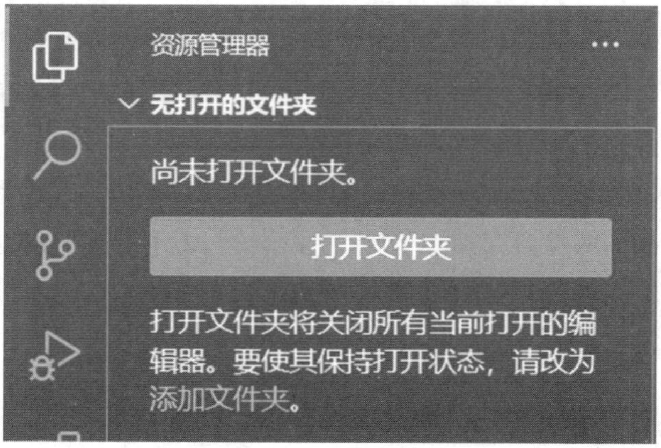

图 7－3　“资源管理器”标签位于 VS Code 界面左上方

在弹出的窗口中，直接点击“选择文件夹”，就可以打开我们之前程序所在的文件夹，此时 VS Code 的资源管理器栏目应该可以看到我们项目文件夹内已包括 main. py 等几个文件。

我们可以在 main. py 上点击鼠标右键，选择重命名，然后修改文件名字为 MyGPT. py。然后在资源管理器的空白地方点击鼠标右键，选择“新建文件”，并输入 MyGPT_langchain. py。现在资源管理器中应该看起来是这样的。

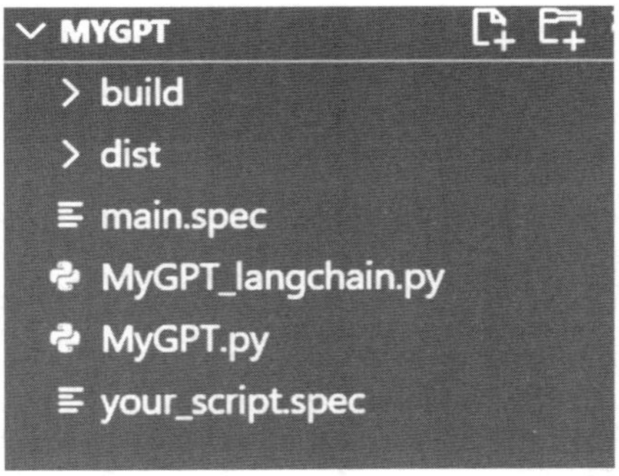

图 7－4　MyGPT 文件夹中包含的文件示例

单击 MyGPT_langchain. py 就可以开始编写 LangChain 代码。

3. 复制官方示例撰写基础功能。

因为 LangChain 出现的时间晚于 2022 年,不联网的 ChatGPT 已经无法获取到 LangChain 的相关信息,导致 ChatGPT 已经无法辅助我们编程。因此我们将会以 LangChain 的官方文档[①](https://python. langchain. com/en/latest/)作为参考,展开 AI 小助理升级的编程工作。

LangChain 有两种主要运作模式,简单的"链"(Chain)[②]和进阶的"代理"(Agents)[③],我们将使用"链"编写我们的程序。

在正式编写之前,我们可以仿照程序员,先理清我们想要的程序的脉络:我们希望程序可以在收到用户的提问时,先从数据库中读取一些参考

---

① 在本章撰写之时,LangChain 版本号为 0. 0. 181,考虑到人工智能相关程序迭代速度之快,到本书出版之时,LangChain 的代码可能略有不同,各位读者编写时如遇问题请参考官方文档。

② "链"是最基本的运作方式,根据 LangChain 的官方说明,链允许我们将多个不同的组件结合在一起,创建一个单一的、连贯的应用程序。例如,我们可以创建一个链,接受用户输入,通过用模版提示词(PromptTemplate)将输出内容格式化,然后将格式化的响应传递给语言模型。我们可以通过将多个链组合在一起,或将链与其他组件组合在一起,建立更复杂的链。

③ "代理"是链的进阶用法。有时候用户并不知道自己需要用哪个工具链,我们可以为每个工具链增加该工具的说明描述,包括其能提供的功能、使用的条件等;代理在接到用户需求时,会把用户的需求先发送到某个语言模型,由语言模型对需求进行具体分析,并根据工具链的说明,由语言模型选择用哪个工具链来满足用户的需求。

资料，再结合参考资料进行回复。

通过翻阅 LangChain 的官方文档，“问答”示例[①]非常适合我们这个程序的功能需要。因此我们可以直接从官方示例中复制所需要的代码，粘贴到我们项目的 MyGPT_langchain. py 文件中。

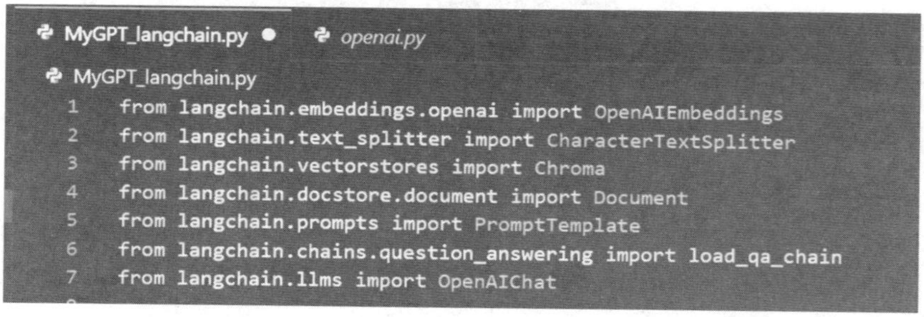

MyGPT_langchain.py ● openai.py
MyGPT_langchain.py

```
from langchain.embeddings.openai import OpenAIEmbeddings
from langchain.text_splitter import CharacterTextSplitter
from langchain.vectorstores import Chroma
from langchain.docstore.document import Document
from langchain.prompts import PromptTemplate
from langchain.chains.question_answering import load_qa_chain
from langchain.llms import OpenAIChat
```

图 7－5 在 MyGPT_langchain. py 中导入所需的 LangChain 库功能函数

模块功能解释：

OpenAIEmbeddings：让我们可以使用 OpenAI 的向量嵌入功能。CharacterTextSplitter：把一大段文字依据字符进行分割。

Chroma：可以让我们使用 Chroma 向量数据库的功能。

Document：用于操作 LangChain 使用的 Document 格式的文段。

PromptTemplate：可以让我们生成自己的提示词模版。

load_qa_chain：可以让我们使用 LangChain 的问答链功能。

OpenAIChat：可以使我们调用 ChatGPT 的 API。

4. 补充“环境”中缺失的 Python 库。

LangChain 示例中使用 Chroma 向量数据库[②]功能，因此我们还需要先安装 Chromadb 这个 Python 库。我们可以在 VS code 或者 Anaconda3

---

① 问答示例官方网址：https://python. langchain. com/docs/use_cases/question_answering/how_to/question_answering。

② LangChain 提供了大量不同在线或本地向量服务器的功能模块可供选择，Chroma 仅为官方示例所用，读者可以根据官方说明另行选择其他数据库。

的终端中输入“pip install chromadb”来进行安装,过程可以参照之前的安装流程,不再赘述。

如果在安装 Chroma 库时,终端提示出现错误,代表着我们的电脑缺少了某些组件,我们可以通过微软公司提供的 Microsoft C + + 生成工具(下载地址:https://visualstudio. microsoft. com/zh – hans/visual – cpp – build – tools/)进行补充安装。

图 7 – 6 通过点击“下载生成工具”按钮即可下载

下载并安装这个生成工具,在弹出的 Visual Studio Installer 窗口中选择“可用”标签栏,然后选择 Visual Studio 生成工具 2022 进行安装。在弹出的安装选项中,选择“单个组件”,然后在“搜索组件”栏中输入“MSVC 生成工具”,根据自己的电脑芯片选择相应的组件。对于绝大部分 Windows 系统的电脑,请选择“X64/X86 生成工具(最新)”。

图 7－7　搜索 MSVC 生成工具并在结果中选择“X64/X86 生成工具(最新)”

如果是 Windows 系统，需要再搜索 Windows SDK，根据 Windows 系统版本选择 Windows10 或者 Windows 11 SDK 即可。

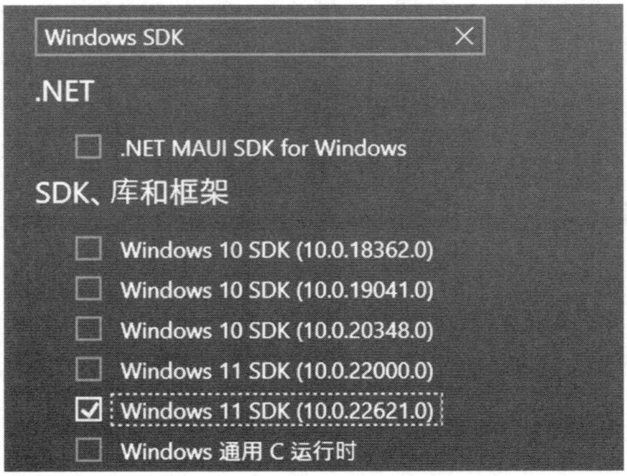

图 7－8　搜索 Windows SDK 并根据系统选择匹配的 SDK 工具

两者都选择完毕后,可以点击右下角的“下载时安装”按钮,进行组件的安装操作。等安装完成后,回到 VS code 或者 Anaconda3 的终端,再次输入指令“pip install chromadb”即可重新安装 Chroma 库。

第二节　给“外脑”输入中国法律

在上一节,我们已经完成了 LangChain 库与向量数据库的安装工作,并复制了基本的调用代码。接下来我们就要开始寻找法条,并将其压缩、放入我们的向量数据库中。

在这里简单介绍一个概念:嵌入(Embedding)。

在人工智能中,嵌入是一种将高维空间中的对象映射到低维空间的技术。它在自然语言处理(NLP)和计算机视觉(CV)等领域广泛应用。通过嵌入,我们可以将复杂的对象转化为计算机可以处理的形式,并利用嵌入向量的语义信息进行各种任务,例如分类、聚类、检索等。传统上,文本数据通常被表示为离散的符号(例如单词),但这种表示方法并不能直接用于大多数机器学习算法。通过将每个单词映射到一个低维的连续向量空间中,Embedding 可以将文本数据转化为机器学习模型所能处理的形式。

形象来说,嵌入就如同一张“二向箔”,可以把我们的一串文字压缩成一串独特的向量数字,而类似的文字经过向量压缩后,数字是近似的,因此我们可以通过对比不同文字的向量相似性,来判断这些文字是否相似。

接下来我们要做的,就是通过以下步骤把中国的法条通过嵌入的方式“压进”向量数据库中。

步骤一:法条数据准备

我们在国家法律法规数据库(https://flk.npc.gov.cn/)法条搜索栏中分别输入“民法典”与“著作权法”[①]进行搜索,选择、点击目前有效的法

① 具体法律文本,读者可以按实际需要;我们仅选取这两部法律作为示例。

条版本,在弹出的法条页面中,点击“下载”按钮进行下载,并保存至我们程序的目录中。

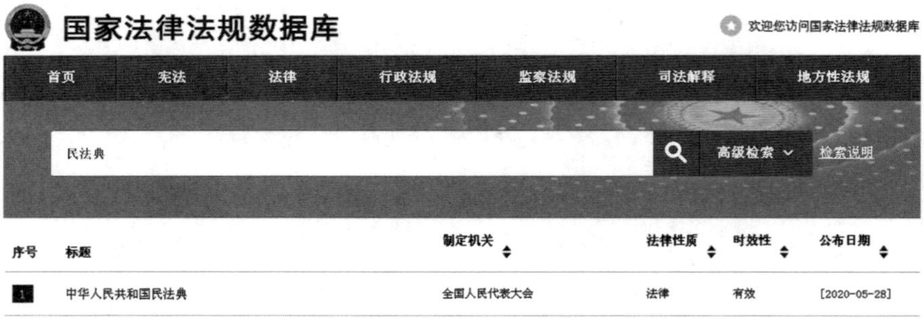

图 7-9　在国家法律法规数据库中搜索《民法典》

为避免文件过于杂乱,我们选择在目录中新建一个“laws”文件夹放置这两部法律的文本。

图 7-10　创建 laws 文件夹并放置下载好的法条文档

步骤二:对法条文档进行切分

为了在文件夹中读取全部的 docx 文档格式的法条文件,我们需要在程序中引入 os 和 docx 两个库。前者是 Python 的自带库,后者为第三方库,需要通过“pip install python-docx”进行安装,安装过程不再赘述。

虽然 LangChain 官方就拥有直接读取 docx 文档并转化成符合向量数据库录入规范的文本相应的组件功能,但在实际测试时,它会把法条胡乱进行切分录入(而非按法律阅读习惯,以“条”为单位),这不仅会浪费 API 调用费,还会导致数据库返回的结果不尽如人意。

我们可以编写代码,让法条能按“条”拆分,并录入到数据库。

这里直接创建一个 docx2txt 函数用于示意,代码中对每一行都进行了解释,有兴趣的读者可以自行阅览。

```python
LAWS_PATH = './laws' #设定放置法条的文件夹的路径，这里是相对路径

def docx2txt(laws_path):
    #新建一个用于记录文档名称的files列表，里面每个值都来源于传进去的文件夹路径中，后缀是.docx的文件
    files = [file for file in os.listdir(laws_path) if file.endswith('.docx')]

    for file in files: #遍历files列表中的每一个值
        docx_file_path = os.path.join(laws_path, file) #把路径和文件名称拼合
        doc = docx.Document(docx_file_path) #读取docx文档的内容
        law_name = "《" + file.replace('.docx', '')  + "》"  # 获取法律名称
        print("正在处理%s" % law_name) #方便在终端中观察正在处理的文件名称
        last_para = None  # 重置用于储存段落信息的变量
        text_total = []  # 用于存储完整的文本

        for para in doc.paragraphs: #遍历docx文档中的全部段落
            #如果有前一段的数据，且该段的内容不是以'第'字开头的话，则last_para变量中增加这一段的内容，并进入下一个遍历
            if last_para and not (para.text.startswith('第') or para.text.startswith('　第')):
                last_para += para.text
                continue

            #如果有前一段的数据，且该段的内容以'第'字开头的话，则在text_total的列表中增加本法律的名称以及上一段的内容，并以换行结尾
            if last_para and (para.text.startswith('第') or para.text.startswith('　第')):
                text_total.append(f'{law_name} {last_para}\n')  # 添加法律名称和段落文本

            #都不符合上面的两个情况，则把这段的内容保存到last_para变量中
            last_para = para.text
        text_total.append(f'{law_name} {last_para}')  # 添加最后一个段落文本

        txt_file_path = os.path.join(laws_path, f'{law_name}.txt')  # 构建输出文本文件路径
        with open(txt_file_path, 'w', encoding='utf-8') as f: #创建一个文本文件
            f.write(''.join(text_total))  # 写入文本内容

# 测试运行结果
docx2txt(LAWS_PATH)
```

图 7－11　创建名为 docx2txt 的函数实现按条拆分文档的功能

按下键盘上的 F5 按键,或 VS Code 的“运行”按钮,并观察 VS Code 终端:

```
PS D:\python\MyGPT>  & 'd:\anaconda3\
 Li\.vscode\extensions\ms-python.pyth
gpy\adapter/../..\debugpy\launcher' '
chain.py'
正在处理《中华人民共和国民法典》
正在处理《中华人民共和国著作权法》
```

图 7－12　正在处理法条文档

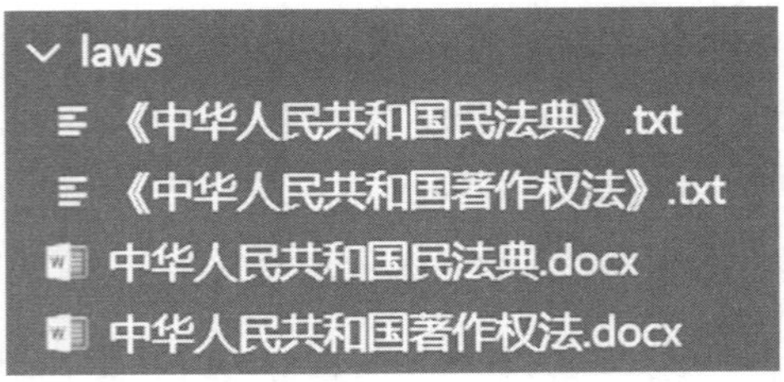

图 7－13　完成处理并生成对应的 txt 文本文档

代码提供了类似“进度”的功能，在运行过程中会显示正在处理的文档名字。每处理好一个文档，“laws”文件夹中会出现这个法律文档的 txt 格式文本文件。

我们点开“《民法典》. txt”，即可看到代码的运行结果。

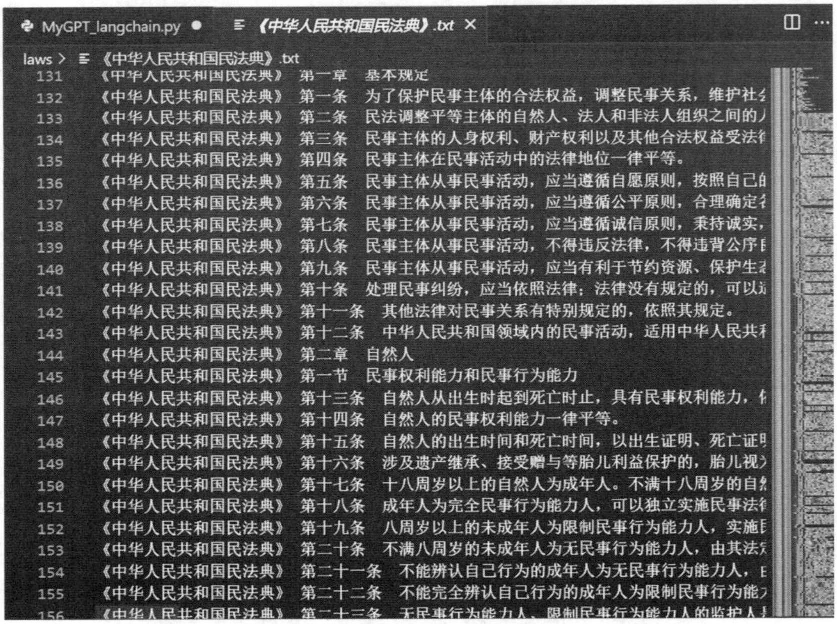

图 7－14　在 VS Code 浏览《民法典》. txt 内容

把法条转变成这个格式后，当我们把法条传给 ChatGPT 参考的时候，它就能知道来源于哪个法条，有助于我们后续进行其他查找工作。

步骤三:把 txt 文档的法条内容存进向量数据库

(一)重写读取 txt 文档的功能

我们成功把法条都按我们需要的格式进行了切割,接下来就是把法条都“压进”数据库中。因此我们需要把 txt 中的法条内容取出,并整理成符合向量数据库录入所需要的格式。

LangChain 中也附带了一些整理文本的功能,但可惜没有按行(也就是我们 txt 中的格式)进行整理。为此我们需要重写 LangChain 的 TextLoader 功能模块,这里要利用 Python 为我们提供的类继承[①]功能。

我们可以通过导入 LangChain 的 TextLoader 包,并新增一个名为“LawTextLoader”的子类,并在括号中写入“TextLoader”作为父类。

以下为实现这个功能所编写好的代码:

```
from langchain.document_loaders import TextLoader

class LawTextLoader(TextLoader):
    def load(self):
        with open(self.file_path, encoding=self.encoding) as f: #打开txt文本
            text = f.readlines() #逐行读取文字并保存到text列表中
        metadata = {"source": self.file_path} #创建metadata字典用于保存文本来源
        doc = []
        for t in text:
            #把text列表中保存的每一条法条以Document格式保存到doc列表中
            doc.append(Document(page_content = t, metadata = metadata))
        return doc
```

图 7-15　创建继承 TextLoader 类的 LawTextLoader 类

在这部分中,我们不需要管 TextLoader 功能的其他代码是怎样的,我们只需要重写 load 函数,让输出的列表符合我们以及向量数据库的需求就可以。

---

① 在 Python 中,类继承是一种非常重要的面向对象编程(OOP)概念。它允许我们创建一个新的类,从现有的类中继承属性和方法。这个新的类被称为“子类”,而现有的类被称为“父类”。子类可以通过重写或添加父类的方法,使其适应特定的需求。这样可以减少代码重复,提高代码的可维护性和可扩展性。

(二)编写向量化储存代码

我们通过编写一个“lawEmbedding”函数,并传入文档路径作为参数,来读取不同路径的文档:

```python
def lawEmbedding(laws_path):
    #引入进度条库，方便我们观察进度
    from tqdm import tqdm

    #新建一个用于记录文档名称的files列表，里面每个值都来源于传进去的文件夹路径中，后缀是.txt的文件
    files = [file for file in os.listdir(laws_path) if file.endswith('.txt')]
    total_files = len(files) #计算总文件个数

    for i, file in tqdm(enumerate(files, start=1), total=total_files, desc='向量存储'):
        print('正在处理 (%d/%d)' % (i, total_files))
        print("发现文件: " + file)
        file_path = os.path.join(laws_path, file)

        #使用我们继承的LawTextLoader读取并格式化txt文件
        loader = LawTextLoader(file_path, encoding='utf-8')
        docs = loader.load()

        #设定向量数据库的名称为Law_DB
        persist_directory = 'Law_DB'

        #使用不同的Embedding模型将由不同的效果
        embedding = OpenAIEmbeddings()
        #以下为比较优秀的开源Embedding模型，更专注于中文
        #from langchain.embeddings import HuggingFaceEmbeddings
        #embedding = HuggingFaceEmbeddings(model_name="GanymedeNil/text2vec-large-chinese")

        #把法条存入数据库
        vectordb = Chroma.from_documents(
            documents=docs, embedding=embedding, persist_directory=persist_directory)

        vectordb = None  # 清除向量数据库的引用，释放内存

        print(file + " 向量完成")
    print("全部法条向量保存完成！")
    result = '本次成功完成以下文件的录入：\n'+'\n'.join(files)
    return result
```

图 7-16 创建 lawEmbedding 函数

在这个函数中,我们会再次遍历保存在 laws(或实际保存法条的文件夹路径)中的 txt 文件,并逐条存进向量数据库中。

LangChain 支持我们使用不同的 Embedding 模型对文件内容进行向量转化。较为方便使用的是 OpenAI 的 Embedding 模型,它不需要我们本地运算,适合配置不是很高的电脑使用,但使用这个模型也需要按照 token 计算费用,考虑到储存和以后提问均需要进行向量转换,整体成本会较高。

我们也可以考虑使用开源的 Embedding 模型,具体的 Embedding 模型可以从大型人工智能模型分享网站 HuggingFace 中找到,上面示例代码中

展示的就是一个对中文支持比较好的开源 Embedding 模型。使用本地模型需要先把模型文件下载到本地,会占用一定的空间,且每次向量转换都依赖于本地电脑的配置,不过好处是转换不需要付费,且没有数据传输的风险。

如果要使用开源本地 Embedding 模型,可以把代码进行如下变化:

```
#使用不同的Embedding模型将由不同的效果
#embedding = OpenAIEmbeddings()
#以下为比较优秀的开源Embedding模型，更专注于中文
from langchain.embeddings import HuggingFaceEmbeddings
embedding = HuggingFaceEmbeddings(model_name="GanymedeNil/text2vec-large-chinese")
```

图 7－17　改成该代码,将会下载并导入 HuggingFace 中的 Embedding 模型

如果要使用 OpenAI 的 Embedding 模型,请同样把代理与 API Key 信息从 MyGPT. py 中复制过来,另外需要把 openai. key 修改为 os. environ ["OPENAI_API_KEY"]。

```
os.environ["http_proxy"] = "ht
os.environ["https_proxy"] = "
os.environ["OPENAI_API_KEY"] =
```

图 7－18　设置 API KEY

此外,我们还需要安装 OpenAI 的 tiktoken 库①,我们在终端中输入“pip install tiktoken”安装即可。

安装完毕后,运行程序。共耗时 17 秒,我们的两本法条已经成功向量化储存到数据库中。

```
PS D:\python\MyGPT>  d:; cd 'd:\python\MyGPT'; & 'd:\anaconda3\envs\MyGPT\python.exe' 'c:\Users\Boyang Li\.vscode\extensions\ms-python.python-2023.8.0\pythonFiles\lib\python\debugpy\adapter/../..\debugpy\launcher' '59848' '--' 'D:\python\MyGPT\MyGPT_langchain.py'
向量存储:   0%|                                                  | 0/2 [00:00<?, ?it/s]
正在处理 (1/2)
发现文件: 《中华人民共和国民法典》.txt
向量存储:   0%|                                                  | 0/2 [00:00<?, ?it/s]
PS D:\python\MyGPT>  d:; cd 'd:\python\MyGPT'; & 'd:\anaconda3\envs\MyGPT\python.exe' 'c:\Users\Boyang Li\.vscode\extensions\ms-python.python-2023.8.0\pythonFiles\lib\py
《中华人民共和国民法典》.txt 向量完成
向量存储:  50%|█████████████████                    | 1/2 [00:15<00:15, 15.01s/it]
正在处理 (2/2)
发现文件: 《中华人民共和国著作权法》.txt
《中华人民共和国著作权法》.txt 向量完成
向量存储: 100%|██████████████████████████████████████| 2/2 [00:17<00:00,  8.67s/it]
全部法条向量保存完成!
```

图 7－19　运行程序完成 Embedding 流程

---

① tiktoken 库是 OpenAI 提供,用于计算文本的 token 数量的功能库。

自此我们已经完成了法条的改变格式以及存到数据库两个功能，接下来我们就开始研究如何从数据库中提取参考法条，并让 ChatGPT 根据参考内容进行回复。

第三节　让 AI 小助理回答中国法律问题

在上一节，我们完成了存入法条的功能编写，接下来我们将开启取出法条并让 ChatGPT 读取的相关功能。

一、创建“问答”函数

我们先创建一个“LawQA”函数，并输入以下代码[①]：

```
def LawQA(query):
    #为ChatGPT设置模版Prompt
    PROMPT = PromptTemplate(
        input_variables=["context", "question"],
        template= """你是一名律师助理，请分析Question所蕴含的法律事实并参考Context提供的法律条文进行回答".
                    Context:{context},
                    Question: {question}
                    请用中文按以下格式回复：
                    法律依据：
                    分析：  """
                    )

    #选择Embedding模型
    embedding = OpenAIEmbeddings()
    # embedding = HuggingFaceEmbeddings(model_name="GanymedeNil/text2vec-large-chinese")
    #载入数据库
    vectordb = Chroma(persist_directory='Law_DB', embedding_function=embedding)
    #k值为让数据库拿出来相似度最高的参考材料的数量，不宜太多，不然占用token数会太多
    retriever = vectordb.as_retriever(search_kwargs={"k": 3})

    #我们需要通过from langchain.chains import RetrievalQA引入RetrievalQA函数
    #创建一个问答的链，并指定使用ChatGPT作为模型
    qa = RetrievalQA.from_chain_type(llm=OpenAIChat(
        # temperature:GPT的回复创作度，0-1，越低越严谨；max_tokens：最大接受的tokens;
        # chain_type:链的回答模式，stuff-直接分析，map_reduce - 多段分析，refine - 归纳
        temperature=0.1), retriever=retriever, chain_type="stuff", chain_type_kwargs={"prompt": PROMPT})
    #开始让问答链回答我们的问题
    result = qa.run(query)
    return result
```

图 7－20　创建 LawQA 函数实现通过 LangChain 提问的功能

---

① 有兴趣的读者可以根据代码注释研究每一行的具体功能。

这个代码的总体运作流程是：模板设置—嵌入模型选择—数据库载入—检索器创建—问答链创建—问题查询—得到答案。我们还通过提示词（“Prompt”）模版，为 ChatGPT 设定了一个律师助理的身份，并告知它应该依靠参考材料进行问题中的法律事实的回答。

二、编写主程序代码，让整个 LangChain 程序开始运作

我们可直接参照第六章的基本代码进行编写，并运行程序进行体验：

```
if __name__ == "__main__":
    # 循环输入查询，直到输入 "退出"
    print("您好，我是您的AI法律助手，请输入问题：（或输入 '退出' 结束）：\n\n")
    while True:
        query = input("问题:")
        if query == '退出':
            print('再见！')
            break
        print('\n回答:\n' + LawQA(query) + '\n')
```

图 7－21　编写主程序代码实现调用 LawQA 函数进行问答

还记得上一章第四节中的问题吗？在回答“中国法律中，‘著作权’包括哪些内容？”的问题时，AI 小助理是这么回答的：

```
请输入您的问题（或输入'退出'结束）：
问题：中国法律中，“著作权”包括哪些内容？
回答：  中国法律中，“著作权”包括以下内容：

1. 文学作品，如小说、诗歌、戏剧、散文等；

2. 艺术作品，如绘画、雕塑、摄影、电影等；

3. 科学技术作品，如科技论文、计算机软件等；

4. 工程设计图纸、产品设计图纸等；

5. 民族传统文化的表现形式，如歌曲、舞蹈、戏曲等。

此外，著作权也包括与作品相关的权利，如署名权、修改权、发表权、复制权、发行权、展览权、表演权等。
```

图 7－22　未经调用法律数据库的回答结果

我们给小助理安装“外脑”之后，AI 小助理的回答是：

```
问题:中国法律中，“著作权”包括哪些内容？
d:\anaconda3\envs\MyGPT\lib\site-packages\langchain\llms\openai.py:692: User
Warning: You are trying to use a chat model. This way of initializing it is
no longer supported. Instead, please use: `from langchain.chat_models import
 ChatOpenAI`
  warnings.warn(

回答:
法律依据：中华人民共和国著作权法

分析：根据中华人民共和国著作权法第二条规定，著作权是指作者对其所创作的文学、
艺术和科学作品享有的财产权和人身权。根据该法第十条规定，著作权包括著作权人依
法享有的复制权、发行权、出租权、展览权、表演权、放映权、广播权、信息网络传播
权等权利。因此，中国法律中，“著作权”包括作者对其所创作的文学、艺术和科学作品
享有的财产权和人身权，以及著作权人依法享有的复制权、发行权、出租权、展览权、
表演权、放映权、广播权、信息网络传播权等权利。
```

图 7－23　成功调用法律数据库后的回答结果

可以看到，现在 ChatGPT 已经可以直接告诉我们法条的内容，并根据法条来分析、回答我们的提问了。

不过终端中也出现了一个来自 LangChain 的小提示，它告诉我们 OpenAIChat( )这个函数即将废用了，让我们改用 ChatOpenAI 函数。我们按照 LangChain 的提示，修改一下代码：

```
qa = RetrievalQA.from_chain_type(llm=ChatOpenAI(
    # temperature:GPT的回复创作度，0-1，越低越严谨；max_tokens：最大接受的tokens;
    # chain_type:链的回答模式，stuff-直接分析，map_reduce - 多段分析，refine - 归纳
    temperature=0.1), retriever=retriever, chain_type="stuff", chain_type_kwargs={"prompt": PROMPT})
```

图 7－24　修改代码以符合 LangChain 的新规范

需要强调的是，因为 AI 在日新月异，LangChain 也在处于高速发展期，其代码也在不断变化，文档中的范例将来可能不一定是最新的。如果读者在使用本书的代码制作程序的过程中，发现代码出现报错，是很正常的。我们可以利用在本书中学到的使用办法，向 ChatGPT 求助，也可以阅读官方文档检索资料。解决问题的过程，也是提升实力的过程，都是我们探索求知过程中的宝贵实践。

因有了数据库的知识，ChatGPT 拥有了基于中国法律分析法律问题的能力：

```
您好，我是您的AI法律助手，请输入问题：（或输入 '退出' 结束）：

问题:合伙法人，其中一个合伙人死亡后，合伙企业应该如何处理？

回答：
法律依据：根据《中华人民共和国民法典》第九百七十七条规定，合伙人死亡、丧失民事行为能力或者终止的，合伙合同终止；但是，合伙合同另有约定或者根据合伙事务的性质不宜终止的除外。

分析：当合伙企业中的一个合伙人死亡后，根据《中华人民共和国民法典》第九百七十七条的规定，合伙合同终止。如果合伙合同中有约定或者根据合伙事务的性质不宜终止，则可以继续经营。合伙合同终止后，根据《中华人民共和国民法典》第九百七十八条的规定，合伙财产在支付因终止而产生的费用以及清偿合伙债务后有剩余的，依据本法第九百七十二条的规定进行分配。因此，合伙企业应该根据合伙合同的约定或者合伙事务的性质进行处理，如果合伙合同终止，则需要清算合伙财产并进行分配。
```

图 7－25　调用数据库后可以依据《民法典》回答法律问题

对于法律人来说,它已经是一个初步符合需求的助手了。经过这一系列的操作,我们成功让 AI 小助理摆脱了 ChatGPT 本身数据不足的困境,让 AI 小助理做到了原本 ChatGPT 不能做到的法律分析,更符合法律人的需求。

如果我们继续录入更多的法律法规和案例到数据库,AI 小助理就可以依靠更多的法条做出更精确的回答,以往一些查询法条和查询案例的工作都可以交给 AI 小助理完成,而且因为数据来源都是我们给的真实法条和案例,就不会出现编造法条和案例的问题。

如果我们再深入改写代码,我们还可以让 AI 小助理在对法律事实进行分析后,再根据法条和以往的案例编写起诉书、答辩状等诉讼材料,为法律人减轻大量重复工作。感兴趣的读者,可以结合 ChatGPT,通过阅读官方文档、在论坛中查阅资料等方式,继续定制自己的需求,让 AI 小助理更加好用。

第四节　升级 AI 小助理的操作界面

在上一节中,我们让 AI 小助理学会了中国法律,解决我们的法律问题的能力已经达到了“可用”的状态。

但法律人都是精益求精的。

接下来我们将进行一些简单的编程，构造一个简单的网页端程序，让我们可以直接通过浏览器使用我们的程序，也可以更方便地分享给他人使用。

一、什么是 Gradio？

Gradio① 是一个强大而简单易用的 Python 库，可以帮助开发者快速创建、共享和部署人工智能模型交互式应用程序，并将其部署到本地或云端。它的目标是使机器学习模型的使用变得简单，开发者无须编写大量的代码或拥有网页开发的经验，即可创建一个网页应用。

以下是 Gradio 官方网站提供的一个模版，读者只需要几行代码就可以构建出一个简单的网页界面。效果如下：

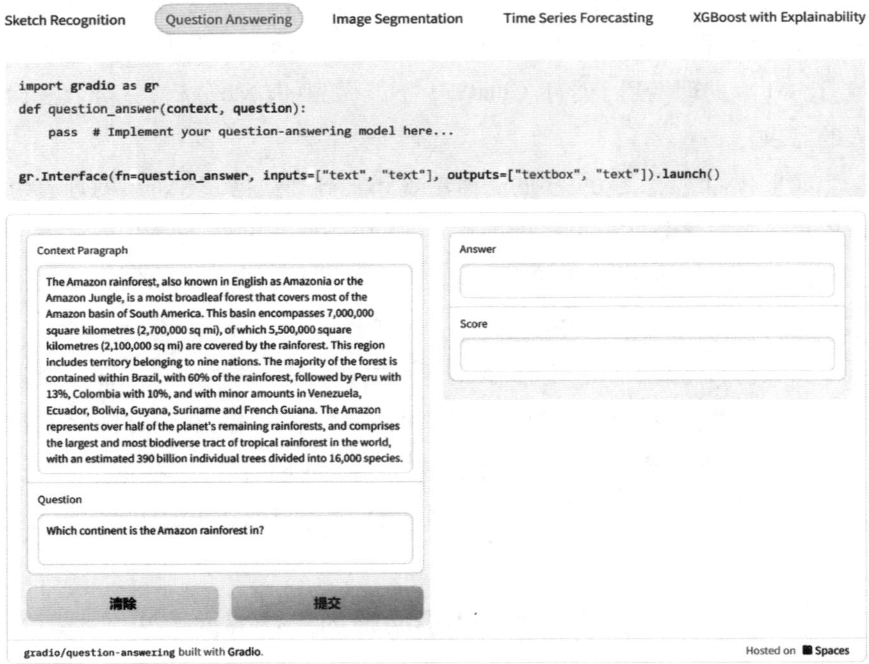

图 7-26　Gradio 官方问答功能界面示例

---

① 官方网站：https://gradio.app/。

接下来我们就利用 Gradio 库搭建我们 AI 助理的网页端。

步骤一:构建基础界面

通过 VS code,在文件夹中新建一个 app. py 文件,安装[1]并引入 Gradio 库。

```
app.py
import gradio as gr

```

图 7 – 27　导入 Gradio 库并另行命名为 gr[2]

首先把我们之前制作的两个程序都导进来。Python 支持我们导入自己的代码作为库使用。我们可以通过用“from xxx import xxx”的方式,把某个 py 文件中的某些函数导入到另一个 py 文件中使用。

```
import gradio as gr
from MyGPT import ask_question
from MyGPT_langchain import docx2txt,lawEmbedding,LawQA
```

图 7 – 28　导入之前创建好的两个 Python 文件作为库使用

创建三个标签页(“gr. Tab”),承载三个主要功能:

```
with gr.Blocks(title = "MyGPT") as app: #设置一个名为MyGPT的基本块
    #设置三个标签页，并分别命名
    with gr.Tab("导入数据库"):
        pass
    with gr.Tab("问答"):
        pass
    with gr.Tab('常设功能'):
        pass

#启动APP
app.launch()
```

图 7 – 29　编写代码创建三个标签页

① 需要在 Anaconda3 的终端中通过“pip install gradio”安装。

② Python 导入库时可以用一个“as”来给库另外自行起一个名字,这可以让我们在编程时少打一些字母,也更方便浏览代码。按官方的示例,我们将导入的 gradio 库另外命名为 gr。

直接运行程序,终端会出现一个本地网址,我们可以在终端直接按键盘的"Ctrl"键然后点击网址,或者在浏览器中输入 http://127. 0. 0. 1:7860①,打开我们的程序。

图 7-30　成功在本地运行程序

图 7-31　在浏览器中输入终端中显示的地址以访问程序

我们已经成功制作了一个简单的网站,并已经按功能区分做好了标签页管理。接下来让我们完善这些功能。

步骤二:编写导入数据库功能

1. 编写网页组件。

在开始编写前,我们再次严谨地先设想一下具体需要什么功能:

(1)我们希望支持在默认的文件夹中寻找 docx 文件,也希望自行输入存放法条的文件夹路径,所以我们需要一个可以输入文件夹路径的地方;

(2)需要一个位置告知我们具体本次完成了哪些法条的导入;

① 具体以终端中显示的结果为准。

(3)还需要一个按钮来开始执行程序。

因此我们需要用到两个文本框(Textbox)组件用于存放路径文案和输出结果,以及一个按钮(Button)组件用于运行程序。

有了思路后,先编写网页界面代码如下:

```
with gr.Tab("导入数据库"):
    def TextEmbedding(path):
        result_D2T = docx2txt(path)
        result_Emb = lawEmbedding(path)
        return result_Emb

    with gr.Column(): #新建一列
        with gr.Row(): #新建一行，且一行中有两个组件
            #新建一个文本栏，用于输入文件夹路径，且给出默认值'./laws'
            path = gr.Textbox(value='./laws',label='请输入文件夹路径',lines=1,interactive=True)
            button = gr.Button(value='开始导入',variant='primary') #新建一个按钮，用于让程序开始运行
        with gr.Row(): #再次新建一列
            log = gr.Textbox(label='状态',value='等待导入中……') #用于获取状态

    button.click(fn = TextEmbedding,inputs = path, outputs = log )
```

图 7-32　编写程序“导入数据库”页面内容

运行后的效果为:

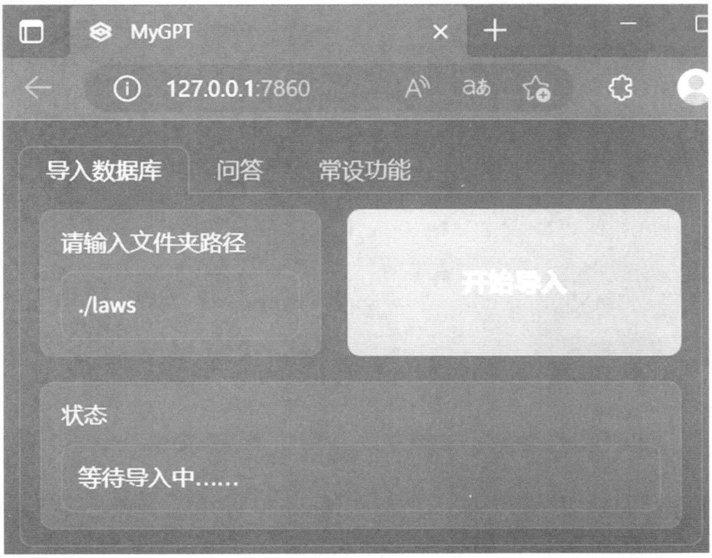

图 7-33　再次访问网址浏览程序页面

我们在页面中新建了一列(Column),并在这一列中新建了两行(Row),就如同搭积木一样把我们的网页界面给搭了出来。

2. 编写导入功能。

有了界面后,我们开始编写实现导入功能的代码:

```
with gr.Tab("导入数据库"):
    def TextEmbedding(path):
        result_D2T = docx2txt(path)
        result_Emb = lawEmbedding(path)
        return result_Emb

    with gr.Column(): #新建一列
        with gr.Row(): #新建一行，且一行中有两个组件
            #新建一个文本栏，用于输入文件夹路径，且给出默认值'./laws'
            path = gr.Textbox(value='./laws',label='请输入文件夹路径',lines=1,interactive=True)
            button = gr.Button(value='开始导入',variant='primary') #新建一个按钮，用于让程序开始运行
        with gr.Row(): #再次新建一列
            log = gr.Textbox(label='状态',value='等待导入中.....') #用于获取状态

    button.click(fn = TextEmbedding,inputs = path, outputs = log )
```

图 7-34　在"导入数据库"分页引入 docx2txt 函数和 lawEmbedding 函数

为了让"lawEmbedding"函数能返回我们需要的信息,我们还需要回到"MyGPT_langchain. py"中,对"lawEmbedding"函数补充返回信息代码。

通过创建一个"result"变量去记录本次录入的文件信息,利用返回("return")功能使其他函数能获得运行的结果。

```
        #把法条存入数据库
        vectordb = Chroma.from_documents(
            documents=docs, embedding=embedding, persist_directory=persist_directory)

        vectordb = None  # 清除向量数据库的引用，释放内存

        print(file + " 向量完成")
    print("全部法条向量保存完成！")
    result = '本次成功完成以下文件的录入：\n'+'\n'.join(files)
    return result
```

图 7-35　返回程序运行结果

3. 通过浏览器导入文本。

编写完成后,我们重新回到 app. py 并运行代码,在浏览器中刷新网页,然后点击"开始导入"按钮。

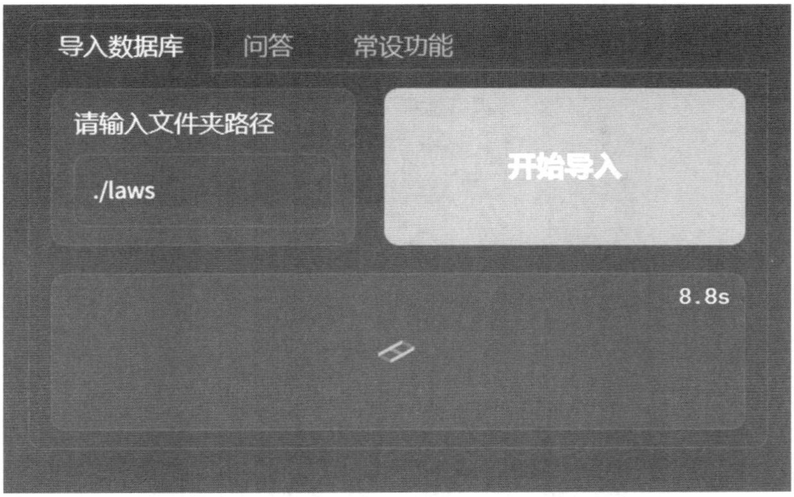

图 7－36　开始运行导入功能

当状态栏开始计时,说明我们的程序已经在执行转变文档格式和导入的进程了。只需要稍等片刻,完成后状态栏即会出现我们刚刚录入的文件的结果。

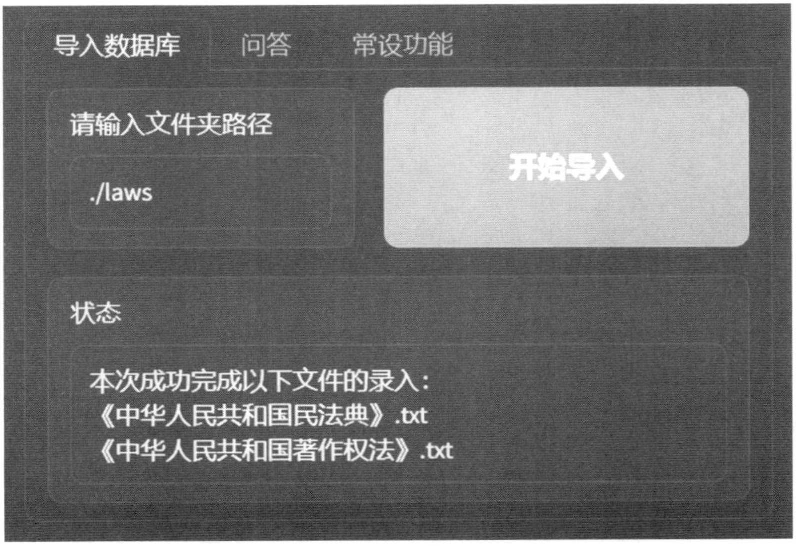

图 7－37　程序提示导入完成

我们再看看 VS code 中的文件夹情况，可以看到的确完成了相关流程。

图 7 – 38　成功创建 Law_DB 文件夹并导入了数据

导入数据库的功能就此编写完成。

步骤三：制作问答功能

1. 编写问答代码。

作为 AI 助理最核心的问答功能，只需要使用 gradio 自带的聊天机器人（chatbot）组件，就能轻松地完成一个类聊天界面的搭建。为了满足让我们选择是通过资料库问答还是让 ChatGPT 直接问答的功能，我们还需要一个单选框（radio）组件。

编写问答功能代码如下：

```
with gr.Tab("问答"):
    #创建一个选项框，用于选择聊天模式
    mode = gr.Radio(choices=['资料库模式','普通聊天'],label='聊天模式')
    #创建一个聊天机器人组件，作为我们的主要聊天界面
    chatbot = gr.Chatbot(value=[[None,'您好！请问有什么能帮到您？']],label='AI智能助理')
    msg = gr.Textbox(label='对话框') #创建一个用于输入对话的文本框
    clear = gr.Button("清空对话") #用于清空全部历史记录
    msg_cache = gr.TextArea(visible=False) #用于暂存我们的问题

    #为了更像一个聊天工具，我们制作这个函数；
    #程序会在接收到问题后，马上清空对话框的内容，并在聊天界面中显示我们的问题
    def user(user_message, history):
        return '',history + [[user_message, None]],user_message

    #核心聊天函数
    def respond(message, chat_history, mode):
        if mode == '资料库模式': #通过选择的聊天模式决定从哪个函数获取回答
            bot_message = LawQA(message)
        if mode == '普通聊天':
            #根据之前的功能编写，我们需要传入一个符合ChatGPT要求的含有身份字典的数组，以及具体的聊天模型
            bot_message = ask_question([{"role":"user","content":message}],model_engine= "gpt-3.5-turbo")
        if mode == '':
            bot_message = "抱歉，请先选择聊天模式。"
        chat_history.append([None,bot_message])
        return chat_history
    #点击后就会先执行user函数，记录我们的问题，然后再执行respond函数获取回答
    msg.submit(user,[msg,chatbot],[msg,chatbot,msg_cache]).then(respond, [msg_cache, chatbot, mode], chatbot)
    clear.click(lambda: None, None, chatbot, queue=False) #一键清空全部记录
```

图 7－39　编写“问答”功能分页

编写完成后我们再次重启一下程序，并在浏览器中刷新网页，即可看到代码运行效果。

2. 在网页中体验聊天功能。

在问答标签页中，成功出现了我们需要的选择框等功能。我们选择好聊天模式后，只要在聊天框中输入问题并回车（换行可以按键盘上的“Shift”键 + 回车键），就可以向 ChatGPT 进行提问。

普通聊天模式：

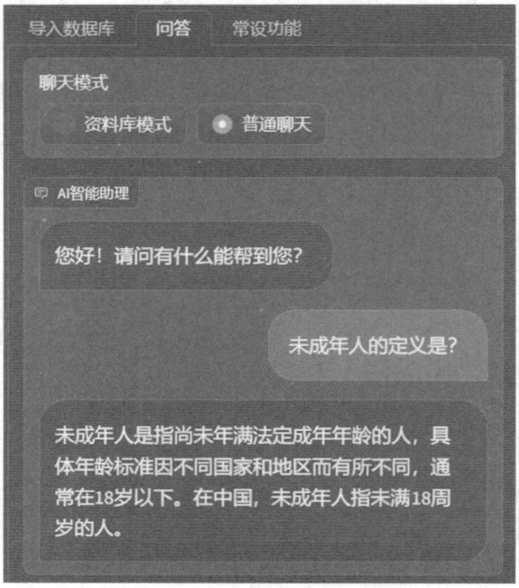

图 7-40　普通聊天测试结果

资料库模式：

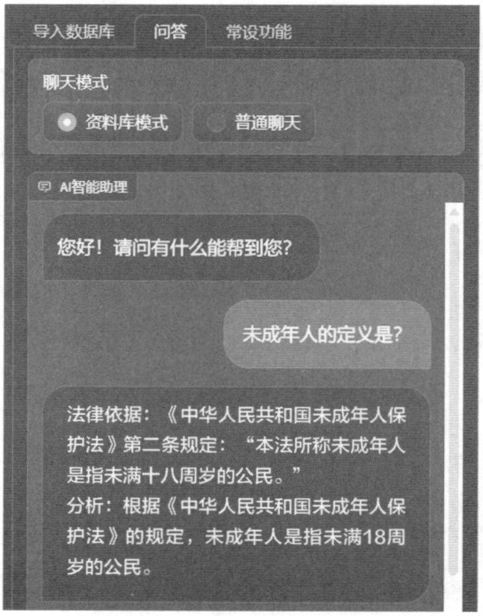

图 7-41　资料库模式测试结果

步骤四:制作常设功能

在使用 ChatGPT 网页版时,如果有一些自己尝试过比较好的提示词,我们可能会选择找个文档或者做个笔记记录下来,下次用的时候复制过去使用;但现在既然已经有了我们自己的程序,就可以把一些常用的功能都固定到程序中,方便以后调用。

我们可以通过 JSON 文件①来存放我们的 Prompt,并编写代码让程序可以读取。

1. 创建 JSON 文件。

在 VS code 中,在文件夹里新建一个“prompt. json”文件,并按 JSON 标准格式拟写一些身份模版提示词。

```
{} prompt.json > ...
{
    "润色文本":"你是一名律师，请帮我润色文本，使之更为符合法律用语",
    "拟写邮件":"你是一名律师，请帮我用符合律师身份的语气，按我需求拟定一封商务邮件",
    "总结判决":"你是一名法官，请帮我整理以下判决书的核心观点"
}
```

图 7－42　创建提示词库文件

2. 在“常设功能”标签下编写代码。

这次我们需要两个文本框用于存放与输入“功能”和“提示词”信息,一个文本框用于存放输出的回答,一个提交按钮用于开始运行功能,一个模版模块用于展示我们的模版提示词,另外还需要导入 JSON 库以实现读取 JSON 文件的功能。

因此代码编写如下:

---

① JSON(JavaScript Object Notation)是一种轻量级的数据交换格式,易于人阅读和编写,同时也易于机器解析和生成。JSON 是独立于语言的文本格式,因此在许多编程语言中都有相关的库支持解析和生成 JSON 格式的数据。JSON 格式的数据由键值对组成,其中的键和值都是字符串类型,多个键值对之间用逗号分隔,整个数据用花括号包围,{"姓名":"张三"}是一个最基本的例子。

```
with gr.Tab('常设功能'):
    import json
    def read_json(file_path):
        with open(file_path, 'r',encoding="utf-8") as file:
            data = json.load(file)  # 读取 JSON 文件内容

        result = []  # 保存键值对的数组
        for key, value in data.items():  # 遍历键值对
            result.append([key, value])  # 将键值对添加到数组中，以列表形式保存

        return result

    def getAnswer(system,user):
        if system or user == '':
            answer = '请输入身份模版和您的提问'
        else:
            prompt = [{"role":"system","content":system},{"role":"user","content":user}]
            answer = ask_question(prompt,model_engine= "gpt-3.5-turbo")
        return answer

    promptList = read_json('./prompt.json') #读取我们的Prompt json文件，并取出里面的值
    with gr.Row():
        usage = gr.TextArea(label='功能',lines = 2)
        systemPrompt = gr.TextArea(label='身份模版',lines = 2)
    userPrompt = gr.TextArea(label='提问', lines = 5)
    message = gr.TextArea(label='ChatGPT', lines = 5)
    btn = gr.Button("提交",variant='primary')
    btn.click(getAnswer,[systemPrompt,userPrompt],message)
    gr.Markdown("## 身份模版参考（点击可用）")
    examples = gr.Examples(promptList,[usage, systemPrompt])
```

图 7－43　引入 Json 库并编写“常设功能”分页代码

3. 重启程序。

重新运行程序,刷新网页,点击“常设功能”标签页,即可看到代码的运行结果。

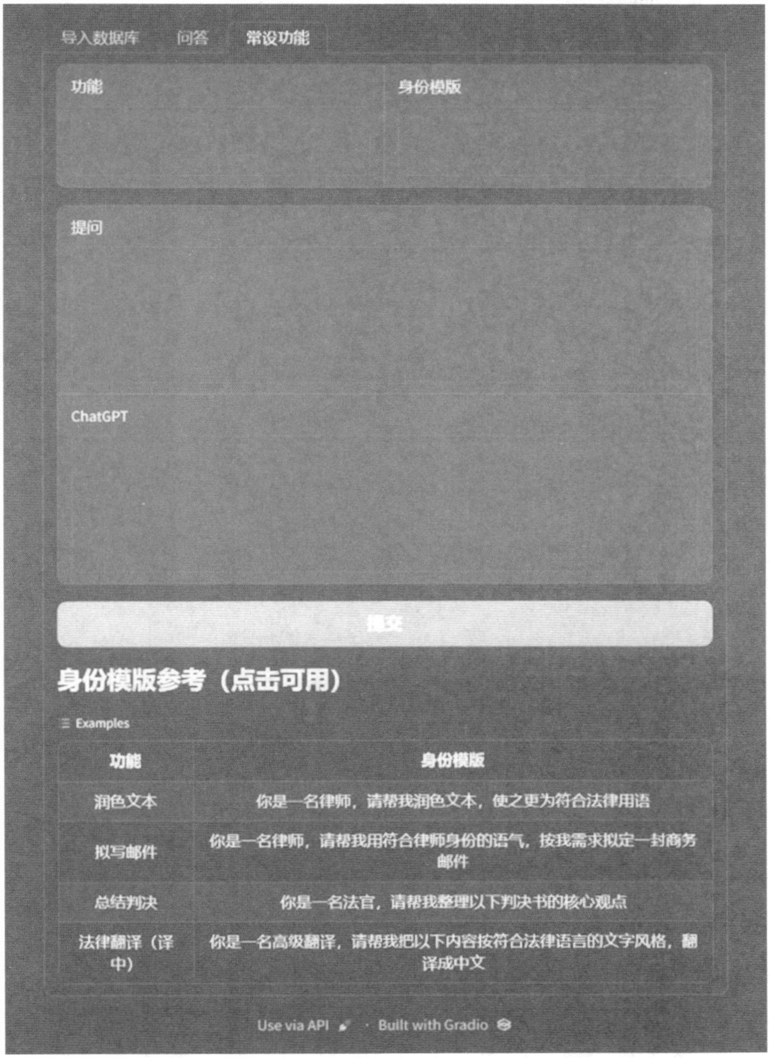

图 7 – 44　成功在程序中创建模版库

现在我们只需要点击身份模版参考中的任意一个“功能”，就可以套用其提示词。如果对模版有微调，也可以在“身份模版”输入框中进行撰写。以下为使用效果：

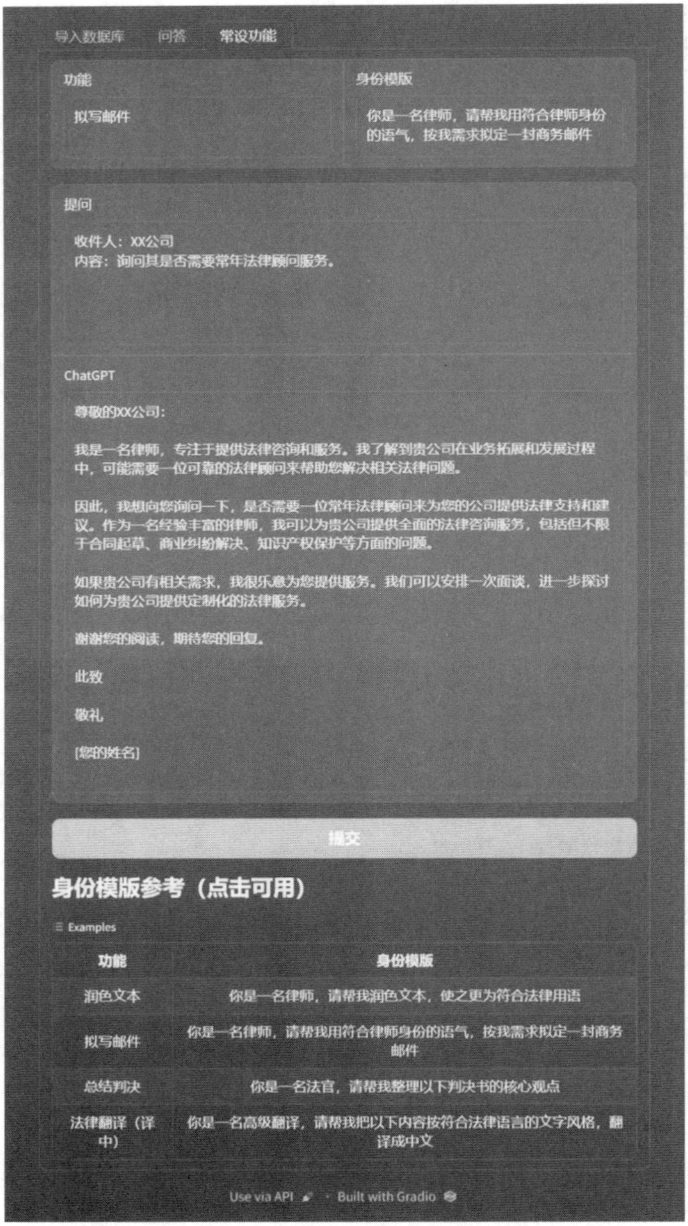

图 7－45　模版库功能测试结果

如果我们需要调整、增加、减少身份模版,只需要在"prompt. json"文件中修改,然后重新启动程序即可,不需要另行编写代码。

步骤五:把网页分享给其他人使用

Gradio 提供了一个非常方便的分享功能,我们只需要增加一行参数代码。

```
#启动APP
app.launch(server_name='0.0.0.0')
```

图 7－46　以服务器模式启动程序

重启程序,终端的网址就会显示成 http://0. 0. 0. 0:7860。

```
Running on local URL:  http://0.0.0.0:7860

To create a public link, set `share=True` in `launch()`.
```

图 7－47　终端中显示新的链接地址

不过我们需要在浏览器中把 0. 0. 0. 0 修改成本电脑或程序所在电脑的 IP 地址①(例如笔者目前的内网 IP 地址就是 192. 168. 6. 159),才能打开网站。

图 7－48　在浏览器中输入本机或服务器地址以及端口信息

① 可在终端中输入"ipconfig"并按回车,查看结果中"IPv4 地址"字样信息来查询本机 IP 地址。

现在,跟我们同在一个局域网的朋友同事,都可以通过这个链接打开我们制作好的 AI 小助理了。

到这里为止,我们成功完成了 AI 小助理的全部制作了! 因为篇幅问题,本书没有继续细化各个功能的代码。但笔者相信,在 ChatGPT 的辅助下,读者都能通过自己强大的动手能力,把自己的 AI 小助理优化得更好,更符合自己的需求。

第五节　探索更多可能性:LangChain 还能做什么

我们虽然已经完成 AI 小助理的基本搭建工作,但我们还是希望与各位读者分享 LangChain 奇妙的读取能力,也许能激发我们无穷的创意,在 AI 助理中研发、制作更多更符合我们需求的功能。

我们可以在 LangChain 关于读取模块的网页中,找到它目前支持读取的文件列表,网址如下:https://python. langchain. com/en/latest/modules/indexes/document_loaders. html。

我们将选取可能对法律工作者的工作有帮助的几种情形,简要地为读者介绍。

一、PDF 读取

PDF 是非常常见的文件保存格式。打开 PDF 文件需要使用浏览器或者其他专用的阅读软件。与其他文本格式相比,PDF 文件中的文本通常不是按照标准的文本流格式保存的,而是以页面或区块的方式存储。这可能使从 PDF 中复制和提取文本变得困难。如果 PDF 文件数量众多,从多个文件内搜索相关信息或整理归纳信息会变得更加困难。

LangChain 提供了超过五种类型的 PDF 文件读取功能,以排第一的 PyPDF 为例,读取文件只需要以下几行代码:

```
#!pip install pypdf 安装pypdf的库
from langchain.document_loaders import PyPDFLoader
loader = PyPDFLoader("我们需要读取的PDF的路径")
pages = loader.load_and_split()
```

图 7－49　LangChain 的读取 PDF 文件功能示例代码

"pages"变量里面就会以列表形式,按页存放 PDF 的内容。

提取的方法也非常简单,只需要以下几行就能快速制作一个提取内容的功能:

```
from langchain.vectorstores import FAISS
from langchain.embeddings.openai import OpenAIEmbeddings

faiss_index = FAISS.from_documents(pages, OpenAIEmbeddings())
docs = faiss_index.similarity_search("我们需要提取的内容", k=2)
for doc in docs:
    print(str(doc.metadata["page"]) + ":", doc.page_content[:300])
```

图 7－50　LangChain 的提取 PDF 内容功能示例代码

如果我们有大量的 PDF 需要归纳总结或者进行资料搜索,我们只需要把 PDF 都按之前的做法存到某个数据库中,再提取出来让 AI 小助理进行解答或归纳即可,这也是本书撰写时网络上流行的一个名为"Auto PDF"软件的核心功能,实现方法其实就这么简单。

有了这样一个工具,就可以让 ChatGPT 或者其他大模型整理归纳大量的案例或材料,我们的工作必然会事半功倍,效率大大提升。

二、网页读取

OpenAI 先是宣布向购买了 ChatGPT Plus 的用户提供联网功能,又在上线几个月后匆匆地将联网功能从官网下架。在没有联网功能的情况下,如果用户直接向 ChatGPT 发送网址,ChatGPT 会告知其无法联网。然而,我们在实际使用 ChatGPT 的时候,有大量材料(例如新的案例、政策公告、新闻等),都是在互联网上发布的,如果要我们手动一一把网页内容复制到 ChatGPT 中，未免效率太低。

LangChain 提供了直接读取网页内容，并把读取的内容返回给程序的功能，实现代码同样非常简单：

```
from langchain.document_loaders import WebBaseLoader
loader = WebBaseLoader("我们想让它访问的网址")
data = loader.load()
```

图 7－51 LangChain 的访问网站功能示例代码

运行该代码后，LangChain 就会读取这个网页中的全部文字内容，并全部保存到“data”变量中。我们可以把这个“data”变量中的内容全部传输给 ChatGPT 归纳、提问或做我们希望做的功能。

配合其他代码，我们甚至可以做到让 ChatGPT 每天归纳最新的新闻并发送到我们的邮箱，或者定期检测最新的法律法规文本，让 ChatGPT 根据法律法规归纳核心要点并协助我们出具分析报告等。

三、PPT 读取

在 LangChain 中，实现读取 PPT 的代码与其他 Loader 也是完全一致的，这带给了我们极大的方便。

```
from langchain.document_loaders import UnstructuredPowerPointLoader
loader = UnstructuredPowerPointLoader("我们想要读取的ppt文件路径")
data = loader.load()
```

图 7－52 LangChain 的读取 PPT 功能示例代码

同样，PPT 中的文字内容都会存到“data”变量中，我们只要让 ChatGPT 读取，就能实现各种润色、归纳、扩写等功能了。

其实，LangChain 的功能远不止这些。但因篇幅有限，感兴趣的读者可以自行阅读官方的文档进行研究。

在第六章和第七章，我们一起完成了 AI 小助理的项目，根据自己的需求定制各种不同的功能。制作的过程一定是不容易的，很多报错可能也是本书中没有描述到的。不过我们相信,读者朋友们一定也尝试了很多解决问题的办法,并且借助 ChatGPT 这样的工具优化代码中的各种不足。

随着人工智能的发展,编程能力会越来越重要,但编程的难度却会越来越低,甚至“编程”这门技术活很可能不再需要依靠代码,生成式人工智能的存在让自然语言编程成为了可能。但我们仍建议读者朋友们重视编程的学习。正如史蒂夫·乔布斯在访谈中所说:“计算机编程教会你如何思考。”祝愿各位读者朋友在智能化的热潮中,善用编程知识,为自己创造更多的可能性,掌握主动,占尽先机。

第八章　除了 ChatGPT，我们还有哪些选择

第一节　对法律人而言，使用大语言模型有什么风险

根据 2023 年 8 月 15 日生效的《生成式人工智能服务管理暂行办法》第二条的规定，利用生成式人工智能技术向中华人民共和国境内公众提供生成文本、图片、音频、视频等内容的服务，适用该办法。换言之，如果某个国外的大语言模型不面向中国公众提供有关服务，那么该大语言模型并不适用该办法。

相对国外的大语言模型而言，国产大模型几乎必然会向境内公众提供服务。也会受到更多来自国内监管部门的监督，所以在数据安全、算法安全等问题上，国产大模型比 ChatGPT 等国外模型更有优势。

然而，就目前的情况看来，无论是国产大模型还是国外大模型，只要该大语言模型选择闭源，那么意味着我们通常需要通过访问闭源模型的服务器，才能获得完整的服务，用户使用 AI 的数据就会被上传（或者存在被上传的可能性），并极有可能被开发大模型的商业公司掌握。

在涉及法律工作的文件处理中，有些法律文件存在较高隐私信息和案件信息的保密需求。尤其是一些机关单位的内部文件，更是需要对文件信息进行严格的保密。除了制度保障外，我们还需要对提供人工智能服务的商业公司提出更加严格的要求。商业公司应该主动承担责任，采取适当的保护措施来预防数据泄露和滥用的风险。同时，政府和监管机构也有责任制定更加严格的数据保护法规，提高执法能力、监管能力，以

确保法律行业的敏感信息得到妥善保护。

当然,除了寄希望于商业公司和监管部门,我们也可以选择一种相对更为安全的、自主的、基本不会涉及数据安全问题的,甚至能够让不具有联网条件的企事业单位用上人工智能的选择——开源大模型。

第二节　当我们聊“开源”的时候,我们在聊什么

一、什么是“开源”和“闭源”?

“开源”这个词我们并不陌生,我们在第六章和第七章提到了开源的 Anaconda 和一些开源的 Python 库。

开源,全称就是“开放源代码”,是指一种软件开发和分发模式,它鼓励软件源代码的免费使用、研究、修改和分发。在开源模式下,软件的源代码对公众免费开放,并且允许个人或组织自由或附一定条件地使用、修改和定制软件。这种开放性和合作性的模式促进了技术社区的协作和创新,许多软件项目通过开源模式获得了广泛的发展和应用,在计算机相关软件中,最有名的开源软件,或者说系统,就是 Linux 系统。类似的,还有手机 Android 系统、前文提及的 Anaconda 及 Python 库等。

相对而言,闭源是指软件就是“不开放源代码”,源代码掌握在开发者手中,但不会提供给其他个人或组织。开发者会将源代码开发成各种软件或系统等产品,有偿地向个人或组织提供这些产品。我们熟悉的 Windows 系统、苹果手机的 iOS 系统等。

只要理解了开源,也就能够理解什么是闭源,二者是一组语义相反的“反义词”。

二、什么是开源大模型?

在自然语言处理领域,开源大模型是指由开源社区共同开发和维护的大型语言模型。这些模型通常基于深度学习和神经网络技术,能够理

解和生成自然语言文本。与传统的商业模型不同,开源大模型的源代码对公众开放,并且可以免费使用和训练。这使个人和组织可以根据自己的需求,通过训练和定制以及在本地部署开源大模型来满足特定领域和行业的需求。

开源大模型的优势在于其灵活性和可定制性。用户可以使用自己的数据集对模型进行训练,以适应特定的应用场景和问题。在法律领域,使用开源大模型进行训练和定制,可以使模型更好地理解和处理法律术语、文本语境以及特定领域的知识。

简单来说,我们可以在自己符合条件的个人电脑或者服务器上,直接部署一个开源大模型。这个模型的训练与推理环节完全由我们自己控制,不会涉及其他第三方,因此可以有效避免大部分数据安全问题。目前海内外有几款知名的大语言模型,如 LLaMA、MOSS、ChatGLM 等,已达到了媲美 GPT-3.5 乃至 GPT-4 的水平。

第三节 有哪些开源模型可供选择

一、LLaMA

LLaMA(Large Language Model Meta AI)模型是由美国 META 公司(前身为脸书 Facebook 公司)研发、训练并开源的大语言模型。META 公司训练 LLaMA 的目的在于,目前仍有大量的群体不了解或无法使用大语言模型,他们希望为所有人提供语言模型的目标,以满足各种自然语言处理任务的需求。META 公司使用了应用人数最多的 20 种语言进行训练,虽然主要为拉丁字母和西里尔字母文字的语言,但中文的输入和输出也同样支持。

与其他大型语言模型一样,LLaMA 的生成方式同样是根据前文的信息来预测可能出现的下一个词来进行的。该模型能够生成看似连贯和类似人类语言的文本,因此在文本自动补全、摘要生成、翻译等任务中具有广泛的应用。LLaMA 的多功能性使其成为研究人员和开发者的基础模型,可以针对特定的用途进行进一步调优。

为了确保负责任地使用 LLaMA,虽然名义上开源,但 META 公司只允许 LLaMA 用于非商业用途。学术研究人员及与政府、公民、社会、与学术机构有关的个人,和工业研究实验室可以申请访问权,但需要由 META 公司逐案进行审批。

然而,2023 年 3 月,在 META 公司发布 LLaMA 模型的几周后,就有人自行把模型文件发布到网上,这意味着 LLaMA 已经被迫完全"开源",任何人都可以自行下载 LLaMA 33B 和 LLaMA 7B 模型进行使用。不过虽然如此,基于 META 公司所允许的使用方式,任何人使用 LLaMA 进行商业使用,仍会侵犯 META 公司的权利,因此只能用于自行研究学习之用。

LLaMA 的官方 Github 网址:https://github. com/facebookresearch/llama。

二、MOSS

MOSS 是由复旦大学邱锡鹏教授团队开发的一个大语言模型,支持中英双语和多种插件的开源对话。除了是国内为数不多的开源大模型外,其名字与发布时大热的电影《流浪地球》中的人工智能名称一致,故获得了大量关注。MOSS 基座语言模型在约七千亿中英文以及代码的单词上预训练得到,后续经过对话指令微调、插件增强学习和人类偏好训练后,具备多轮对话能力及使用多种插件的能力。

MOSS 允许免费商用。仅需要在其官网填写一份问卷进行信息记录,同时 MOSS 官方还要求,如使用该项目所含模型及其修改版本提供服务产生误导性或有害性言论,造成的不良影响,由服务提供方负责,与该项目无关。

MOSS 的官方 Github 网址:https://github. com/OpenLMLab/MOSS。

三、ChatGLM

ChatGLM－6B 是由清华大学的研究团队发布的一个开源的、支持中英双语的对话语言模型。该模型基于通用大模型架构 GLM（General Language Model），采用类似于 ChatGPT 的技术，并专门优化了中文问答和对话任务，经过了约 1 万亿个标识符的中英双语训练，并结合了监督微调、反馈自助和人类反馈强化学习等技术，在中文回答输出的情况下，有较好的水平。

2023 年 6 月 25 日，清华团队发布了第二代 ChatGLM2－6B 大模型。在原来 ChatGLM－6B 的基础能力上，拥有更强大的性能，更长的上下文理解能力以及更高效的推理，同时有了更开放的开源协议，ChatGLM2－6B 不仅对学术研究完全开放，在获得官方的书面许可后，亦允许商业使用。

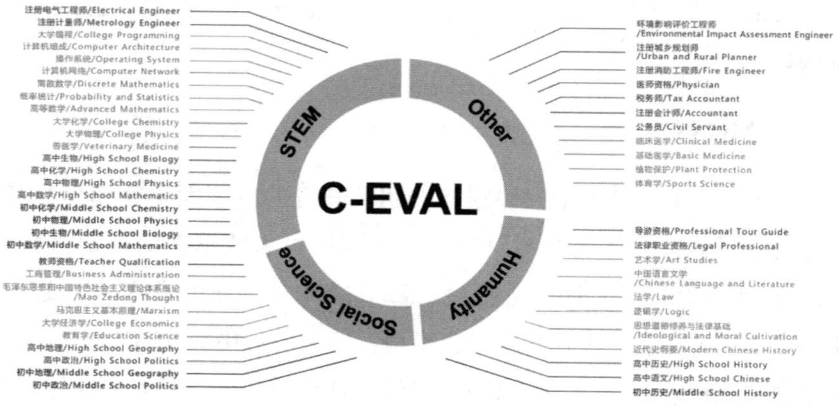

图 8－1　C－Eval 所包含测试内容的官方说明

ChatGLM2－6B 在发布后迅速登榜至 C－Eval[①] 的榜首，成功打败了 GPT－4，可见 ChatGLM2－6B 作为国产大模型，在中文能力上已经独领风骚，成功展现了国产大模型的最大优势——在中文上更符合我们的需求。

---

① C－Eval 是由上海交通大学、清华大学、爱丁堡大学共同完成，对大语言模型的中文能力进行测试的评测体系。

#	Model	Creator	Submission Date	Avg ▾	Avg(Hard)	STEM	Social Science	Humanities	Others
0	ChatGLM2	Tsinghua & Zhipu.AI	2023/6/25	71.1	50	64.4	81.6	73.7	71.3
1	GPT-4*	OpenAI	2023/5/15	68.7	54.9	67.1	77.6	64.5	67.8
2	SenseChat	SenseTime	2023/6/20	66.1	45.1	58	78.4	67.2	68.8
3	InternLM	SenseTime & Shanghai AI Laboratory (equal contribution)	2023/6/1	62.7	46	58.1	76.7	64.6	56.4
4	Instruct-DLM	DeepLang AI	2023/7/2	56.8	37.4	50.3	71.1	59.1	53.4
5	ChatGPT*	OpenAI	2023/5/15	54.4	41.4	52.9	61.8	50.9	53.6
6	Claude-v1.3*	Anthropic	2023/5/15	54.2	39	51.9	61.7	52.1	53.7
7	DLM	DeepLang AI	2023/7/2	53.5	35.3	47	64.7	56.4	52.1
8	ChatGLM2-6B	Tsinghua & Zhipu.AI	2023/6/24	51.7	37.1	48.6	60.5	51.3	49.8
9	SageGPT	4Paradigm Inc.	2023/6/21	49.1	39.1	46.6	54.6	45.8	51.8
10	TeleChat-E	中国电信数字智能科技分公司	2023/7/2	46.5	32.9	42.1	56.1	47.1	45
11	AndesLM-13B	AndesLM	2023/6/18	46	29.7	38.1	61	51	41.9
12	Claude-instant-v1.0*	Anthropic	2023/5/15	45.9	35.5	43.1	53.8	44.2	45.4
13	WestlakeLM-19B	Westlake University and Westlake Xinchen (Scietrain)	2023/6/18	44.6	34.9	41.6	51	44.3	44.5
14	bloomz-mt-176B*	BigScience	2023/5/15	44.3	30.8	39	53	47.7	42.7
15	玉言	Fuxi AI Lab, NetEase	2023/6/20	44.3	30.6	39.2	54.5	46.4	42.2

图 8-2　截至 2023 年 6 月 25 日的 C-Eval 排行榜

有趣的是,在程序员的圈子里,列表的顺序是由"0"而不是"1"开始计算的,因此这里的榜首是第 0 名。

ChatGLM2B 的官方 Github 网址:https://github.com/THUDM/ChatGLM2-6B。

第四节　接入国产开源大模型——以 ChatGLM 为例

国内大语言模型已经在自动问答、机器翻译、智能客服和文本生成等方面展现出了惊人的潜力,例如百度公司推出的"文心一言",可以提供与人对话互动,回答问题,协助创作,高效便捷地帮助人们获取信息、知识和灵感的能力;又例如科大讯飞推出的新一代认知智能大模型"星火",拥有跨领域的知识和语言理解能力,能够基于自然对话方式理解与执行任务,可以从海量数据和大规模知识中持续进化,实现从提出、规划到解决问题的全流程闭环。

国产模型虽然存在一些局限,但国产模型在语言适应性方面具有优势,在文化认知方面也具备优势。

此外,国产模型对于法律行业人士而言还具备合规性的优势。法律行业对于数据隐私、信息安全和互联网监管有着严格的要求。国外大语言模型的服务器都处于国外,无论是直接在网页使用还是调用 API,均需要把各类信息传输到国外,如缺少风险意识,可能不小心就违反《数据安全法》《个人信息保护法》等相关法律法规。使用国产模型则可以更好地遵守国内的法律法规和监管政策,也能避免不必要的数据风险。

在接下来的两节里,我们将以国产开源大模型 ChatGLM 为例,带领读者将国产开源大语言模型部署到自己的电脑上,并实际测试国产开源大语言模型在中文和法律语境下的理解和生成能力,解决我们的数据安全需求。

一、ChatGLM 的官方部署——简单快速的使用

ChatGLM2 - 6B 官方提出了一个简单便捷的使用办法,可以让我们不用编写任何代码,就快速体验模型效果。

我们只需要把全部代码文件下载到电脑后,运行其中的“web_demo.py”程序即可开始与 ChatGLM2 模型对话。

```
>>> from transformers import AutoTokenizer, AutoModel
>>> tokenizer = AutoTokenizer.from_pretrained("THUDM/chatglm2-6b", trust_remote_code=True)
>>> model = AutoModel.from_pretrained("THUDM/chatglm2-6b", trust_remote_code=True, device='cuda')
>>> model = model.eval()
>>> response, history = model.chat(tokenizer, "你好", history=[])
>>> print(response)
你好👋!我是人工智能助手 ChatGLM2-6B,很高兴见到你,欢迎问我任何问题。
>>> response, history = model.chat(tokenizer, "晚上睡不着应该怎么办", history=history)
>>> print(response)
晚上睡不着可能会让你感到焦虑或不舒服,但以下是一些可以帮助你入睡的方法:

1. 制定规律的睡眠时间表:保持规律的睡眠时间表可以帮助你建立健康的睡眠习惯,使你更容易入睡。尽量在每天的相同时间上床,并在同
2. 创造一个舒适的睡眠环境:确保睡眠环境舒适,安静,黑暗且温度适宜。可以使用舒适的床上用品,并保持房间通风。
3. 放松身心:在睡前做些放松的活动,例如泡个热水澡,听些轻柔的音乐,阅读一些有趣的书籍等,有助于缓解紧张和焦虑,使你更容易入睡
4. 避免饮用含有咖啡因的饮料:咖啡因是一种刺激性物质,会影响你的睡眠质量。尽量避免在睡前饮用含有咖啡因的饮料,例如咖啡,茶和
5. 避免在床上做与睡眠无关的事情:在床上做些与睡眠无关的事情,例如看电影,玩游戏或工作等,可能会干扰你的睡眠。
6. 尝试呼吸技巧:深呼吸是一种放松技巧,可以帮助你缓解紧张和焦虑,使你更容易入睡。试着慢慢吸气,保持几秒钟,然后缓慢呼气。

如果这些方法无法帮助你入睡,你可以考虑咨询医生或睡眠专家,寻求进一步的建议。
```

图 8 - 3 调用 ChatGLM2 - 6B 模型的代码

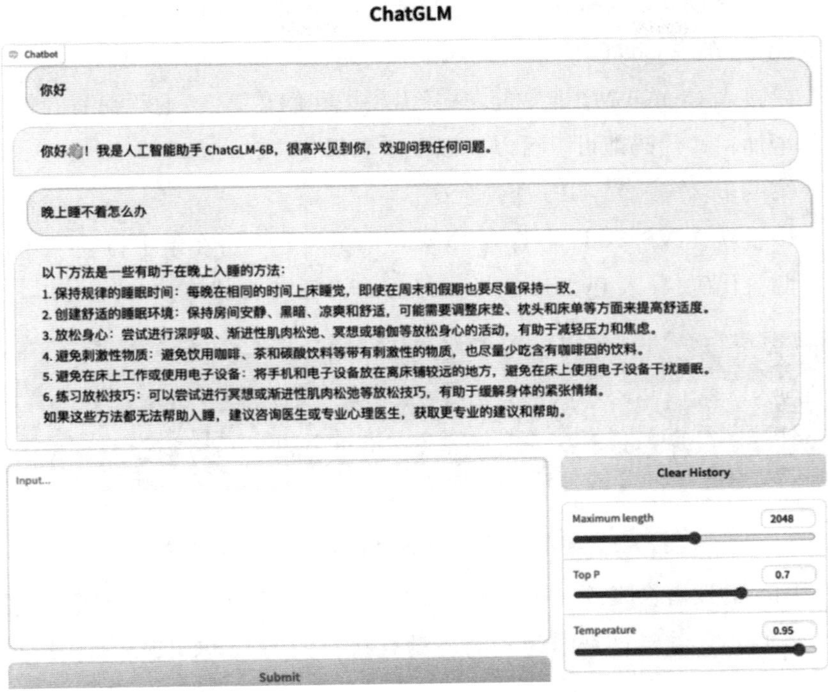

图 8－4　ChatGLM2－6B 基于 Gradio 制作的官方网页程序

这个界面是不是很眼熟？还记得我们在第七章制作的软件吗？ChatGLM 的 WebUI 程序同样也是使用了我们使用过的 Gradio 库。因此我们如果想要把这个程序分享给同网络的其他人使用，除了让其他人也下载软件外，还能直接采用第七章中的分享办法，对“web_demo. py”文件进行修改即可。

如果想直接使用 ChatGLM2 的官方能力，只要运行这个程序就可以，不过善于挖掘能力的我们，肯定要让 ChatGLM2 也拥有更多的能力。

二、ChatGLM 的私人部署——改造私人 AI 助理

ChatGLM 的调用方式，与我们的 AI 小助理一致，同样是通过 Python 语言进行的，因此我们接下来要把 ChatGLM2－6B 也接入到我们在第六

章和第七章创建的“AI 助理”上，让我们的 AI 私人助理增加使用开源模型的能力，摆脱 ChatGPT 潜在的风险性，进一步符合法律规范。

要接入 ChatGLM2 非常简单，只需要把我们在第六、七章编写的代码简单增加一些代码即可。可以按以下步骤操作：

第一步：修改“MyGPT. py”代码。

1. 重新在 VS Code 中打开“MyGPT. py”文件①，在最上方输入下图下方两行代码，导入 Python 的“transformers”和“torch”库：

```
import os
import openai
from transformers import AutoTokenizer, AutoModel
import torch
```

图 8 - 5　在程序中导入 transformers 和 torch 模块

细心的读者会发现，“transformers”字样是白色的，在图中与其他库的名字颜色不一致。这是因为我们还没有在我们的“MyGPT”环境中安装相应的库。为了方便一次性安装好 ChatGLM2 所需要的库文件，我们可以通过参考 ChatGLM2 官方代码中的“requirements. txt”文件来一次性补充安装所需的库。

2. 我们打开 ChatGLM2 的官方仓库网页②，双击页面中的“requirement. txt”文件，并把文件中的内容进行复制。

复制完成后，在 VS Code 界面左上方“资源管理器”中找到并点击“新建文件”按钮，程序会创建一个待命名的文件，我们可以输入“requirements. txt”或者其他方便记忆的名字。

---

① 如果曾经重启过电脑，请在 Anaconda3 的“环境”标签页中重新点击“MyGPT”激活环境。

② 网址：https://github. com/THUDM/ChatGLM2 - 6B。

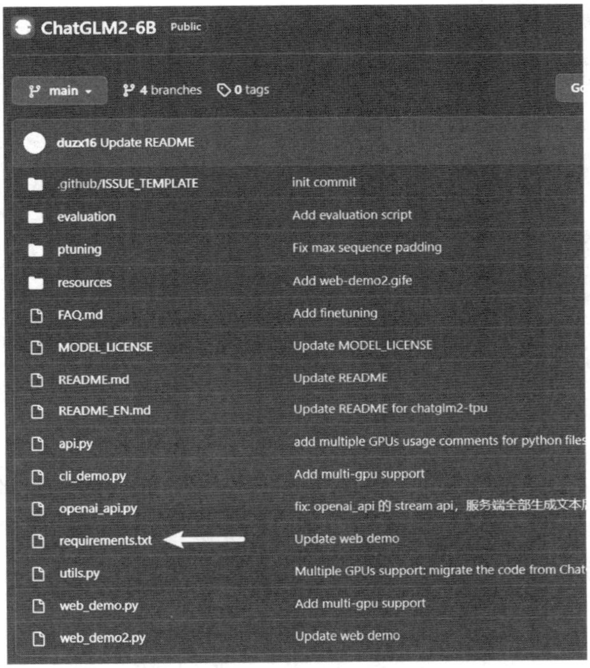

图 8－6　ChatGLM2 官网页面中的“requirements. txt”文件

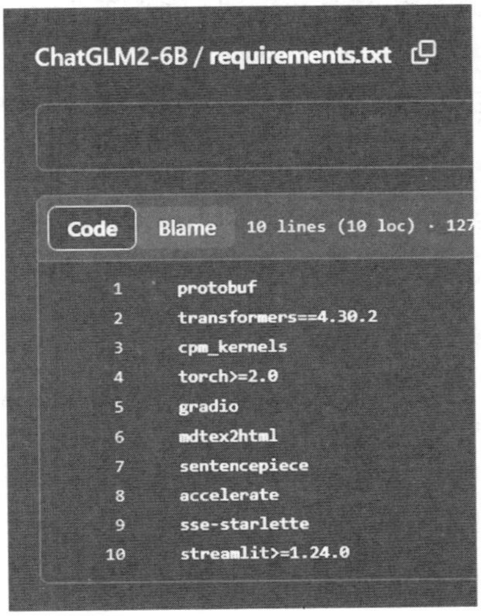

图 8－7　“requirements. txt”文件中的内容

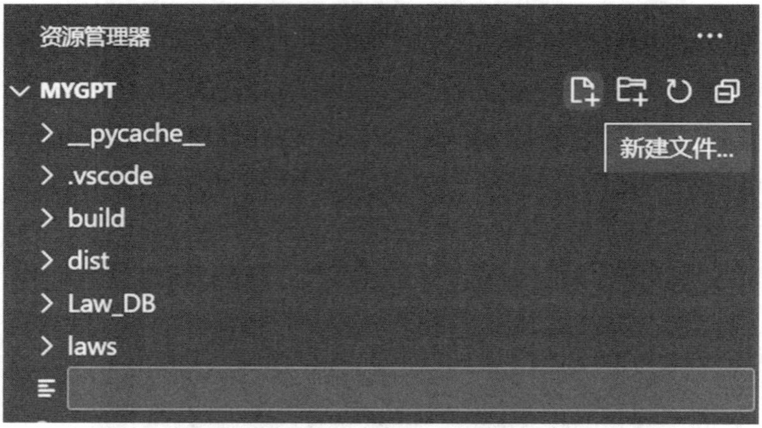

图 8-8　VS Code 中"新建文件"按钮位置以及待命名的文件

图 8-9　创建"requirements. txt"的结果

3. 在 VS Code 中打开"requirements. txt"文件,并把刚刚在 ChatGLM2 代码仓库中复制的内容粘贴进去,并按下键盘上的"Ctrl"与"S"键进行保存。

4. 接下来,只要在 VS Code 的终端中输入"pip install -r requirements. txt"并按下回车,即可安装运行或调用 ChatGLM2 所必要的 Python 库[①]。

① 通过单独复制代码仓库中"requirements. txt"文件方式,并不十分符合正常编程规范,但属于较为便捷的办法。

```
MyGPT
requirements.txt ●
requirements.txt
1   protobuf
2   transformers==4.30.2
3   cpm_kernels
4   torch>=2.0
5   gradio
6   mdtex2html
7   sentencepiece
8   accelerate
9   sse-starlette
10  streamlit>=1.24.0
```

图 8－10 粘贴了文本后的“requirements. txt”文件

```
PS D:\python\MyGPT> pip install -r requirements.txt
Looking in indexes: https://pypi.tuna.tsinghua.edu.cn/s
Collecting gradio==4.1.1
```

图 8－11 通过“requirements. txt”文件一次性安装所需的库

第二步:在“MyGPT. py”文件中构造一个 ask_ChatGLM 函数。

安装完所需的 Python 库后,重新点开“MyGPT. py”文件,在第六章已经制作好的“ask_question”函数与“if __name__ = = '__main__':”代码行之间,新增以下代码:

```
def ask_ChatGLM(prompt):
    tokenizer = AutoTokenizer.from_pretrained("THUDM/chatglm2-6b", trust_remote_code=True)
    #判断显卡种类，如果有cuda则使用cuda，否则用CPU运行
    device = "cuda" if torch.cuda.is_available() else "mps" if torch.backends.mps.is_available() else "cpu"
    model = AutoModel.from_pretrained("THUDM/chatglm2-6b", trust_remote_code = True, device = device)
    model = model.eval()
    response = model.chat(tokenizer, prompt) #因本地部署需求电脑性能较高，因此取消上下文功能
    return response
```

图 8－12 创建并编写 ask_ChatGLM 函数以调用 ChatGLM2－6B 模型

在这个函数中,我们把问题作为一个参数传入函数中,并返回 ChatGLM 的回复结果。考虑到读者的电脑配置可能有所不同,因此还加入了一行判断代码,增加程序的泛用性。

第三步:接入第七章制作好的网页程序中。

既然我们在第七章已经制作好了便捷易用的网页程序,接下来就让我们回到之前的“app. py”文件,新增一些代码来调用 ChatGLM。

我们只要新建一个标签页,然后直接复制之前“问答”功能的代码,略微修改即可。最终代码如下:

```
with gr.Tab("ChatGLM问答"):
    #创建一个聊天机器人组件,作为我们的主要聊天界面
    chatbot = gr.Chatbot(value=[[None,'您好!请问有什么能帮到您?']],label='ChatGLM AI助手')
    msg = gr.Textbox(label='对话框') #创建一个用于输入对话的文本框
    clear = gr.Button("清空对话") #用于清空全部历史记录
    msg_cache = gr.TextArea(visible=False) #用于暂存我们的问题

    #为了更像一个聊天工具,我们制作这个函数;
    #程序会在接收到问题后,马上清空对话框的内容,并在聊天界面中显示我们的问题
    def user(user_message, history):
        return '',history + [[user_message, None]],user_message

    #核心聊天函数
    def respond(message, chat_history):
        bot_message = ask_ChatGLM(message,)
        chat_history.append([None,bot_message])
        return chat_history
    #点击后就会先执行user函数,记录我们的问题,然后再执行respond函数获取回答
    msg.submit(user,[msg,chatbot],[msg,chatbot,msg_cache]).then(respond, [msg_cache, chatbot], chatbot)
    clear.click(lambda: None, None, chatbot, queue=False) #一键清空全部记录
```

图 8-13　创建并编写“ChatGLM 问答”分页

第四步:下载模型文件并安装。

ChatGLM2 首次运行需要先下载相关模型文件,既然被称为大模型,模型体积必然不小。目前全部模型文件合计约有 12.5GB 的大小,下载模型速度具体依赖于下载时的网络速度,同时这些模型文件也会被下载到电脑系统所在的盘(通常为 C 盘),因此要注意流量和硬盘空间的问题,避免不必要的额外支出。

图 8-14　首次运行会自动下载 ChatGLM2-6B 模型文件

下载模型完成后，我们就可以利用网页程序与 ChatGLM2 进行对话。

为了检验 ChatGLM2 是否已经真的超越了 GPT－4，接下来我们就来进行一系列的对比，看 ChatGLM2 是否符合目前中文大语言模型“头把交椅”的水平。

第五节　ChatGLM2 与 GPT－4 的效果对比

我们前面已经成功地完成了 ChatGLM2 的本地部署。接下来通过一系列对比测试，来展现将 ChatGLM2 的能力。本节中，我们将把同样的问题，同时向 ChatGPT 中的 GPT－4 模型和我们本地部署的 ChatGLM2 进行提问，并将二者生成的内容进行对比，看看 ChatGLM2 在中文和法律的语境下，能否比 GPT－4 表现得更好。

一、法律常识测试

问题一：未成年人的定义是？

首先是一个简单的法律定义问题：“未成年人的定义”。我们先看看 GPT－4 的回答。

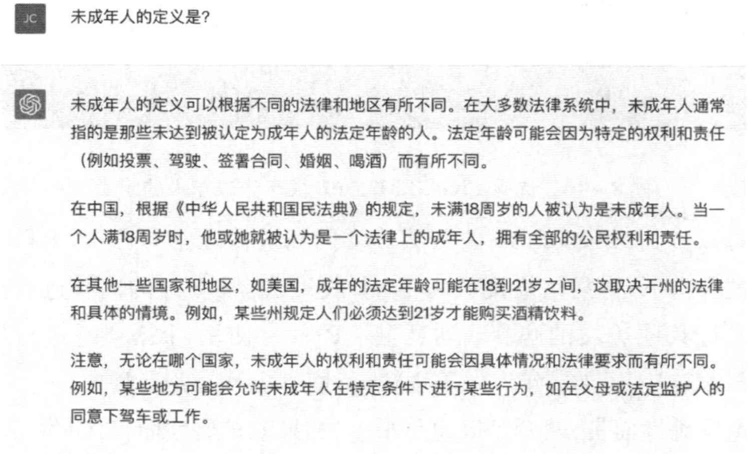

JC 未成年人的定义是?

未成年人的定义可以根据不同的法律和地区有所不同。在大多数法律系统中，未成年人通常指的是那些未达到被认定为成年人的法定年龄的人。法定年龄可能会因为特定的权利和责任（例如投票、驾驶、签署合同、婚姻、喝酒）而有所不同。

在中国，根据《中华人民共和国民法典》的规定，未满18周岁的人被认为是未成年人。当一个人满18周岁时，他或她就被认为是一个法律上的成年人，拥有全部的公民权利和责任。

在其他一些国家和地区，如美国，成年的法定年龄可能在18到21岁之间，这取决于州的法律和具体的情境。例如，某些州规定人们必须达到21岁才能购买酒精饮料。

注意，无论在哪个国家，未成年人的权利和责任可能会因具体情况和法律要求而有所不同。例如，某些地方可能会允许未成年人在特定条件下进行某些行为，如在父母或法定监护人的同意下驾车或工作。

图 8－15　询问 GPT－4 关于未成年人的定义

GPT－4 先从整体定义入手，解释了未成年人在法律系统中的普遍定义，以及不同国家和地区的法定年龄的差异。回答中还提到了具体的权利和责任，如投票、驾驶、签署合同、婚姻和饮酒等，这有助于读者理解未成年人在不同情境下的权利限制。然后再根据提问人所用的语言，预测提问人应该在中国，通过引用《民法典》来说明在我国关于未成年人的具体定义。之后再引申到外国的情况，说明不同国家对“未成年人”的定义可能有所不同。最后再予以一个简单的总结，说明需要注意未成年人的特殊权利。

整体而言，GPT－4 的回答比较完善。它从整体出发，用语言等元素判定使用者身份，给出更为具体的结果；同时，它还有一定的拓展，为我们了解概念提供了拓展的知识，方便我们进一步学习。

我们再看看国产模型的表现。提交问题后约 20 秒，ChatGLM2 输出了回答。

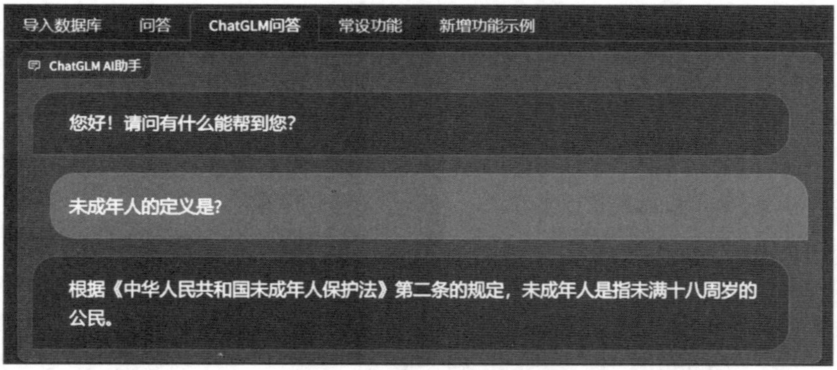

图 8－16　询问 ChatGLM2－6B 关于未成年人的定义

可以看到，ChatGLM2 的回答非常简约。在两张 NVDIA RTX 4090 显卡的支持下，也只是直接引用了《未成年人保护法》的内容进行回答，没有进行其他扩展的解释。对比起 GPT－4 使用《民法典》进行回答，ChatGLM2 引用《未成年人保护法》进行回答也算是各有侧重。

就准确性而言，两者可以说是平手，如果就扩展性而言，GPT－4 的回复可能更为优秀，不过考虑到 ChatGLM2 使用的只是 6B 级别的模型，以及本地算力限制，得出这个结果也未算太差。

从这个问题中也可以看到，ChatGLM2 使用了我国的法律条文进行训练，在没有借助 LangChain 引入条文数据库的情况下，也能回复准确的法律条文。对于我们来说，在不增加其他功能的情况下，使用 ChatGLM2 比起我们在第六、七章中结合使用 GPT－3.5 API 与 LangChain 才能输出国内法律条文而言，便捷度、准确度都会有所上升，无须自行准备条文材料进行录入就能获得基于法律原文的回复。不过考虑到法律条文时效性的问题，如果我们结合 LangChain 与法律本地数据库一起使用，将会得到更加准确的结果。

二、合同起草测试

我们选择使用撰写合同这一任务，来测试 GPT－4 与 ChatGLM2 的合同撰写水平。

问题二：你是一名律师。请写一份著作权转让（移动游戏）的合同模板。要求分 2 期，每期 50% 的方式支付。我是转让人，请尽量保障我的权益。

我们先看 GPT－4 拟写的合同内容。

JC　你是一名律师。请写一份著作权转让（移动游戏）的合同模版。要求分2期，每期50%的方式支付。我是转让人，请尽量保障我的权益。

以下是一个基本的移动游戏著作权转让合同模版。请注意，这只是一个基本示例，具体的条款可能需要根据你的具体情况进行修改。并且，你应该寻求专业的法律建议以确保你的权益得到充分保障。

著作权转让合同

本合同由以下双方在____年____月____日签订：

转让人（以下简称甲方）：

地址：

受让人（以下简称乙方）：

地址：

第一条：著作权明细

甲方确认，其对以下列出的移动游戏拥有完整的、独立的、未经转让或许可的著作权：

游戏名称：

第二条：著作权转让

甲方同意将上述移动游戏的著作权转让给乙方，并保证该著作权未受到任何形式的侵权或争议。

第三条：转让费用

乙方应按以下付款计划向甲方支付转让费：

1. 签订本合同时支付转让费的50%；
2. 在甲方完成所有义务，且乙方确认接收到所有相关文件和资料后，支付剩余50%的转让费。

第四条：甲方的义务

甲方应将所有必要的文件和资料，包括但不限于源代码、图像、声音、音乐、动画等，以及可能涉及的所有技术支持，全部提供给乙方。

第五条：违约责任

如果任何一方违反本合同的任何条款，另一方有权要求违约方支付违约金，并有权要求违约方赔偿因违约行为而产生的所有损失。

第六条：争议解决

对本合同的解释和履行，以及与本合同有关的争议，应提交______（指定地方）的有管辖权的法院解决。

第七条：其他

1. 本合同一式二份，甲乙双方各持一份，具有同等法律效力。
2. 本合同自签署之日起生效。

甲方（签字）：________________ 日期：_________

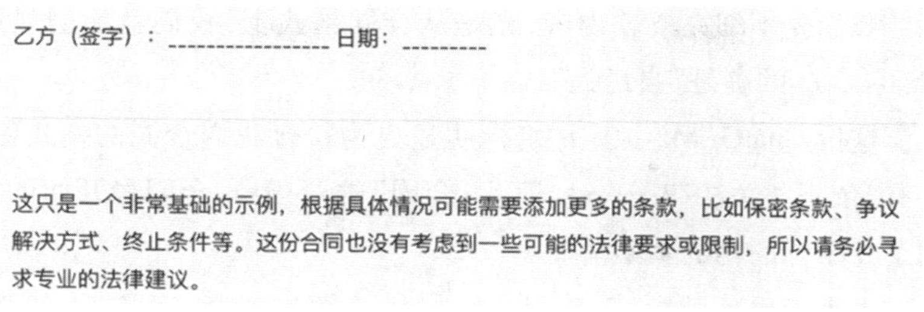

图 8 – 17　要求 GPT – 4 拟写著作权转让合同

正如 GPT – 4 所述,这是一个非常基础的合同示例,合同符合基础的条文格式,而也有基本的条款内容,但同时也有明显的缺漏。最为明显的一点是,GPT – 4 了解到我们对于每期 50% 的支付要求,但在拟定条款的时候,并没有留空让我们填写标的物的转让费用,仅写了“转让费的 50%”,导致了出现对价不清的问题。

另外,GPT – 4 的合同格式也与国内常规合同格式不完全接近,我们还需要依据平时的合同习惯略微调整。

再来看清华团队的 ChatGLM2 拟定的合同。

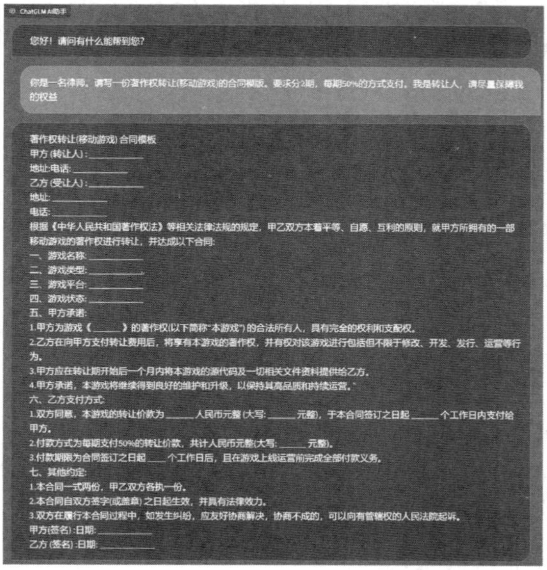

图 8 – 18　要求 ChatGLM2 – 6B 拟写著作权转让合同

我们先不细究条款内容，光是从合同格式上，我们就能明显感受到 ChatGLM2 的确是“自己人”。

这份 ChatGLM2 拟定的合同明显更为符合我们合同的格式习惯，开头有“依据相关法律……达成以下合同”的开场白，合同最开始的几条也用于介绍标的物的基本情况。

再来细看条款内容，在双方的权利义务上，比起 GPT－4 的版本，更为贴合游戏行业的实际需求，例如第五条甲方承诺中的第二款，表明了转让后乙方有权对游戏进行修改、开发、发行、运营等行为，这些行为均为常见的游戏开发运营行为，说明了 ChatGLM2 的确了解到这是一份围绕“移动游戏”这一标的物拟定的合同。同时，我们也可以看到，这份合同中对价部分留空了这次交易的转让价款让我们自行填写，并贴心地增加了大写的留空部分，与我们常见的对价条款格式一致。

不过仍有一些美中不足，例如第五条第四款，甲方在游戏转让后应无须再承担游戏的维护升级服务；以及第六条第二款，应为“每期费用”而非“共计”，且第三款也应该分别说明每期的付费期限，而非一概而论。

不过，对比 GPT－4 的版本，整体瑕不掩瑜，可见 ChatGLM2 应该使用了较多的国内合同模板进行训练，因此有着更好的合同格式与条款内容样式。

三、函件起草测试

最后我们对比函件的拟定水平。无论是法务还是律师，在日常工作中也会常常遇到需要发送法律函件给第三方的需求，我们来测试 GPT－4 和 ChatGLM2 是否能胜任这类工作。

问题三：你是一名中国的律师，请帮我写一份催款函。我是债权人，对方欠了我五十万元的商品销售尾款没有支付，根据合同已经违约了，需要向我按日息千分之三的方式支付滞纳金，并支付我一倍的违约金。

这次，我们先直接看完两者拟定的催款函内容。

GPT－4 拟定的版本：

JC

你是一名中国的律师，请帮我写一份催款函。我是债权人，对方欠了我五十万元的商品销售尾款没有支付，根据合同已经违约了，需要向我按日息千分之三的方式支付滞纳金，并支付我一倍的违约金。

尊敬的 [债务人的名字]：

我代表我的委托人 [你的名字]，向您发送此封信。我方和贵方之间的销售合同（合同编号：_____）约定的商品尾款人民币50万元，您至今仍未支付。

合同中约定，商品尾款应在货物交付后的____天内支付清。然而至今，我方未收到贵方的任何款项或关于延期付款的说明。这种情况已构成违约。

根据合同中的相关条款，由于您未能按照合同约定的时间支付尾款，您现在需要按照每日千分之三的比例支付滞纳金，自逾期付款的第一天起计算，直至所有欠款和滞纳金支付完毕。同时，根据合同的违约条款，贵方需要支付我方一倍的违约金。

我们在此要求贵方尽快支付全部应付款项，包括欠款的50万元，已产生的滞纳金，以及违约金。如果贵方不能立即全额支付这些款项，我们希望您能提供一个可行的还款计划。

如果在收到此信后的____天内（请根据具体情况设置日期），我们未收到贵方的回复或支付，我们将采取一切必要的法律手段保护我方的权益，包括但不限于诉诸法律途径。请注意，如果出现这种情况，贵方可能需要承担更多的法律费用。

我们期望能够友好解决这个问题，避免采取法律行动。如果贵方对此有任何疑问或需要进一步讨论，欢迎随时与我联系。

此致

敬礼

[你的名字]
[你的联系信息]
[日期]

请注意，这仅仅是一封催款信模板，你需要根据自己的具体情况进行修改。在发出催款信之前，你应该寻求法律建议，确保你的行动符合法律规定。

图 8－19　要求 GPT－4 拟写催款函

ChatGLM2 拟定的版本：

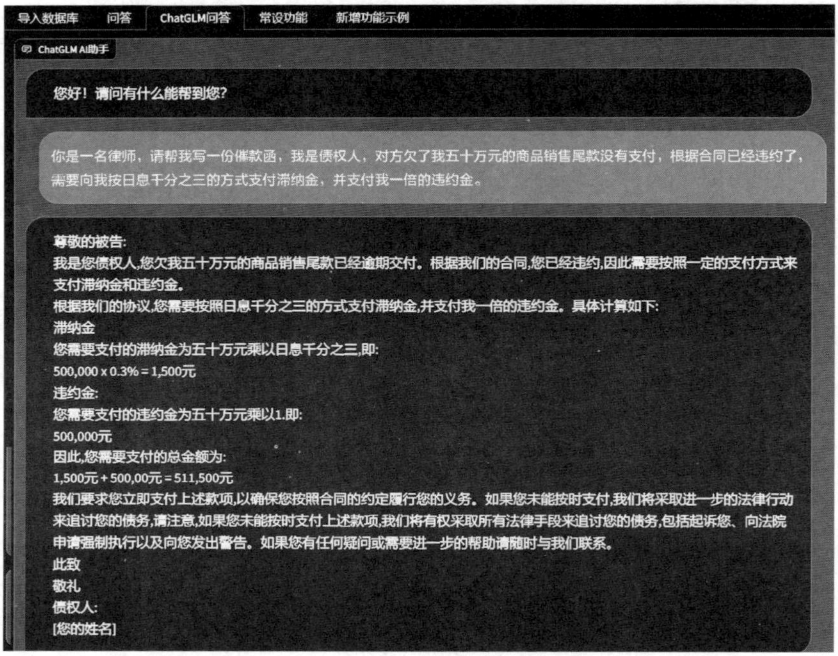

图 8－20　要求 ChatGLM2－6B 拟写催款函

在我们使用 ChatGPT 的过程中可以明显看到，无论是 GPT3.5 还是 GPT－4，在拟定函件的时候很喜欢使用“尊敬的”和“此致敬礼”作为开头结尾，这与我们日常的催款函格式明显不同，显得过于“客气”了。而 ChatGLM2，也继承了这种过于客气的表述，而且一开头尊敬的“被告”，明显也与事实不符。

GPT－4 拟定的版本，除了语气略过于客气外，整体内容并没有明显的问题，有理有据，能说清楚问题，也能讲明后果，是一份符合需求的催款函。

但在 ChatGLM2 拟定的版本中，因未能了解“日息”的概念，而使用了错误的违约金计算方式；在开场直接以债权人身份表述后，在函件尾段又以“我们”作为自称，存在前后不一、身份不明的问题；整体函件格式也不够正式。

在这轮对比中,ChatGLM2 －6B 对于函件的相关训练仍有不足,对比 GPT －4 有着一定的差距。但令人惊喜的是,ChatGLM2 表现出了一定的计算能力,在计算滞纳金的部分,起码乘法使用正确,结果也是对的,如果后续迭代中能进一步了解一些日常词语的用法,相信将有更好的表现。

总结:

第三方测评结果宣称 ChatGLM2 完整版能打败 GPT －4,但因为完整版没有开源,我们没法进行对比。如果只就以上三组问题对比,GPT －4 整体水平与 ChatGLM2 －6B 平分秋色。考虑到 ChatGLM2 －6B 不是完整模型,训练参数只有 6B,能达到现在的水平已经体现了清华团队的能力。

作为一个开源大模型,ChatGLM2 －6B 最重要优势是可以本地部署。在生成能力方面,我们也能看到 ChatGLM2 －6B 在法律领域的部分工作中,有自己的独到之处,尤其是在合同撰写上,ChatGLM2 －6B 略胜一筹,明显更符合我们的需求。因此,利用开源大模型制作属于自己的私人 AI 助手,完全是可行之举。

第六节　参数微调,法律垂类大模型的可能性

一、什么是参数微调

前文中,我们看到 ChatGLM2 －6B 的效果还存在些许瑕疵,对此,还有手段可以对我们的私人 AI 助理进行优化升级,这个手段就是参数微调。并且,目前部分法律垂直领域的大模型也正是通过这种手段在开源大语言模型的基础上进行训练研发的。

我们可以想象有这么一辆自行车,它是一个已经制造好的通用产品,适用于大多数骑行需求。但是,有时候我们希望自行车能更符合我们的个人需求,比如更适合在山地骑行或者适应不同的地形。这时,我们可以

对自行车进行微调。

我们前面提到的开源大语言模型,也是类似的道理。大语言模型就像是一个通用的智能文本处理工具,可以完成各种文本任务,如写作、翻译、问题回答等。但是,有时候我们希望这个模型更擅长某个特定的任务,比如法律用语的理解和生成。这时,我们可以对大语言模型进行参数微调。

参数微调就像对自行车进行调整,使其更符合特定需求。在参数微调过程中,我们会提供一些特定领域的数据,例如法律用语的样本文本,就像给自行车装上专门的山地骑行配件。模型会通过学习这些特定领域的数据,调整自身的参数,以更好地适应特定任务,就像自行车经过微调后在山地骑行时更灵活和稳定。

通过这样的参数微调,大语言模型就可以更准确地理解和生成法律领域的文本。这使得我们能够在法律文件起草、法律翻译等任务中获得更精确、专业的结果,就像经过微调的自行车在山地骑行时更适应复杂地形一样。

参数微调有很多种方式,我们主要介绍目前比较主流的、操作难度和成本较低的方式——指令微调(Instruction Tuning)。

二、参数微调:指令微调

指令微调是一种方法,可以让计算机程序更好地理解和执行我们用自然语言书写的指令。

我们在前面章节制作的 AI 私人助理,通过 Langchain 连接资料数据库后,可以"查阅"到我们提供的法律资料,并进行问答。但一旦离开数据库,则会"一忘皆空",无法再记起之前已经"查阅"过的资料;面对数据库没有的资料,大模型同样会"束手无策",只能不断"胡说八道",编写出虚假、错误的内容。

我们可以通过指令微调的方式,为大模型的"大脑"注入新的知识,让大模型学习到新的能力。

（一）指令微调方法简述

在指令微调的过程中，我们首先会收集大量希望大模型"学习"的相关文本，例如法律法规、合同文本等，并按一定的格式对这些文本进行整理，制作成符合要求的训练文件（训练集实例）。

训练集实例通常包含了一组"问题"（用户可能的"输入指令"）与"正确回答"（我们对大模型"期望输出"的回答结果），以下是一些常见的训练实例格式示例：

1. 文本生成任务。

输入指令[①]：描述我们希望模型生成的文本内容、类型、要求等。例如："请生成一份合同草案，涵盖租赁房产的基本条款和条件。"

期望输出[②]：期望模型根据指令生成的文本内容。例如："租赁协议\n\n 本协议由以下各方于日期签署："[③]

2. 文本分类任务。

输入指令：描述我们想要模型对输入文本进行分类的要求或准则。例如："请根据给定的法律文件，判断其中是否存在约定了违约行为的合同。"

期望输出：期望模型输出对输入文本的分类结果。例如："存在约定了违约行为的合同。"

3. 问题回答任务。

输入指令：提供一些常见问题，需要模型给出更为准确的答案。例如："根据以下事实……判断在这种情况下，是否构成过失行为？"

期望输出：期望模型给出针对问题的准确答案。例如："是的，根据法律解释，这种情况下构成过失行为。"

---

① 输入指令：是一个指令、命令或指示，它是用自然语言描述的对模型进行某类任务的具体要求。

② 期望输出：是给模型的示例，即告诉模型，根据"输入指令"应该如何完成指令的任务，是给模型用于模仿和学习的示例。

③ "\n"在代码中通常表达"换行"。

4. 法规解释任务。

输入指令：提供一个法规条款或具体问题，要求模型解释其含义或应用。例如："请解释《劳动法》中关于工时计算的具体规定。"

期望输出：期望模型给出对法规条款的解释或适用方法。例如："根据《劳动法》第×条，工时应按照×××进行计算。"

为了得到可以用于进行微调的训练集内容，我们通常有几种办法进行收集：

(1) 完全由人工编写问题和回答。但这种办法耗费的时间和人工费用非常多；

(2) 通过爬虫等技术获取别人网站上的问答资料。但这种办法可能会构成侵权；

(3) 结合 ChatGPT 等人工智能模型等进行整理，例如通过我们之前的 API，把答案（资料）上传给 ChatGPT，让 ChatGPT 归纳答案内容的信息并拟定其相对应的问题，然后把输出的结果和答案结合成训练集文件。

按以上方式收集后，我们就可以使用这些训练集来对大型语言模型进行微调训练，让它学会理解和生成符合法律要求的内容。

以 ChatGLM2 - 6B 为例，我们只需要把其用于训练的 Python 代码（官方仓库地址：https://github. com/THUDM/ChatGLM2 - 6B/ blob/main/ptuning）下载到本地电脑，将数据集内容保存到指定文件夹后，运行指令"bash train. sh"就可以对 ChatGLM2 - 6B 的模型进行指令微调训练。考虑到指令微调需要的硬件配置非常高，各位读者只需要有大概印象即可。

一旦完成指令微调，我们就可以直接使用这个经过训练的语言模型。当再次下达类似的指令，比如"根据我提供的条件起草一个租赁合同"，语言模型会根据它之前在微调中学到的法律知识和规则，生成一份符合我们要求的合同草案。

指令微调可以使大语言模型展现出在各个行业领域，例如法律的泛化能力，可以摆脱原有的资料局限，学习到新的知识，提供更可靠的结果。

三、参数微调的愿景:人类偏好对齐

大语言模型在处理各种自然语言处理任务时展现出令人惊叹的能力。然而,有时候这些模型可能出现一些意外的行为,比如制造虚假信息、追求不准确的目标,甚至产生有害、误导性或带有偏见的表达。

目前,人工智能与人类的一个重大区别在于,人类有同理心与情感。如前所述,大语言模型生成内容时,仅仅基于"最大概率",本质上并不会认知到它输出内容的含义。

想象一下,当我们法律人需要大语言模型来协助处理一份房屋租赁合同时,我们给模型下达指令,要求它生成包含租赁条款和条件的合同草案。然而,由于模型没有考虑到租赁合同中的法律细节和保护租户权益的重要性,它可能会生成一份不完整或过于有利于房东的草案,可能导致租户处于不利的境地,丧失了公平性。

面对婚姻家庭问题时,未调整过的大模型可能直接基于"概率"输出偏激、不合时宜的内容,使用户的情感进一步被伤害,造成不良后果。

为了避免这些意外行为,研究者提出了一种目标,称为人类偏好对齐,即我们可以通过调整大语言模型的行为,使其符合人类的期望和价值观。例如,我们可以对模型进行参数微调,以确保其在合同起草过程中更加关注各方权利,进行对等的保护,并生成符合法律要求的合同条款。这就像对一个模型进行法律辅导,以使其遵守法律规定并避免产生有害的结果。

尽管目前参数微调后的对齐可能会在一定程度上减少模型的通用能力,但随着技术的进步,未来的大语言模型有望兼顾通用性和定制化。一方面,随着计算能力的增强,模型规模将不断扩大,参数量将大幅增加,这为保持通用能力创造了条件。另一方面,研究者也在探索更加高效和可控的对齐方法,如在训练过程中加入奖惩机制等。这些方法可能会在最小程度影响通用能力的前提下,实现有针对性的行为调整。

在未来,预计专业性定制的大语言模型将在各行各业发挥重要作用。

它们既继承了通用模型的全能优势,又具备了专业领域的知识和能力。这为法律、医疗等高度专业化领域的人工智能应用创造了可能。我们有理由相信,未来人类偏好对齐技术将推动大语言模型在专业领域的广泛应用,造福社会。